自然与法律文库

# 地球法理

## 私有产权与环境

〔澳〕彼得·D.伯登 著
郭 武 译

商務印書館
The Commercial Press

Peter D. Burdon
**EARTH JURISPRUDENCE**
**PRIVATE PROPERTY AND THE ENVIRONMENT**
Routledge, Taylor&Francis Group
LONDON AND NEW YORK
Copyright © 2015 Peter D. Burdon
根据 Routledge 2015 年版译出

Authorized translation from the English language edition published by
**Routledge, a member of the Taylor & Francis Group**
All Rights Reserved.
本书原版由 Taylor & Francis 出版集团旗下, Routledge 出版公司出版,
并经其授权翻译出版。
版权所有,侵权必究。

Copies of this book sold without a Taylor & Francis sticker on the cover
are unauthorized and illegal.
本书贴有 Taylor & Francis 公司防伪标签,无标签者不得销售。

### 自然与法律文库
### 专家委员会

甘藏春

郭　武　刘志坚　宋晓玲

# 地球法理：一个新生事物
（中文版序）

"地球法理"一词有许多相互关联的含义。"法理"一词最直接的含义是指法律的哲学方法。它回答的是诸如什么是法律，以及法律应当是什么的问题。除了这里的法哲学含义之外，地球法理还能够表达这样一种科学理念，即人类是更为广大的地球共同体的一分子。因此，当我们关心后代人的生存和发展的时候，地球法理既是一种科学事实的表达，又包含着规范性的意义。比如说，地球法理的倡导者还主张人类活动必须限定在这个星球范围内。

本书所举的例子都来源于以人类中心主义为历史传统的西方国家，而且在最近的一段历史时期内，工业资本主义一直在尝试人类对环境的主宰。为了展现弗朗西斯·培根的观点，人类已经在主宰自然界方面做了许多尝试，比如"攻击自然界的坚固要塞和城堡"，并按照人类的意愿征服自然界。当资源富余的时候，人类或许会自我愚弄式地认为对自然界的主宰是可行的。然而，人类现如今生活在一个资源稀缺的时代，因而再也无法让主宰自然界的幻觉继续保持下去。从长远来看，气候变化、生物多样性减少以及其他形式的环境危机已经迫使人类不得不思考自然界的底线问题了。

对于西方国家来说，私有产权一直是连接人与环境之间关系的核心法律制度。尽管不存在所有人都接受的私有产权的一般性定义，但多数法律学者都认为私有产权由三项个体性权利构成：排他性权利；使用物的权利；以及抛弃财产的权利。通过例证可以恰当地表达这种观点。一般而言，如果某人对一块土地享有私有产权，那就意味着他可以拒绝其他人（侵入者）进入这块土地；他可以根据自己认为合适的任何方式利用土地，并且可以抛弃土地，也可以将土地赠与或遗赠给别人。

然而，这样的权利清单中缺了什么呢？最为明显的是，私有产权无需土地所有权人看护土地、修复土地，或者为了后代人的利益而维持土地的健康状态。土地所有权人不会思考他的土地是如何与更为广大的生态系统之间发生关联的，也不会按照有利于保护生态廊道的方式管理自己的土地。实际上，私有产权的霸权地位已然形成了一幅所有权关系拼接图，其中的个体所有权人是权利至上者，每个所有权人只对自己的一小部分土地负责。除此之外，国家和联邦政府也不愿意强制实施那些严重制约土地所有权人权利的法律。

从这一视角来看，我们就能够明白私有产权不仅是文明理念的体现，如人类主宰自然的理念，而且还有利于促进资本的聚集和自由市场的发展。这一进程始于马克思所说的"原始积累"和对国民的原始剥夺。延续到今天，就是新建立的市场，原来未曾触及的共有地被圈了起来，并且在市场原则下进行买卖。

为了反对这种趋势，我们需要一种全方位、复杂的理论转变，从而抵制将某一观点置于支配性地位的做法。马克思在《资本论》第一卷中就对此作了论述。在该书第15章第4个脚注[1]中，马克

---

1　关于这一点的更多论述可参阅大卫·哈维的著作（2010，第189—212页；2011，第126—130页）。

思简要论述了他的社会变革理论。我无需总结全部的观点,只需对涉及技术变革的章节作一参考,马克思(1992,第492页脚注4)认为:"技术体现了人与自然之间的积极性关系和自我生产的直接进程,因此它也只剩下自身社会关系的生产过程,以及从这些关系中产生的思想观念的生产过程。"

马克思提出了社会革命所需要的五个要素的变革。这五个要素分别是:

1. 技术;
2. 人与自然的关系;
3. 日常生活再生产的过程;
4. 社会关系;
5. 世界的思想观念,如我们如何看待世界。

这五个要素中的任何一个要素应当被理解为社会变革中的某一"时刻",且都处在变化和更新过程之中。我之所以强调马克思的理论,理由在于有些关于社会变革的观点只关注这五个要素中的一个或两个要素,而缺失了其他要素。比如说,对于环境主义者而言,排除社会变革的其他要素而只强调世界的思想观念(比如从人类中心主义世界观转向生态中心主义世界观)并不是一件奇特的事情。简而言之,如果一个社会将生态中心主义奉为圭臬,但继续按照私有产权的路径进行人与自然关系的再生产,那么这个社会将不会有任何进步。更为具体地来说,诸如厄瓜多尔等国家虽然通过修正宪法的方式赋予自然体一定的权利,但这些国家的社会生产过程依旧依赖于石油开采和掠夺式的资本主义,那么自然将无法得到保护。

那么我们应该怎样表述地球法理呢?作为一种法律理论,地球法理也适合以马克思提出的第五个要素进行论述。地球法理是一种关于世界的思想观念，并受到（世界）这一事实的限定。法律思想本身并不能改变世界，但这并不意味着法律思想不重要或不相干。恰恰相反，超前的设想需要对未来可能是什么样子形成思想性观念。设想或许是推进社会进步的因素之一，甚至还是包括马克思提出的其他要素在内的真正革命性变革的先锋。

据此，我们可以对地球法理提出的思想作出具体解读。在我看来，地球法理是一种与法律实证主义相对立的法律理论。在最简单的意义上，法律实证主义认为法律源自于立法者的制定。因而法律与道德（及其他规范）之间没有必然的联系。但这并不意味着法律不具有道德性——而是说不具有道德性的法律仍然是法律，因为不具有道德性的法律能够借助于国家强制力而付诸实施。或许，法律实证主义相比于自然法或源于宗教的法律理论而言有所进步，但它自身仍然具有一定的不足与缺陷。最为显著的是，法律实证主义使人类的权威性得以具体化，而且（至少在纯粹的形式上）意味着所有的法律都具有合法性，且对公民具有当然的拘束力。

与实证主义的法律概念恰恰相反的是，地球法理把生态整体性和地球的整个范围作为法律合法性的衡量依据。采用汉斯·凯尔森的一个概念就是，这些衡量依据是法律制度的基本形式或基础规范。[2] 这对于法律实践又意味着什么呢？如果立法机关通过的某一项法律对地球共同体的健康和繁荣发展产生了一定的危险性，那么这一项法律就不具有法律上的权威性。而且，公民当然地

---

2　对这一观点的进一步论述可参照博塞尔曼（2013）的著作。

受到这一法律的拘束,且有义务从事旨在完善这一法律的对抗性行为。

这仅仅是我们关于世界的思想观念为了回应地球法理而作出变革的一个例证。其他的一些实例也表明,赋予自然法上的权利有助于个人为捍卫环境的整体性而提起相应的诉讼。而诸如此类的法律已经在厄瓜多尔、玻利维亚、印度和新西兰生根落地。此外,地球法理最为重要的意义在于制定那些使自然界变得更加重要的法律。这对法律实践而言,一切可能的情况都有可能发生。而在本书中,我只聚焦了财产法问题。我并没有把财产法视为一种促进个人选择和实现个人欲望的手段,而是提出了财产权的新观念,以此来回应(土地的)范围问题,并将人类对环境的义务和责任作为其内在特征。以下是我对财产权的定义:

> 私有产权是人类的一项制度,这一制度由地球共同体成员之间的诸多关系以有形或无形的方式而构成。对于人类而言,私有产权制度的特征是对个人或个体组织使用、转让以及独占稀缺资源作出一定程度的限制性安排。同时,私有产权制度也是在实施私有产权的过程中对地球共同体所有成员承担责任和义务的一种方式。

这一定义认为,财产权是一个具有不确定性的概念。尽管这一概念倾向于支持排他性和资本积累,但并不意味着它无法作出面向生态性目的的改变。而且,尽管这一概念是一种"关于世界的思想观念",但本书的写作目的在于提出能够对土地管理制度、生产过程、社会关系以及人与自然关系产生影响的新观念。

虽然本书的主要思想内容是关于西方哲学和西方法律制度的，但这些思想也与中国等不同经济和政治制度的国家有一定的关联。比如说，很容易发现地球法理与杜维明（2000，第211页）所论述的"第三代新儒家思想"之间有着某些联系。"第三代新儒家思想"旨在"通过自我奋斗来改善自己的处境，认为家庭是社会的基本单元而且家庭伦理是社会稳定的基础，信赖道德教化、自信、劳动和互助的内在价值，并信赖在广阔的关系网络中形成的组织共同体意识"。与只关注于个体权利的自由主义观念形成鲜明对比的是，儒家思想构想出来关系性的人，而关系性的人在义务上与已论述的财产观念是一致的。

对此我们可以探讨许多话题，但我在此想着重讨论的问题是：为何中国的传统世界观面向正在变化的过程，而不是面向业已完成的对象？而且对支撑人类生存环境的创造性力量非常敏感？我期待诸多读者朋友在这方面有新的探索和发现，并就这些发现与自己的传统智慧和治理制度之间的联系有所思考。

彼得·伯登副教授

2020年1月于阿德莱德

## 参考文献

Bosselmann, Klaus（克劳斯·博塞尔曼），The Rule of Law Grounded in the Earth: Ecological integrity as a grundnorm（"建立在地球基础上的法治：以生态整体性作为基本形式"），Paper presented to Planetary Boundaries Initiative Symposium 19&20 September 2013 Charles Darwin House, London, http://planetaryboundariesinitiative. org/wp-content/uploads/2013/10/Rule-of-Law-paper-London-Bosselman. pdf.

Harvey,David(大卫·哈维),*A Companion to Marx's Capital*(《马克思资本论指南》),Verso,2010.

Harvey,David,*The Enigma of Capital：And the Crises of Capitalism* (《资本之谜：资本主义的危机》),Oxford University Press,2011.

Marx,Karl(卡尔·马克思),*Capital：Volume 1*(《资本论》第一卷),Penguin,1992.

Tu(杜维明),Implications of the Rise of 'Confucian' East Asia("东亚'儒家思想'兴起的意义"),(2000)129(1) *Daedalus：Journal of the American Academy of Arts and Sciences* 195-218.

# 目　　录

致谢 ……………………………………………………………… 1
丛书编辑对本书的介绍 ………………………… 安娜·格里尔　3
前言 …………………………………………… 克劳斯·博塞尔曼　5

第一章　概述 …………………………………………………… 10
　第一节　研究线索 …………………………………………… 10
　　一、环境危机 ……………………………………………… 10
　　二、环境危机与伦理 ……………………………………… 13
　　三、法律、文化和权力之间的关系 ……………………… 15
　　四、法律和人类中心主义 ………………………………… 17
　　五、范式转变与地球共同体的概念 ……………………… 19
　第二节　观点提要 …………………………………………… 25
　　一、人类中心主义与私有产权(第二章) ………………… 26
　　二、地球共同体:叙事与行动(第三章) ………………… 27
　　三、地球法理的理论(第四章) …………………………… 29
　　四、再论私有产权(第五章) ……………………………… 30

第二章　人类中心主义与私有产权 …………………………… 32
　第一节　概要 ………………………………………………… 32
　第二节　支配权 ……………………………………………… 33

一、关于支配权的哲学论证 ………………………… 36
　　二、从支配权到所有权 ……………………………… 45
　第三节　科学革命和工业革命 ………………………… 52
　　一、科学革命 ………………………………………… 53
　　二、工业革命 ………………………………………… 59
　第四节　分离与碎片化：洛克、边沁和霍菲尔德 …… 64
　　一、洛克的自然权利论证 …………………………… 64
　　二、制定法与杰里米·边沁 ………………………… 66
　　三、霍菲尔德的贡献 ………………………………… 68
　第五节　马克思对去物质化财产的批判 ……………… 70
　第六节　私有产权的自由(新自由)理论 ……………… 75
　第七节　结论 …………………………………………… 81

第三章　地球共同体：叙事与行动 ………………………… 84
　第一节　概要 …………………………………………… 84
　第二节　范式转变：地球共同体 ……………………… 87
　　一、量子物理学 ……………………………………… 89
　　二、生态学 …………………………………………… 93
　　三、自创生和盖亚理论 ……………………………… 97
　　四、盖亚理论和网格之批判 ………………………… 106
　第三节　文化和法律的变迁 …………………………… 114
　　一、"新叙事" ………………………………………… 118
　　二、法律变迁与地球法理的全球动态 ……………… 127
　第四节　小结 …………………………………………… 133

第四章　地球法理的理论 …………………………………… 136
　第一节　概要 …………………………………………… 136
　第二节　何为地球法理？ ……………………………… 138

### 第三节 地球法理的法律分类 …… 144
 一、伟大之法 …… 147
 二、人定法 …… 153
### 第四节 伟大之法与人定法的互动 …… 157
 一、法律的属性 …… 157
 二、法律的破败和非暴力不合作 …… 165
### 第五节 小结 …… 168

## 第五章 再论私有产权 …… 170
### 第一节 概要 …… 170
### 第二节 争议领域 …… 172
 一、私有产权与地域生态学 …… 175
 二、私有产权的不确定性 …… 179
### 第三节 私有产权和人类社会关系 …… 181
### 第四节 私有产权和伦理 …… 185
 一、义务和责任 …… 186
 二、伦理观和地球共同体 …… 190
 三、实践中的责任 …… 199
### 第五节 财产权与财物 …… 204
 一、理论上的财物 …… 210
 二、实践中的财物 …… 216
### 第六节 小结 …… 220

## 结语：伟大事业 …… 223

## 参考文献 …… 226
## 索引 …… 290

## 认知环境法学与传统法学之间关系的第三条道路（译后记） …… 305

# 致　　谢

我首先要表达对妻子沙尼，女儿弗蕾亚和儿子阿尔洛的感谢！在过去几年的时光里，这本书的写作让我远离了各种聚会、音乐会、沙滩旅行甚至早餐。而你们总是给予我支持、理解和爱。对于这些，我的感激之情溢于言表。

感谢我的父母亲珍妮女士和特里·伯登先生！二位从未要求我成为怎么样的人以及做什么样的事，而是为我能够成长为我想要的那个自己而提供所需的舞台和帮助。我还要感谢父母亲教给我尊严、怜悯和同情。

感谢我的同事保罗·芭比、亚历克斯·赖利和克劳斯·博塞尔曼！谢谢你们对我的友情帮助和你们在盯读、评论和帮助完善该书过程中花费的大量时间！感谢萨缪尔·亚历山大和克莱儿·内特尔在本书初稿完成过程中不吝赐教！感谢玛丽·希思阅读初稿第四章内容并提出批评意见。同时感谢恩盖尔·纳芬在我将原稿扩充成本书的过程中提出的批判性建议和帮助！

我要感谢从JA乔伊纳法律奖学金中获得的资助！正是这一奖学金在我三年学位论文工作期间提供了全家的经济资助。感谢阿德莱德法学院为我提供了能够激励我的工作环境和支持我研究的各种资源！

我也要向劳特利奇出版社的员工表达谢意！特别要感谢梅兰

妮·福特曼布朗、丽贝卡·詹金斯和克林·佩兰在出版计划中的投入！最后,我要感谢安娜·格里尔在推进本出版计划完成过程中的宝贵意见、幽默、鼓励和帮助！没有她的慧眼和领悟力,本书将不可能达到现在的学术水平。

# 丛书编辑对本书的介绍

地球法理是建立在托马斯·贝里著作基础上的生态中心主义法律理论。以地球法理为理论原理，本书致力于对规范的人与地球共同体（由多样的生态系统和除人类之外的主体共同构成）的协同关系作出生动的模型分析。为了在更为广阔的自然法思维下审视地球法理，本书在以下核心问题的研究方面提供了一个广泛而又折中的视角，即：有关法律的人道主义构想，从属于人类中心主义的规范关系，特别是"私有产权的人类中心主义观念"。

基于对地球法理和"社会变迁理论"（源自本土法律和法律应对生态违法行为时的现有缺陷）的浓厚兴趣，伯登论证了有抵抗力的政治主体性模式，并针对在更大范围内的公共物品（包括整体生命秩序在内）治理提出了司法重构的策略。伯登认为，人法，包括所有人类的法律，都应当被置于"地球系统的物理结构之中"，而且其"价值指向是维系整个地球共同体的公共物品属性，而不仅仅是实现人类或公司社团组织的利益"。换句话说，伯登致力于论证生态中心主义伦理观应被理解为法律内在的属性这一观点。在伯登看来，对于最为核心的私有产权制度而言，这一观点（即生态中心主义伦理观是法律的内在属性）的内涵并不是说私有产权天然地背离生态中心主义伦理观，也不是说作为社会制度的私有产权应当被废弃。他的论证表明，"亟需一个更为精妙的关于私有产权的定义"。这一定义也就是对"自然世界作为主体而非客体"的回应。或许有人不赞同伯登的自由主义传统式的风格,或许还有人反对他的研究结论,但无论如何,在探寻一个更加彻底、更具有生态道德和司法性的秩序方面,伯登提出了一个重要且非常急迫的挑战。

伯登在本著作中提出的诸多问题和争论点串起了与当下多维度、重要而紧迫的论题之间的对话。而这一对话发生在探寻关于更新法律、正义与生态之间互动机制的领域内。

安娜·格里尔

# 前　　言

　　这本书将法理学的范围从法律推理和实证调查延展到了对法律本质的探究。虽然亚里士多德在《尼各马可伦理学》一书中已经围绕着正义理念而展开了富于法理意义的思考,但这种思考仅限于人域关系范围。显而易见的是,现代生态危机已对这种思考模式提出了挑战。在全人类都区别对待所有的其他物种时,正义为什么被仅仅局限于人域关系的范围之内呢?自然界中非人类的部分应当被排除在现代正义理论家约翰·罗尔斯所认为的法律王国之外吗?抑或是我们已经进入到一个能够且有必要将自然界囊括在法律王国之内的高级时代吗?而这些问题的回答都将关乎地球法理的核心范畴。

　　彼得·伯登是一位环境法学者。如同这一领域的其他学者一样,他致力于保护环境事业,以免人类活动造成对环境的过度使用。然而,不同于他的大多数同行的是,伯登并不是在人类中心主义的意义上,而是在生态中心主义的意义上界定过度使用的问题。他认同私有产权是权利束的普遍观念,但却用不同的方式来"编排"这一权利束。当土地、水、空气、动物和植物等影响环境的诸种要素需要按照新的领域重新界定时,许多(环境资源)使用者的权利却依旧我行我素,没有更新。用法律思维来看,环境的范围意味着对私有产权的重新限定。因此,当人类在他们的环境权利范围内活动时，过度使用就不存在。但是在比人类更早的岁月里，环境自身、生态系统的综合性和运行过程却能反映出过度使用的极限在哪里。

这种观念的实际意义是容易把握的。当专注于自身的生态依赖性的时候，人类就会相应地重新建构自己的法律。将来，私有产权的享有者——从小汽车和土地的所有者到跨国公司机构——必须要对他们利用环境的行为支付对价，同时被禁止过度利用环境。考虑到我们当下所面临的紧迫的危机，这种观点看似非常有益。然而，我们不大可能在很短的时间内看到这般彻底的法律变革，因为这种变革关乎各种重大利益。毕竟，在资本主义世界中，私有财产是神圣不可侵犯的，任何干预财富和成功之原动力的行动都很容易受意识形态的驱使而遭受驱逐的命运。

思想(或范式)都属于信念体系，相对不容易接纳新的观点，而不论这类新观点多么具有道德性、现实性和说服力。然而如批判者所说的那样，我们理应认为由一个思想性的议题所掀起的地球法理运动同样也不容易被接纳为新观念吗？我认为这是颠倒黑白的认识——因为没有任何东西比这样一种信念更具有思想性，这种信念就是：金钱让人变得富有，私有财产神圣不可侵犯，经济增长是绝对必要的。当说到金钱、财产和增长在一个既定目标下是有意义的时候，其实是在说(与地球法理无关的)另一件事情。问题是在何种语境下谈论这两件事情，以及两者之间的合理平衡问题。我们的世界之所以走向崩溃的原因恰恰就是一向盛行的经济制度所带来的严重失衡。富者更富是以贫穷以及彻底毁灭地球这个我们共同的家园为代价的。在将我们引向濒临灭绝的边缘的进程中，系统性特征几乎是不被信赖的。然而，我们的政治领袖们似乎并不关心:"你别无选择"的思想在他们的大脑中根深蒂固。

本书将对时下这种观念的故步自封予以抨击。本书将私有产权看作是地球共同体成员之间的一种关系。在人类纪的岁月里,这种观点的确是一种现实而且令人信服的主张——至少对那些发现了引人入胜的地球共同体观念的人来说如此。反过来,这种观点的得出也取决于意识的褊狭与广阔:受制于所处的时空界限,我们的思维要么被人为狭隘地限定在维持现状的范围内,要么则是非常广阔、完全开放的。

迄今为止,人类已经明显地限制了自己的思维。人类将自己看作是宇宙的中心和主宰。地球对于(人类)这种两条腿的小矮人来说或许是非常巨大的,但在茫茫宇宙中只不过是一粒尘埃,而且还不是宇宙的中心(自哥白尼以来)。在我们所处的行星系统中,太阳仅仅是银河系中超过3000亿的恒星中的一颗而已。而银河系本身又仅仅是可估算的1000亿个星系中的一个。这1000亿个星系中恒星的数量大约是70个1000的七次方(有21个0的数字)。如此看来,人类还有什么特别的呢?

我们的星球是一个很小的地方,我们所能拥有的时间跨度并不会在宇宙中留下太多印记。如果我们把宇宙的历史浓缩为从宇宙大爆炸作为1月1日开始的两个历法年度,我们则可以说人类纪出现在12月31日午夜前的几分钟之内。在过去一秒钟的时间里,人类极尽所能地破坏自己的物种伙伴和共同的栖息地——地球。而在新的一年里,我们人类还能有几秒钟的时间呢?一秒?十秒?如果人类的时间还可以在午夜后延长到一分钟(26,065年),那么人类肯定会成功。但是,人类要想到达新的一年里第一个小时的终点(150万年),却需要奇迹发生才行。从我们目前已知的所有情况来看,截至1月2日(375万年),灵长类将不会生存在这个星球上。太阳将在1月14日前后丧失它的生命支持能力;大致在3月初,地球将成为今天火星的样子;而在7月底,地球有可能撞向太阳。在这样的时间刻度内,人类最多只是蜉蝣一族。

这是一个关于空间和时间的简单故事,但足以教给我们关于谦逊的知识。犹如物种进化完成了其最终目标一样,我们怎么敢视自己为一种独特的物种?从人类中心主义的思维模式出发,什么又可能是正确的呢?唯一现实的观念是把我们自己视为生命演化系统的一个细微部分才行。托马斯·贝里把这种现实描摹为一种人类(或许只有人类)能够自觉地见证并感到惊讶的奇迹。正是这种谦逊和敬畏的观念(当然也不是对人的属性的忽视)才能拓宽我们的视野。而且只有这种谦逊和敬畏的观念才能使我们开启"伟大的事业"。

从这一角度审视,地球共同体的观念是极具吸引力的,因为这一观念将人性逼真地植根于空间和时间之中。正如阿尔伯特·施韦泽所指出的那样,我们人类是欲求生存的生命体,处在所有欲求生存的生命体之列。对于时下的法理而言,什么将会比围绕这一认识而建构法律原则和制度工具更重要呢?

本书对地球法理学做出了恰逢其时的贡献,而且使产权与生态现实结合起来。那么,作者能够成功吗?好消息是,变革总是始于个人的思想和行动。那些看起来不可想象的事情会随着时间的推移而变成常态。克里斯托弗·斯通,这位生态法运动的早期先驱在写下自己的名言警句时指出,法律的品格是多么的千变万化。奴隶制曾被视为是非常正当的现象。可奴隶制已是久远的事了,时至今日,任何形式的性别、种族和宗教歧视都是不合法的,而且歧视动物也逐渐被视为是不合法的行为。

今天,禁止各种形式的大自然歧视不再是不可想象的事情。在不久的将来,生态现实将被完全理解并教会我们一种全新的道德观。本书展示了法律核心概念中新道德观的内涵,学者和学生们将从中获得极大助益。

奥克兰大学法学教授克劳斯·博塞尔曼

# 第一章 概述

当前的法律制度没能保护自然世界免受工业经济永无止境的破坏,而是开发自然世界的帮凶。(贝里,2006,第107页)

## 第一节 研究线索

托马斯·贝里是一位神学家和文明历史学家。他认为,当前环境危机的核心是法律问题。他的这一洞见已成为法律领域日渐勃兴的地球法理的生发机制。在本章中,我简要介绍了研究线索,并以框架的形式概括了本书得以形成的基本论题。从简要介绍环境危机开始,我论述了法律、文化和环境损害之间的关系。另外,我也论述了"范式"及"范式转变"的概念。本书运用"范式"和"范式转变"的概念,旨在分析法律以及诸如私有产权等法律概念是如何从人类中心主义(以人为中心)立场变为生态中心主义(以地球自身为中心)立场的。

### 一、环境危机

我们栖居的生物圈已经患了病,像一个受到病菌感染的有机体一样(艰难地)运转着。碳不仅聚集在地球大气层中,还聚集在海洋之中。随着时间的推移,森林砍伐、水土流失、湿地消失以及其他大量的生态环境恶化问题将会日益加剧。目前,各种危机对人类的前途构成了严重的道德和生存威胁,而这些危机的聚合正是我们眼下的现实。2001年,联合国千年评价项目承担了一项为期四年的研究任务,来自95个国家的2000多名科学家就地球自身的健康问题展开研究。最终于2015年3月发布的研究报告称,60%的全球生态系统服务能力"或处在退化状态中,或被以不可持续的方式利用",致使"地球生命体的生物多样性产生了根本性和不可逆的损失"。这也进一步表明,人类应当为每年5万—5.5万的物种灭绝负起责任(《千年生态系统评价》,2005,第81页),这一消亡速度与发生在大约6500万年前的最近一次物种大灭绝以来的物种灭绝速度不相匹配(贝里,2006,第107页)。这些生态系统和物种提供了所有生命赖以存在的基础,而它们的灭绝无疑危及所有环境要素的健康和持久繁荣。

眼下,各种危机如此深入,以至于大气化学家保罗·克鲁岑也不得不认为工业革命迄今的时期是一个全新的地质时代。克鲁岑(克鲁岑和施特默,2000,第17页)把这一时期称为"人类世",用以表明人类活动对地球产生的深刻影响。[1] "人类世"这一称谓沿袭了地质学的传统,即将显生代划分为古生代、中生代和新生代。在评论"人类世"的特征时,大卫·铃木(2010,第17页)认为,人类已经

---

[1] 关于"人类世"一词的使用,我同意迪斯佩什·查克拉巴蒂的见解,即"人类世"一词不可能表达出"人类"这一唯一主体的含义。查克拉巴蒂(2009,第216页)认为,关于人类的讨论"仅仅有助于将资本主义生产的现实状态以及由此产生的权威统治逻辑遮蔽起来"。

是"改变自然的一种力量"。实际上,飓风、龙卷风、洪灾和干旱被认为是自然灾害的历史并不久远。"但时至今日,"苏祖基认为(2010,第17页),"我们已经获得了无上的力量,足以影响这些重大的环境事件。"

本书第二章将论述私有产权制度是怎样推进人类世和当前环境危机的出现的。迄今为止,有非常充分的证据表明,危机的发生都是真实的,而且在很大程度上都是人为活动造成的。这两点早在1992年就得到了国际社会的强烈赞同,当时有1700位高级科学家(包括104位诺贝尔奖得主,总人数超过了当时在世的诺贝尔奖得主的一半)共同签署了一份名为"全世界科学家对人类的忠告"(1992)的文件。该文件的卷首语写道:

> 人类和自然世界始终处在相互冲突的进程之中。人类活动对环境和重要自然资源造成严重的破坏,而且有些破坏经常是不可逆转的。如果不加制止,目前人类的许多活动将会使我们期待的未来人类社会处于危险境地……并且或许会因为对现实世界的高度警惕而不能以我们所知的方式维持生命的存在。如果我们要想避免当前的发展进程引发的冲突,那么根本性的变革就显得尤为迫切。

该文件的作者接着又列举了从大气圈到水资源、海洋、土壤、森林、物种和人口等领域的冲突。文件同时还警示道:

> 避免我们正在面临的各种威胁和人类的前途陷入渺茫之境的机会只剩下区区几十年的光景了。作为生活在这个世界

精致的共同体内的当然成员,也是最高级的成员,人类应当为其所承载的人类文明起到示范作用,如果人类遭受的悲剧能够避免,如果我们的这个星球家园还不至于遭受不可逆转的毁灭,那么我们对地球及附着于其上的生命的职责亟需一场深刻的变革。

然而,国际社会未能对这一警示和其他类似的警示作出充分的反应,致使全世界范围内的人类社会处在被毁灭的过程之中,也可能使绝大多数地球共同体组分的未来命运被置于非常危险的境地。

## 二、环境危机与伦理

21世纪伊始,环境及其所支撑的生命共同体的命运是人类面对的最大挑战。了解并阐明这种危机的途径多种多样。在环境政治学的话语系统中,最为显而易见的解释有工业资本主义(福斯特,2010),消费者利益主义(亚历山大,2009),人口过剩(埃利希,1972),男权主义(麦钱特,1980)以及人类中心主义(埃伦费尔德,1978)。上述解释路径并不是相互排斥的,而是在一个复杂的文化、社会、政治、经济网络中相互影响着。在论述这一复杂的混合状态上,一些理论家逐渐认为当前环境危机的本质是文化危机。环境心理学家拉尔夫·梅茨娜(1999,第99页)赞同该观点,认为"越来越多的共识是,生态危机最深层次的根源在于全球工业化社会中人类所秉持的态度、价值、看法和基本的世界观"。

哲学家约翰·利文斯通(1981,第24页)对上述观点作了扩充,认为各种灾难都可被描述为一系列相互独立的事件。他写道:"石油泄漏,濒危物种,臭氧层空洞等等都是以孤立的事件出现的,而且这些事件的本质也说明我们从未深入地看待问题。""然而",利文斯通认为此类"事件好比是冰山一角,它们仅仅是一个更大整体的可见部分,而大部分却被遮盖于表面之下,游离于我们的日常视野之外"。

在我看来,关于环境危机发生根源的最佳解释由社会生态学家莫里·布克金提出。布克金(1982,第4页;普赖斯,2012,第133—160页)认为,人类主宰自然的起源非常复杂,且以非常复杂的方式进行。在这种复杂的方式之中,人类成员相互剥削压榨。这一分析论证的关键是"科层制度"(这一词的含义包括"服从和命令的文化性、传统性和心理性制度")(布克金,1982,第4—5页)。科层制度还包括长者对幼小的控制、男人对女人的控制、一个部族对另一个部族的控制、富有对贫穷的控制以及人类对环境的控制。

布克金(1982,第62—88页)认为,科层制度在早期文明得以建立的"原材料"中具有非常重要的基础作用。然而,他同时也意识到科层制度的出现和精细化具有物化和主观两方面的作用。在物化的层面上,布克金(1982,第89页)认为,"伴随着城市、国家、权力术以及高度组织的市场经济的出现",科层制度具有了非常复杂的外在形式。在主观的层面上,伴随着压制性情感和价值实体的出现(依照整个经验世界沿着命令和服从模式心智化的各种方式而出现),科层制度得到了确当的表达。布克金(1982,第89页)将这些主观性的要素称为"认识论规则",以此表明一套使分叉科层社会逐步正常化的知识体系的兴起。

布克金关于科层制度的论证最吸引我的地方在于,科层制度允许人们对各种复杂多样的方式(即负面的科层关系以公开、辩证的方式产生环境损害)作出理论解读。科层制度关注到了结构性分析和生态政治学分析的重要性,而且也引起了人类中心主义、性别、种族主义和经济问题等领域的对话。同时,科层制度还为人们思考诸种发生根源之间的相互作用方式提供了依据。比如说,环境损害如何同种族主义和阶层分化关联在一起(布拉德,2000),或者说,女性贫困是如何受到洪水、干旱和强制移民等环境灾害的影响的(宗特海默尔,1991)。因此,虽然我的调查研究主要集中在"作为当前灾难最深层次原因"(贝里,1999,第4页)的人类中心主义上,但我也在科层制度的例证之外思考有关环境危机的其他(思想性和物质性的)解释理由。我还特别地思考了人类中心主义视角下科层制度是如何与经济和性别科层化相互关联、发生作用的。

## 三、法律、文化和权力之间的关系

>法与法律科学不是在真空中产生的。尽管它们看似"天然",且基本上能够得到自证,但在某种程度上,法与法律科学经常能够反映它们据以产生和发展的现实。(赞博尼,2008,第63页)

法律制度和法律哲学产生于特定的社会背景之中,并且易于受到某一特定社会中政治阶层的世界观和道德水准的影响(帕舒卡尼斯,1989)。因种族和性别原因,政治阶层在历史上逐步被废弃(沃勒斯坦,2011a,第77页),并相继主要被财富所代替(伯登,

2013a）。而法律是重要的机制之一,通过它,阶层可对自身做出分析,并将其"投射"到现实世界之中。另外,法律还是主流的社会运行理论和该社会所属的环境状况的表征。

从这一视角下我们接触法律的瞬间开始,我们问到的关于法律的各种问题以及我们指涉的关于法律发展演变的各种思想都发生了变化。关于这一点,科米特·哈尔有非常明确的见解(哈尔和卡斯滕,2009,第1页)。在他看来,法律就像"一面魔镜"。哈尔使用的这一修辞借用了小奥利弗·温德尔·霍姆斯法官的名言。霍姆斯认为,"这一称为法律的抽象概念是一面神奇的镜子,(在其中,)我们看到的不仅是反射回来的我们自身生活的影子,还有所有人曾经生活过的样子!"对于哈尔来说,法律作为"一面魔镜"的表述有两方面的含义。首先,法律被视为是一种"文化性的人造物品",而法律历史学者的使命在于探究法律制度和规范概念据以建立的社会选择和道德命令(哈尔和卡斯滕,2009,第1页)。再者,哈尔主张,关于法律与社会之间关系的合理解释承认人们赞同甚或影响法律的未来发展方向。

从这一意义上来说,法律反映着价值、看法以及主流社会阶层的目标。另外,人类法律制度的未来(命运)直接依赖于这些价值观念和目标对今后需要(无论是谁的需要)的改变或适应程度。在体现人类中心主义哲学和神学的大量遗产的基础上,下一部分的观点是,分析实证主义法学中的主流法律概念在本质上是人类中心主义的。按照这一思路,我将阐述以下观点,即如同在地球共同体概念中体现出来的生态目标一样,人类法律制度是何以体现生态目标的。

## 四、法律和人类中心主义

我们的法律具有非常深刻的人类中心主义烙印,且其宗旨是维系那些用以保护财产和经济增长的科层结构。为了论述这一问题,我的第一反应就是求助于法学理论。卡尔·卢埃林(1962,第372页)认为,法学理论"和法律的内涵一样广泛,甚至比法律的内涵更广泛"。法学理论给我们深刻地揭示了法律的概念,并且对实在法(如立法和案例法)的大致架构和具体条款的形成发挥着非常重要的作用。

尽管各有不同,但法学理论大多具有人类中心主义的特征。对自然法学和法律实证主义而言更是如此,两者在本质上都是以人类和人类利益为中心的。而且,法学理论是以"个体之间的关系、共同体之间的关系、国家之间的关系以及简单群体之间的关系"(格雷厄姆,2011,第15页)为中心的。仅仅在极少数情况下,法学理论才认为环境与人定法有着一定的关联性(布罗姆莱,2001)。事实而论,"人与非人世界的相互分离以及科层化秩序的形成"意味着这样一个根本性假定的成立,即西方法律的武力装备业已建立了起来(格雷厄姆,2011,第15页)。

在传统法学理论看来,法律实证主义是各种思想中的主流学派。实证主义将法律视为一种科学,认为各种外在要素(如道德、环境或宗教)都不应当涵括在法律的定义之内。法律的条文由可观察到的经验性标准予以确定,如立法、普通法和习惯。实证主义的核心是根据"抽象的法律类型"来确定和定义法律,并将法律原则视为能够适用于每一个可由法律裁判的具体问题和纠纷的"权威规则"（格雷厄姆，2011，第15页）。这种方法明确地提出，环境、人以外的动物以及场所与法律毫不相干。因此，法律类型及其规范方法便可输出到全球范围内的所有国家，而不管是否能适用于不同的地域和人口。

法律实证主义所具有的人类中心主义属性在法庭被动接受来自于特定文化的证据（布朗，1999），及拒绝为环境自身的权利而寻求保护的主张（泰勒，2010，第203页）时得到了更进一步的体现。正如格雷厄姆（2011，第15页）认为的那样，"通过对客观的和主观的思想、抽象规则和具体内容的想象和并置，进而通过对客观性和抽象性的特别关注，法律实证主义真正体现着人类中心主义的逻辑。"

在第二章中，我论述了私有产权的形成如何体现人类中心主义思维，并论述了私有产权不仅维系而且使人类与环境之间二分的思维长期存在的方式。通过私有产权的视角来思考，环境不具有内在的价值，而是只具有工具性价值，且只能通过人类的产权路径加以保护。法学和经济学的学者更是对此抱以心安理得态度。理查德·波斯纳（1986，第32页）的私有化论断具有明显的环境工具主义观点倾向，认为："如果每一种有价值的资源（稀缺性）均归具体的个人所有（普遍性），那么意味着所有权就是所有权人自己利用并排除任何他人利用资源（排他性）的一种绝对性权力，并且所有权是可以自由让渡的，抑或如法学家所说是可转让的（可让渡性），价值也会因此而得以最大化。"

具有新自由主义思想倾向的批评者们已经运用波斯纳的学说理由来支持他们今后对于环境私有化和封闭所有公共空间的主张。然而，我却有不同的观点，如果人类打算在接下来的生态危机

(任其发展扩大)中生存下来,那么就需要将人类的法律从当前关注于私主体排他性权利转向整个地球共同体的需要和利益上来。

## 五、范式转变与地球共同体的概念

> 革命始于与日俱增的观念……即现有制度在应对各种问题方面基本是形同虚设的。(库恩,1996,第92页)

物理学家兼哲学家托马斯·库恩是清晰阐发范式和范式转变概念的第一人。专门从事于科学问题研究的库恩(1996,第43页)对范式的定义是,"被特定的科学共同体共享并用于对特定问题和方法做出合理界定所遵循的一系列目标的集合,包括概念、价值、方法等等。"文化理论家和法学理论家也运用"范式"一词来解释法律是如何适应社会发展并逐步发展演化的。根据上述文献的定义,我做出了如下符合本书宗旨的"范式"的定义,即范式是指"包括共同体共有的概念、价值、视角以及实践在内的一系列目标的集合,为共同体自我组织以及创制法律的事实基础建构了独特的视角"(卡普拉,1985,第11页)。

在关于"范式转变"这一理论的学术讨论方面,库恩(1996,第66—69页)认为,知识的社会因素及其发展可能会产生范式危机。范式危机往往在主流范式逐渐丧失其应有功能、产生负面影响或失去对特定社会的意义的时候就会发生。当范式危机发生时,社会将经历一个短暂的失序阶段,随之而来的就是向新范式的转变。然而重要的是,库恩认为社会可能对正在经历的范式危机完全无动于衷,甚至否认范式危机的存在。广泛的认可并不是范式转变的先决条件。尽管如此,当某一范式危机发生时,重要的不再是特定的文化是否适应新范式的问题,而是特定的文化何时能适应新范式的问题。库恩(1996,第77页)主张道:"排斥一种范式的决定同时总是接受另一范式的理由,而且产生这种决定的判断包含有两种范式各自属性和相互关系的比较。"

彼蒂里姆·索罗金(1970)、刘易斯·芒福德(1956)、托马斯·贝里以及布莱恩·斯温(1992)等人还认为,范式和范式转变的概念可能伴随着对某一时间点上的社会和文化研究。贝里和斯温做出的分析在本书第三章有所介绍。不同于克鲁岑就"人类世"做出的地质学上的论说,贝里和斯温的构想是,世界的心智观念和伦理价值能够推动晚期出现的新生代过渡到新近出现的生态纪。正如名称所显示的那样,后者的显著特征是生态中心主义伦理观,意在帮助和实现"互助共进的人与地球关系"(1992,第280页)。在关于这一过渡期\*的论述上,贝里(1988,第42页)认为:

> 当下,我们正在步入另一个历史阶段,一个可被视作生态时代的历史阶段。关于这一历史阶段的主要内涵,我用"生态性"一次来概括,不仅可以表明有机体与它所处的环境之间的关系,还能够表明地球上所有生命系统和非生命系统之间的相互依赖关系。(步入这一时代)不只是为了应对化石燃料供给的不足,抑或适应我们在社会经济管理制度方面的某些改变,当然也不是为了适应我们教育制度的些许改变,而是应对目前发生的更为重要的事情,它关乎我们思想模式的根本性改变。

---

\* 即从新生代向生态纪的过渡。——译者注

相对于人类中心主义而言,"生态中心"一词是一个替代性的范式,指的是一套以地球为中心(与其相反的则是人类中心主义)的价值系统。关于此两种范式的区别,克劳斯·博塞尔曼(2008b,第92页)认为,"人类中心主义和生态中心主义之间的关系不是一种渐变式的不同,而是一种范式意义上的二分。"在本书中,我提出的生态中心主义范式主要体现在地球共同体的概念范畴之中。

贝里(1992,第243页)在他关于"宇宙是主体组成的神圣团体,而不是客体的集合体"的论述中抓住了地球共同体的本质。贝里对"神圣团体"一词的使用具有隐喻的修辞味道,旨在把更多的事物和更多的内容关联在一起,而不是只对人与地球的关系作出客观的描述。实际上,他认为存在"起源并维系于""宇宙中每一个生命体与所有其他生命体之间的亲睦关系"(1992,第243页)。在形成这一论断的过程中,贝里还试图消解人类中心主义视角下人与环境之间的二分关系。(地球)共同体由生态主体共同组成,这些生态主体在跨时空的平等关系中互利互惠。

在生态系统层面,贝里使用的"地球共同体"一词具有四个方面的重要含义。第一,生态系统由自然子系统和社会子系统所构成,并受到它们的影响(1999,第4页)。第二,生态系统包括各种有机体的个体行为。这些有机体可被视为生态系统(非孤立)的成员(1999,第4页)。第三,生态系统的成员有多样化和多层次的内在性和主体性(1999,第162—163页)。第四,生态系统成员之间相互作用,并跨越种际形成了共同的意义范围(1999,第4页)。在生态整体性原则下,以上要点存在某些方面的相似性(威尔伯,1995)。特别是,它们共同形成了这样一个重要的论断:自然世界远不是一个由外在的能量流和系统输入/输出链组成的复杂网络。恰恰相反,自然世界同时也是一个各种生态主体相互亲睦和共融互惠的空间。在这一意义上,各种有机体不仅是生态系统的组分,而且在地球共同体以及交互主体空间内互为伙伴。所有的有机体都是主体——它们都具有内在属性和生命活动。[2] 对此,贝里(1990,第15x页)的观点也是明确的,他认为:

> 地球上没有任何一种仅仅是"物"的存在。每一事物都有其神圣而庄严的主体性,每一事物自身就是它自己,每一事物就是中心,每一事物就代表它独一无二的特性。每一个生命体都是其他生命体的存在形式。[3]

从上述引证可以清楚地看到,贝里对地球共同体的阐释不仅仅局限在严苛的笛卡尔"生""死"二分法之内。[4] 事实上,在地球作为神圣共同体的背景中,贝里经常论及生物物种和其他存在的庄

---

[2] 或许最能说明问题的例证是尤克斯卡尔(1957,第11页)。

[3] 贝里(1988,第133页)进一步论述道:"如果真实世界中对客观性和可量化性的要求使科学家忽视了主体性和本质属性的话,那么这种情况依旧存在,并成为科学家们完成他们历史使命的现有基础。然而在近年来,科学领域内最值得关注的唯一发展进步是对现实世界中身心一体性意识的逐步增强。"另可参见本涅脱(2010)。本涅脱的目的在于形成一种"极其重要的唯物主义"理论。之所以"极其重要"是因为事物"不仅有可能妨碍或阻塞人类的意愿和计划,还有可能像类主体一样或者以一种具有轨迹、偏好和内在趋势的力量而产生一定的行为"(本涅脱,2010,第viii页)。另外还可参见拉图尔(2004)。

[4] 相关佐证性的论述可参见贝里(1990,第15x页)的观点,他认为,"宇宙并不是一个广阔而杂乱的物质的堆积,不是胶状物质发散延展的空间,当然宇宙也不是相互孤立的粒子的集合,而是一个广阔的复合态。在这一复合态中,个体实存都有着质和量的差异,但相互都处在精神和物质的共融关系之中。"

严而通灵的一面。在形成这一观点的过程中,贝里着重汲取了法国耶稣会士德日进的观点。在《人类现象》一书中,德日进主张,人类与宇宙间其他生命体共同构成了一个亲睦的联合体。他认为这一联合体不只是物质性和遗传性的存在,而是具有内在性和外在性的存在(1959,第56页)——"与事物外在的东西同时空共存,才会有各种事物的内在性。"除了我们可感知的物质性以外,整个宇宙还具有精神性的一面;[5]而正是精神性的一面才形成了人类的自我反思性意识(1959,第54—56页)。如此一来,正因为人类的意识,也正因为人类从地球演化而来的事实,从一开始就在进化过程中呈现出了某些形式的意识和内在性。意识是现实世界固有的组成部分,也是将地球共同体所有成员联系在一起的纽带(1959,第56页)。

作为对上述观点的回应,贝里(1990,第15x页)注意到,"在达尔文仅从地球的物质外观方面看待人类的出现的时候,德日进却是从地球的物质和精神两个维度看待人类的出现。"物质并不能被简单地理解为是僵死的或者呆滞的,而是庄严存在的现实。[6]在早期的著作中,贝里清楚地指出,德日进所定义的关于宇宙的精神维度是一个尚需进一步拓展的关键要素。这一论题与生态整体(外在的生态系统融入内在的生态共同体之中)的根本目的相一致(哈根斯,2011,第101页)。贝里(1990,第15x页)将论点大致归纳

---

[5] 精神性的一面是根据俄国矿物学家、地球化学家维尔纳茨基创立的"人类圈"(nöosphere)这一概念形成的。

[6] 贝里在他的著作中多次用"庄严"(numinous)一词的目的在于显示某一场所带给人们的强大体验。身处这一场所,任何个人都会不得不思忖宇宙的神秘和意义。这方面最好的例证请参见贝里(1999,第12—20页)。

如下:

> 从物质和精神两个维度来看,地球演化过程中的自组织力量尚需(我们)通过语言化和象形化的方式来认知。这就需要以它自身所必需的方式进行界定和讲述。类似于我们所熟知的许多特殊有机体,地球演化过程中的自组织力量也有着相同的功能。当我们谈及地球的时候,我们其实是在谈论一项庄严的母性原则,通过这一原则,地球的复杂性现象之全貌才得以型构。

无论是德日进还是贝里的观点,演化视角为理解人类与地球共同体其他成员之间的关系提供了最为综合的理论背景。就这一点来说,贝里(斯温、贝里,1992,第66—78页)频频论及,自《物种起源》发行以来,我们逐步意识到宇宙不是作为一种静态秩序而存在,而是一个逐步展延的宇宙创生过程。进化论为宇宙演化提供了独特的认识视角,那就是从漫长的地质年代角度给人类作出了新的定位。其意义在于说明,人类仅仅是所有物种当中的一个物种。

正如克劳斯·博塞尔曼(1995,第7页)所主张的,生态中心主义范式"强调将生态关联性和生态网络(人类只是要素之一)纳入我们思想而非人类世界的核心位置的必要性"。这一点上,地球共同体这一概念更赞同"关于人的思想理论的核心应当转向人类与环境的相互关系网络上"的观点(博塞尔曼,1995,第7页)。我在本书第五章对此问题作了更为详尽的论述,这种推论并不否认人类的道德地位,也不主张所有非人类的动物生命形态在道德上拥有与人类等价(洛、格利森,1998,第97页;奥特,2008,第48页)。实际上,这种转向的目的在于将人类的关注点远离科层制度,并坚持认为地球共同体的所有组成要素拥有和地球上的各种主体一样的价值。

## 第二节 观点提要

站立在过去的研究者、思想和论证的肩膀上,每一篇新文章的论述才能成功。一篇有意义的文章往往立意高远、超出同类文章的一般水平,同时在学术上作出了某些方面的创新或有价值的影响。在本书中,我最为关注的是在环境哲学、法学理论、政治经济学和批评理性主义等理论中展现出来的智慧思想。在本文的研究过程中,我还受到了卡尔·马克思在其青年时期撰写的文章《对所有事物进行无情的批判》的思想影响。在这篇文章中,马克思认为批判性的方法是考量别人的观点并将别人的观点改变为新思想的步骤。对于马克思(1978,第14页)而言,新知识产生于有着本质差异的概念模块以及他们之间的"胶合"状态,从而引起革命性的闪光点。

因而我在本书中最希望实现的愿望是——将诸多各自迥异的知识传统融为一体,从而建立一个全新的知识及其实践框架。包含概述部分,本书共包括五个独立的章和一个结论等几个部分。以下各章的综述主要对核心观点作了介绍。

## 一、人类中心主义与私有产权(第二章)

在第二章中,我认为私有产权这一概念彰显的是人类中心主义思想,而且助长了环境损害的发生。为了支持这一论点,我从古代、科学革命、工业革命以及现代自由主义和新自由主义政治哲学的影响等方面考察了私有产权形成和发展的四个重要阶段。

从古代视角来看,我认为西方财产理论的重要起点是人类对自然世界的主宰。这一观点的文化基础可追溯到古希腊斯多葛哲学以及柏拉图和亚里士多德的经典著作。比如说,亚里士多德认为整个地球就是由物质环境和非人类的动物种群以科层制度的方式构成的。而物质环境和非人类的动物种群是为了人类使用和获得幸福而存在的手段。这一观点对古罗马斯多葛学派的法学家们产生了一定的影响,他们在支配(自然世界)的概念下对财产首次创立了精致的法学定义。这一概念又在基督教神学法学家们那里得到进一步发展,他们在罗马法的基础上又掺入了自己的神学,认为人类对所有"神造物"享有完全的所有权。我认为(关于财产的研究)虽有一定的进步,但西方财产理论从未摆脱这一根本性起点的束缚,而是依旧将自然定义为人类财产关系的客体。

之后,科学革命的出现对西方财产理论产生了重要的影响。在这一时期,环境越来越多地出现在机械学的词汇里,或者被视为一种无生命的机械。这种观念直接影响了有关财产研究的哲学著作,而且还加速了自工业革命以来存续已久的共同体和环境保护意识的瓦解。沿着这一历史叙事,通过对约翰·洛克、杰里米·边沁和韦斯利·纽科姆·霍菲尔德等人经典著作的考察,我慢慢捕捉到了其中的诸多变化。这些理论家都将私有产权概念化为一种人—人关系。按照这一概念，财产与具体的物质对象毫无关系。而且为了与国家法律的既有规定相一致，财产具有天然局限性的观念也被抛置一旁。

最后，我论述了自由主义和新自由主义政治哲学背景下私有产权的形成方式。自由主义促进了个体的自由和选择，而不是因考虑到人类社会和环境而必须对所有权人科以责任。我对后者做了论述，认为这一观念是人类中心主义哲学的必然结果，它使所有权人像只关心自我私人利益的孤立个体一样存在。我的观点是，关于私有产权的这种观念具有误导性，而且会助长环境损害的发生。事实上，财产选择发生在一个非常广阔的人与生态的相互关系之网中。我们的选择不可能在真空中发生，而是会对其他人类成员和更大的环境产生非常真实而直接的后果。

## 二、地球共同体：叙事与行动（第三章）

在第三章中，我以地球共同体的生态中心主义概念为基础，提出了一个替代性的论证前提。为了支持我的论点，我对包含于量子力学、生态学和"盖亚"理论中的诸多科学理论作了整合与批判性考察。同时我还分析了蒂莫西·莫顿提出的关于整体论的批判性文章，并论述了他的生态性概念——"网格"。因为这些理论未取得共识，因而我认为每一种理论都为阐述较早时间提出的地球共同体提供了富有经验的支持。

按照这一分析，我的观点是，提出一种替代性的价值观念仍然是不够的。由此便可推测，这一替代性价值关键将会影响到法律。

相反,有必要对这一价值观念逐渐被接受并被吸纳到法律之中的过程作出阐释。我首先根据托马斯·贝里提出的"新叙事"对这一过程作了探讨。"新叙事"在叙事形式上采用了当代生态学观念,为西方文化展示了一幅全新的宇宙画面。其意义在于,通过为生态中心主义价值观念奠定论证前提,进而解决法律发展中的精神和文化问题。

因此我认为,关于世界的"精神观念"的考察可能是必要的,故只对诸多社会和法律的变化做出立法规定是远远不够的。所以,我试图走出理想主义哲学,并怀着对卡尔·马克思提出的社会变迁理论的尊崇,不断地加强我的论证。因为马克思经常被视为是一位决定论的社会思想家,他把无产阶级置于社会发展的中心位置,因而他的社会学著作是非常艰涩难懂的。他认为,社会变迁是通过六大领域的辩证性转型而发生的。这六大领域分别是:技术、与自然的关系、生产过程、日常生活的生产和再生产、社会关系以及关于世界的心智构念。

因为本书的篇幅不容许我分别阐述这六大领域,因而我通过讨论社会关系的作用以及法律发展过程中的社会正义运动,增加了对贝里的"新叙事"阐述。特别需要指出的是,我把当前正在发生着的地球法理运动视为一种社会运动,这一运动致力于草根之间基于合作的抗争,目的是为了使法律制度的生态性基础变得更加牢固。对此,我考察了一个重要的案例,该案例提倡自然的权利这一价值观念。当然,我还得出了这样的结论:这一运动需要建立一种团结的组织结构并使之政治化,并从事更加强有力的抗争,以实现贝里眼中的生态中心主义时代。实际上,如果没有这种协同的发展,就没有任何理由来回答为什么产生于人类世的环境后果没有变得更加深远,更加糟糕。

## 三、地球法理的理论(第四章)

在第四章中,我对地球法理哲学做出了一个具有原创性的解释。既然已经意识到了法理(通常情况下的裁判装置)作为一种工具在实现根本性变革方面的局限性,那么我还要坚持认为对一种替代性的法律生态化概念应该是什么样子的预断也是重要的。实际上,我们关于法律的概念在法律发展过程中发挥了无比重要的历史性作用。比如,从自然法学和法律实证主义的向现代法律理论的转变所产生的革命性后果已经有了很翔实的文献记载(伯曼,1983,2006)。如今,法理依然为实在法的制定和解释提供了知识上的基础。一个显然的事实是,法理防止了权力和金钱以多种蓄意的方式左右某一法律制度的功能作用。

借用贝里的法理学著作,我把地球法理解释为一种"生态自然法"流派的延展。"生态自然法"因奥尔多·利奥波德(1986)等著名人物的宣传而受到欢迎。按照这一解释,科层制关系中存在两种法律类型。在科层制度上面的法律是彰显地球共同体原则和生态整体性这一科学概念的"伟大之法"。"伟大之法"之下的法律则是人法,体现着由人类权力形成的诸种规则。人法应当符合伟大之法的精神,人法的制定应当是基于整个地球共同体公共利益的实现。

至于这两种法律类型之间的相互关系,以下两点至为重要。第一,人法从伟大之法中获得了自身的法律属性。从功能上来看,伟大之法的运行更像是一种非正式的或"地方性的法律"(韦斯顿、博利尔,2013,第104页),同时也为立法机关不可跨越的界限范围提供了设计参数。根据新近出现的地球民主运动(我认为,地球民主运动或许能够为地球法理提供一个实证法上的框架)的发展,关于设计参数的讨论正在逐步得到加强。第二,地球法理还认为,与伟大之法相抵触的所谓的法律是有缺陷的,并且不能在道德意义上对公众产生约束力。在这种情况下,地球法理为旨在革新某一项有缺陷的法律而进行的民事违法行为提供了合法的理由。不仅如此,我还认为,一项所谓的法律或许因为与伟大之法相冲突而使民事违法行为具有正当性,至于(违法行为)对某一特定的政府产生的(负面)后果则在所不论。

## 四、再论私有产权(第五章)

在第五章中,我重新回到了私有产权的概念上来,并且还论述了地球法理是如何影响私有产权制度的未来发展的。作为一种社会制度,私有产权不应被弃置一旁,为此,本章从改良主义的角度作了论述,意在从根本上赋予私有产权以全新的内涵。这种方法认识到,私有产权是一个存在许多潜在变数的模糊性概念。此刻,这一制度体现为一种人类中心主义的传统和权利为本的自由主义价值观,但在另一刻,它或许体现为地球共同体的概念等生态中心主义思想。为此,我将私有产权界定为"地球共同体成员相互之间以有形或无形的方式形成的一种关系"。

按照这种解释,私有产权(首先)是一种社会性的合理存在,而财产权利却取决于共同体中权利对他人产生的影响。其次,义务和责任是制度的当然内容。这些责任源自于地球共同体的概念和

第一章 概述

人类破坏环境的巨大威胁,体现为一种对人的自由的故意限制。最后,本章提出的私有产权的概念将重要性集中于财产自身的客体上。也就是说,私有产权是一种由特定的产品或物形成的相互关系。这样构思的话,财产关系的客体在形成使用权和责任(依附于某一特定的私有财产)的类型方面发挥着重要作用。就拿土地为例,所有权可能会从目前的权利本位议题讨论变更为一项具体展开的实践。这一实践既能表征所有权所及的具体地块,还能将地球的组成部分视为具有同等地位的主体,而不是客体。通过论争,我得出的结论是,忽视上述诸多理由的私有产权概念具有一定的缺陷,因而需要作出这种"标记"。

# 第二章 人类中心主义与私有产权

## 第一节 概要

在本章中,我从法哲学角度研究了私有产权的概念,也探讨了私有产权嵌入人类中心主义思维预设中的方式。因为私有产权在调处人与环境的关系方面发挥的主要作用,也因为私有产权自身包含着关于环境和位于环境之中的人类栖息地的许多重要法律内容,因而这一制度领域比其他法律领域有着更为优先的地位。另外,进一步丰富和发展私有产权制度据以立基的思想,将对今后这一制度的革新产生至关重要的作用。因此,本文探讨这一问题的重要性是不言而喻的。使私有产权适应生态中心主义伦理观的路径以及地球法理的法哲学基础将在本书第五章中展开论述。

我在本章的论述中认为,私有产权是一个模糊性的概念,不具有因时间、地点和文化而不变的确定含义。[1] 其实,这里的私有产权被界定为一种文化性的拟制物品,并由经济学、宗教和哲学思想构成。正如 C. 埃德温·贝克(1986,第 741 页)认为的那样,"私有产

---

1  也有另外的观点认为存在某种客观的或者真实的财产权概念。比如,理查德·爱泼斯坦(1985,第 304 页)以本质主义来表述私有产权,认为私有产权是"排他性的占有、使用和处置权"。

权是一种文化性的创造,也是一种法律上的推论。"在这一意义上,私有产权缺少一种可通过描述分析和逻辑演绎而发现的固有单一结构。因此,我的初衷并不是提出一个私有产权的绝对性概念,而是力求建构一幅关于私有产权思想的复合性图景或"拼贴图",并强调现代制度据以建立的文化规范的重要性(戴维斯,2007,第3页)。

本章论述一开始就提出,西方私有产权理论成立的前提是人类对自然的主宰。我追溯了这一概念在希腊哲学中的渊源,也思考了这一概念在罗马法中的适用情况。同时也探讨了基督教法学家们是如何在关于《圣经》所描述的"所有权(dominium)"的神话传说中创立这一概念的。按照这样的分析,我仔细研究了科学革命对环境产生的影响,也研究了科学方法对西方人看待环境的态度的影响。我还探究了私有产权理论在工业革命期间是如何变得有利于促进经济的增长,以及财产是如何被定义为一种人类社会的人—人关系的。最后,我探究了自由主义和新自由主义政治学理论对私有产权制度的发展所产生的影响。特别是,我论证了私有产权是怎么变成以个体本位为中心的,以及在尚未建立对人类或生态共同体的相关责任和义务的前提下如何变为以利益选择最大化为宗旨的。

## 第二节 支配权

如果世界因我们而存在,那么它就属于我们,并且我们可以做从中获得最大快乐的任何事情。(奎恩,1995,第21页)

西方关于财产权理论的基本前提条件是,人类对自然世界享有支配权,而环境是人类财产关系的客体。英国的一位法学家,斯卡斯曼勋爵,在他关于英国法评论文章的开篇就提出了这一前提的证据。斯卡斯曼(1975,第59页)写道:"对于环境而言,传统的法律人只能从中看到财产。"为了支持这一观点,埃里克·T.弗雷福格(1993a,第49页)认为,"当法律人提及物质世界、某一地域以及森林和相邻城市地界的时候,他们的所思所想都和财产以及所有权有关。"不仅如此,大量的英国普通法已经演变为保护私有财产权和财产所有者经济利益的工具(贝茨,2002,第20页)。这种财产权的存在直接以环境的某些要素或部分为基础(包括土地和非人类的动物在内),或以来源于环境并以某种人造形式而存在的产品为基础,如一支笔或一本书。由此,财产权概念也就广延到了物质世界。

从一开始,很重要的是要认识到,环境作为人类财产这一概念化仅仅是一种文化上的建构。事实上,人类并不是天然地与自然世界相互分离,自然世界也不必然是以工具性思维获得其意义的。恰恰相反,人类中心主义视角下将环境还原为财产的做法仅仅是人类确定在整个人类历史中人与自然之间关系的多种可能方法之一。或许,理解这一问题最为简便的方法是与另一种关于环境的观点作比较。这一观点来自于唐尼加-美坦克部族[2]一位名叫艾琳·沃森的妇女。沃森的观点与我写作本书之地附近的一块土地有关,这块土地目前已经在法律意义上被界定为私有产权。沃森(1999,第9—10页)这样写道:

---

2 唐尼加-美坦克族人来自于澳大利亚南部低海拔的湖区和低地区域。

要想拥有土地是一种遥不可及的想法。在人与大地（ruwe）的固有关系中，土地的内涵非常复杂。在西方资本主义思想中，大地作为一种能够交易和出卖的可消耗财产而逐渐被人们所知晓。我们仅仅作为自然世界的一个部分而生活着；同时我们也是自然本身。自然世界是我们的一面镜子。我们维持生计仅仅以必需为前提；我们像养育自己一样来养育大地，因为我们是大地的一分子。西方人从生活的土地上攫取的远远超过了他们的需要，既耗尽了土地，也耗尽了他们自己。因此，（人类）自身也不会再有明天。西方人与大地是相互分离和疏远的……所有是一，一是所有，我们是大地，大地也是我们，同样，法律存在于万物之中，而这万物也就成为了法律。[3]

尽管我不想在思考环境问题时掺入这种本土化视角，但奥内达加酋长奥伦·里昂在评论他的人民被从纽约锡拉丘兹一带迁出安置时也提出了一个类似的观点。里昂（2007，第208页）说：

> 土地占有和所有的观念源于此。我们不曾想到一个人会收买或出售土地。事实上，收买和出售的观念都是我们不曾有过的概念。当他们跟我们说想要收买土地的时候，我们会发笑。紧接着我们会说，你是怎么买到土地的呢？而当你买空气或水的时候，我们不再发笑了，因为这恰恰就是正在发生

---

3　注："ruwe"的意思是大地、土地。虽然这是关于私有产权的一种恰当的论述，但也应当表明，在西方文化中有关土地的个人关系要远远比从整体上解读这一关系所得到的结论更复杂、更多元（里德，2000）。

的现实。

那么,我们如何理解那些发生在全世界范围内的剥夺或殖民原住民的私有产权的特有含义呢?因为私有产权是一项社会制度,因而我认为最有益的方法是去对围绕这一制度的发展而形成的主要文化态度做一调查研究。我的研究就是始于对人类支配自然世界这一根本性观念的哲学和神学论证。

### 一、关于支配权的哲学论证

> 欧陆哲学传统最为稳定的特征在于它形成了对柏拉图(思想)的一系列注解。(怀特海德,1979,第39页)
>
> 我是一个钟爱学习的人,树木乃至开阔的场地不能教给我任何东西,反而城镇中的人们却能做到这一点。(柏拉图,1997,第230页)[4]

关于人类支配权的哲学起源可以追溯到西方知性思维的真正根源上去,特别是柏拉图和他的学生亚里士多德的著作中去。在西方哲学中,柏拉图(的思想)是关于"来世"观念的主要历史起

---

[4] 苏格拉底的理性与早期的泰利斯以及毕达哥拉斯(于公元前530年创立了另一哲学流派,成为苏格拉底的主要对手)等"自然哲学家"有着直接的冲突。尽管鲜有人对毕达哥拉斯学派作出透彻的讨论,但大家都知道毕达哥拉斯通过学习自然运作的模式而获得知识。毕达哥拉斯还教导他的弟子要呵护自然、敬畏自然。例如,他提倡素食主义,认为人的灵魂在死后会移居到动物身上。这些教义的宗旨在于建立与自然世界之间的亲密关系,这与东方宗教的灵魂转世观念并无区别(辛格,1975,第205—206页)。

源。经由他的论述,存在一个不为人们所见的永恒的观念世界[5]的构想在西方世界占有了一席之地。另外,从他的著作中还可得知,人类最高利益总是依赖于是否将自己移位于这样的观念世界之中,这种信念已经对人类心灵产生了永恒的滋养作用(塔纳斯,1993,第6页)。

在关于西方形而上学的经典研究中,阿瑟·O.拉夫乔伊将"伟大的存在之链"这一哲学概念追溯到柏拉图的"充分的概念"上去。这一概念涵盖了很大范围内的假设条件,然而我在这里使用这一概念是为了指涉这样一个观念,即宇宙是一个"被满满填充的形态"($plenum\ formarum$)。在这一形态中,各种可以想象得到的生物多样性之整体得到了充分的例证(拉夫乔伊,1960,第52页)。[6] 换句话说,能够存在的任何事物都是存在的。[7] 柏拉图(1997,第1236页)的这一结论可在以下表述中得到更加合理的解释,即:"即使最高尚的灵魂,也不会嫉妒任何可以想象得到的存在,并希望所有的事物都尽可能地像他一样。"

或许孤立地理解上述观点是有益的,然而"充分"的观念在亚

---

5 柏拉图式的观念是指对简单思想的表达,这一简单思想就是:每一个建构合理的概念在客观现实中都有着坚实的基础。

6 需要注明的是,"充分的概念"还被用于指涉这一观念,即生命要保持不完满的状态是没有任何可能性的,另外,创造物的丰富程度必须与存在的可能性一样丰富,且与"完满的"、用之不竭的资源的生产能力相称。

7 对于柏拉图来说,存在的总量至少反映了"理想国"中每个人可以感知的对象物。这在对话录《巴门尼德篇》(1997,第360页)中有进一步的解读。在《巴门尼德篇》中,巴门尼德的角色提醒了苏格拉底,那就是在"理念世界"里存在各种生物,包含微不足道的、荒诞的和令人生厌的生物。

里士多德所创立的"连续性"[8]概念下得到了进一步加强。这一概念的创立是为了与"充分的概念"相互关联,因而被认为是在逻辑上被"充分的概念"所涵盖的(拉夫乔伊,1960,第55页)。这种概念之间的关联使亚里士多德得出了一个结论,即所有的量(线、面、立方体等)在时间和空间上一定具有连续性。重要的是,这并不意味着所有的有机体都被编排在一个升序且连续的形式序列中。亚里士多德没有尝试去为动物或环境设计任何专门的分类计划。然而,正如拉夫乔伊(1960,第56页)所发现的那样,"按照各自的固有特征对万有生物的各种分类很明显地形成了一个线性的阶层群组合。"在亚里士多德看来,这样一个组合更易于说明一个阶层对另一阶层的财产性支配关系的虚幻,而不是各阶层之间清晰而严格的区分。差异性之间的这种细微过渡恰恰在通俗语言所隐含的那些深刻而鲜明的对照中表现得尤为突出。亚里士多德(1984,第922页)认为:

> 从无生命物质到动物形式,自然世界就这样一点一点地发生着变化。在这一变化过程中,要把握确切的分界线是不大可能的,同样也不大可能把握住分界线之间的中间物更靠近哪一边。因而,无生命物质之后,植物出现之前直到植物出现,每一生物(物质)从外在的生命力数量上看都各不相同;用一句话来说,与动物体相比,整个植物种群看似没有生命,但

---

8 亚里士多德(1984,第921页)将连续性界定为:"一般认为,万事万物都是连续存在的,而不论它们是否为一个整体。同样,万事万物也有着同样的局限性,而不论它们是重叠在一起,还是共存共享。"

与其他物质实体相比,植物显然被赋予了生命。实际上,正如我们刚刚所探讨的,不难发现存在着一个从植物向动物的持续性过渡带。因此在海洋世界中存在着某种不好被界定为动物或植物的物体。

正如柏拉图的著作是西方哲学中的"来世"及"来世"对立面的理论渊源一样,亚里士多德的影响总被认为是一种逻辑的确当代表。这种逻辑依赖于对清晰区分和严格分层的可能性的假定。实际上,从柏拉图的"充分"原则出发,"连续性"原则就可被直接演绎出来:如果在两个既定的自然物种之间存在着某种在理论上看似可行的中间物形态,那么这种形态必然是实体化的,而且永远都是。否则,将会存在裂隙,而且宇宙将不会像本来的那样完满。这进而也将意味着这样一种"不可接受的后果"——从柏拉图《蒂迈欧篇》(1997,第1227页)的形容来看,创世的起源并不是"善"的。

柏拉图的对话录中偶有一些建议认为,各种观念(以及它们的意识性或物质性的对立物)并不都是达到了形而上学的层次。然而,这种面向科层化秩序本质的趋势在柏拉图看来仍然是模糊不清的。虽然亚里士多德意识到可能的自然界分层系统是多重性的,但他对后期自然主义者和哲学家们的首要建议还是这样一种观念,即在一个独立的分层体系中依照动物的"完善层次"对所有的动物作出排列。亚里士多德确立了两种科层化的配置方式。第一种配置方式着眼于后辈出生时达到的发展层次。按照这种分析,他大致分出了11个层级,其中,人类处在最顶端,植形动物处在最底端(1984,第1136—1137页)。另外,这一基础性科层的内容也因分层的观念而得以增加,其中包括明确的工具性价值(拉夫乔伊,1960,第56页)。这也说明,环境被认为是供人类使用而存在的一种工具。从亚里士多德(1984,第1991页)著作中摘出的这一段落就表明了这一点:

> 植物因为动物而存在,猛兽因为人类而存在——如同衣物和各种各样的工具,家畜因为人类的使用和食物需要而存在,野生动物(在一定程度上大部分都是)因为食物和其他的生活所需而存在。既然自然世界没有漫无目的或无效地运行,那么不容置疑的一点是,她(即自然世界)就是为了人类创造了所有的动物。

亚里士多德(1984,第1991页)的第二种配置方式是按照"灵魂的力量"来组织科层。层级的数量从植物的"营养"量,到对人类的"理性"贡献,再到"其他更优的层次"(1984,第659页)。重要的是,科层结构中每一个更高层次的要素占据着较低层级中要素的所有量质以及它们自身的其他细小要素。第二种分层方式对后来的哲学和自然历史产生了重大影响,后来的知识分子都运用这种方法来论证人类中心主义价值观的合理性。事实上,拉夫乔伊(1960,第viii页)指出,"亚里士多德的科层结构是西方思想中影响力最为持久的前提预设之一。"按照拉夫乔伊的观点,我认为对环境做出的科层化的秩序建构对于古典法律和财产理论的发展具有非常重要的推动作用。尽管希腊哲学家们分别就亚里士多德和柏拉图(亚里士多德,1984,第2008—2009页;柏拉图,1997,第550—551页)两人不同的论题著书立说,但罗马的斯多葛学派却只领悟到了关于私有产权的第一种精致的配置方式。

斯多葛学派由芝诺和他的追随者自公元前3世纪创立起来,并逐渐成为希腊化时期最具影响力的哲学流派。斯多葛学派的一个最典型特征是,它关注于人类伦理,也关注于这样一种表达欲望,即它的支持者们想在充满敌意和混乱的环境面前给予人类诸多稳固的信念体系(塔纳斯,1993,第76页)。其结果是产生了一种新的形而上学,这种形而上学认为自然环境的每一种组成要素是充满理性的,也是被神圣地组织起来的。芝诺用宇宙决定论表述了这种组织方式(罗素,1972,第254页)。实际上,芝诺相信世上没有这般凑巧的事情,也坚信环境受到自然法则的严格约束。道德上的善良和幸福通过一个人内在地重复完美的理性而达到,也可通过发现并扮演自己被宇宙万物赋予的角色而实现。

在最低的物质层面,世界是由两个同延的原则构成的,它们分别是被动的"物质"和主动的"神灵"。在最低的感觉层面,这两个原则组成了土、水、气、火等四种元素。气和火形成了主动性和普遍性的生命力量,被称为元气(Pneuma)或"气息",它们成为了所有形体的本质。它们还以非常稀薄的方式支撑着所有生命体的灵魂(塞德利,2005,第1002页)。一位立法者同时也是一位慈善家的普罗维登斯,他把自然的过程规定到了最为微小的细节层面。环境之整体的意义就是为了保护人类生命的特定自然底本。伯特兰·罗素(1972,第254页)对这一形而上学的人类中心主义意涵作出了解读:

> 每一件事物都有与人类相关的目的。有些动物适合吃肉,而有些有助于训练(人类的)胆识;甚至坏臭虫都是有用的,因为它们有助于我们在清晨起床,而不是一直躺在床上。

21　　对于希腊的斯多葛学派而言,最高力量有时叫作上帝,有时又叫作宙斯。不管叫什么名字,这种力量没有从世界中分离出来,并且人类的每一个成员都内聚着一部分神圣的火。整个环境是一个被叫作自然的独立体系的组成部分,当人类的意志指向自然之本底时,个体生命便是纯净而善良的。因此,美德存在于意志之中,而意志又与宇宙相一致,且决定于自然的秩序。罗素(1972,第254页)进一步论述道:"邪恶的人虽然迫不得已地屈从于上帝的律法,但他们内心还是非常不情愿的;在克里安西斯的比喻中,他们就像捆绑在汽车上的狗一样,被强迫带到汽车要去的地方。"[9]

罗马法学家从他们的斯多葛先辈那里继承了关于自然的世界观和科层制序,因而认为"美德存在于与自然相一致的意志之中"(罗素,1972,第254页)。然而在这一意义上,"自然"指的是人类自然,而不是专指自然世界。实际上,人类被认为是(拥有)美德的手段,宇宙真理可通过人类的推理而获得。这样的定位直接导致了自然法学或自然权利(*jus naturale*)的发展。斯多葛学派的哲学家西塞罗(2008,第105页)对自然法的经典表述如下:

> 真正的法律是与自然相一致的正当理性;它具有普遍的适用性,内容不变,而且是永恒的;它以命令的方式课以责任,以禁止的方式规避恶行……试图更改自然法的行为是罪恶的,废除其中的任何一个部分也是不被允许的,要整体上废止自然法更是不可能的。我们不能以元老院和人民的名义免除

---

[9] 这里的哲学观点存在一些明显的难点。就我目前的分析,大多数人质疑的是,在一个自由处处受限的完全命定的世界里,个人如何才能决定(或情愿)自己成为善良的人。

自然法上的义务,我们也无需在我们之外寻找自然法的解释者。不可能在罗马和雅典有各自不同的法律,也不可能今天一个法律,将来另一个法律,而是一种永恒、不变的法律将适用于所有的民族和所有的时代。上帝,将是我们唯一的主人和统治者,因为他是自然法的创造者和传播者,也是自然法实施的裁判者。

西塞罗认为,自然法具有三个方面的重要特征。首先,他关于自然法的构想认为,普遍适用且内容不变的"法"在任何时候都对人类的立法者有效。其次,自然之法是"更高的法律",优于政治权威机构发布的法律(the Jus commune)。最后,与亚里士多德的连续性观念相一致,西塞罗认为所有事物都具有指向人类的自然属性或自然本底。要发现这种本底,人类应当利用自己的反思性智慧来获得知识,形成结论,并根据正义的要求推导出合理的步骤(哈里斯,1996,第7页)。

罗马法学家们认为,环境的自然本底就是人类的利益。然而,因为自然法承认法律与道德之间存在着一种内在的关系,因而罗马法学家们还创立了给予非人类世界以道德关怀的法律条文。比如说,动物法(jus animalium)就是自然法(jus naturale)的一种独特类型,适用于(人类)如何对待非人类的动物。动物法承认动物具有固有的自然权利(纳什,1989,第16页)。在论述动物法的问题上,罗马法学家乌尔比安(引自纳什,1989,第17页)是这样阐释的——动物法是自然法的一部分,因为后者包含有"自然教化了各种动物;这样的法律不专属于人类,而是属于所有动物"。

尽管上述说法关涉到了非人类动物界的利益,但罗马法理学的主流趋势却是以人类中心为根本的。比如说，西塞罗被认为是创立了人文主义运动，并且公然地坚持人类中心主义思想。亚里士多德的著作对"连续性"和"层级化"的影响在西塞罗（2008a，第159页）的下列论述中得到了证明："就像盾箱是为了保护盾，剑鞘是为了保护剑一样，除世界以外的任何事物都是为了其他事物而被创造的；因而土地上生长出来的谷物和水果是为了动物的利益而存在的，而动物又是为了人类的利益而存在的。"西塞罗的学生塞涅卡（1969，第56页）把这一思想遗产发扬光大，提出了著名的论断："对于人类而言，人是最为神圣的。"这一论断后来在整个文艺复兴时期成为了人文主义的口号。像法律史学者理查德·施拉特（1951，第26页）所说的，罗马法学家们"借由支配权概念把西塞罗和塞涅卡的哲学思想织入到法律之中"。

罗马法学家们并没有尝试对支配权进行定义，而是从支配权的意义中形成了使用的概念（尼古拉斯，1962，第152页）。在11世纪的整个罗马法复兴时期，法学家们把所有权（*dominium*）定义为一种类似于"主权"的范畴，并进一步指出所有权是对权利客体以及对某物的占有和偏好所主张的一项至高无上的、根本性的或绝对的权利（盖兹勒，1998，第82页）。尽管上述表达有所绝对，但实践中的所有权总是有效的。实际上，彼得·伯克斯（1985，第1页）认为："没有任何社群能够容忍所有权在内容上不加任何限制。"就像在当代法律中，建立在环境之上的私有产权也受到"平等使用、舒适和共同财产的所有其他权利人的滥用"的制约（尼古拉斯，1962，第154页）。除此之外，社会、经济和政治因素也可能影响私有财产的所有权，比如通过税收或土地用途限制。

自古典时期以来，尽管西方私有产权的概念经历了大幅度的演进和更为精致复杂的发展,但我们的法律仍然没有走出罗马思想的核心范畴,即土地是作为人类的财产而存在的,而且人类享有对环境的支配权。实际上,这一起点已经成为其他财产理论据以建立的无可争议的前提条件。就财产权的演进而言,约书亚·盖兹勒(1998,第81页)的观点是:"罗马思想中的私有和共有财产权为法律上的所有权提供了一种DNA,后来的法律思想的发展大多以蕴藏在这种DNA中的知识结构为基础。"S. F. C. 米尔森(1981,第119页)也赞同此观点,认为"依法占有"和"权利"这两个普通法上的原则"总是受到罗马思想中占有和所有权的影响"。

现在我要开始思考基督神学对西方理性主义发展和私有产权概念所产生的影响。作为这一问题的一部分,我举例说明了有关给人类授予神圣所有权的基督教神话传说是如何与罗马法融合在一起,并进而形成了整个中世纪直至19世纪的主流私有产权理论的。

## 二、从支配权到所有权

> 从世界范围内来看,基督教是最具有人类中心主义思想特征的宗教。(怀特,1967,第1203页)

西方私有产权理论的下一个重要发展阶段是由基督教神学法学家推动的。伴随着公元313年罗马君士坦丁大帝向基督教的皈依,"牧师法学家们把经典人文主义哲学与基督教中的'伊甸园'和'人类的堕落'的神话传说结合在一起",从而形成了流行于中世纪教会的正统财产权理论(施拉特,1951,第26页)。这种概念化的结合对早期的教会领袖有很大的帮助,因为他们对于修订已有的财产制度安排没有明确的想法,而这些已有制度已经在教会中受到了一定的挑战(派普斯,1999,第10页)。对他们来说,支配权的概念"不仅有利于化解这种尴尬,而且还正好与其他基督教神话传说和教义相吻合"(施拉特,1951,第35页;汉弗瑞斯,2005,第167—171页)。[10]

经由基督教的所有权观念,罗马时期关于支配权的概念得到了巩固,并且被赋予了持久的生命力。这两个词\*有着共同的词根——domino,意思是"统治"或"对他者的权力"(奥尼恩斯,1996,第198页)。就人类对自然享有所有权这一问题,最为翔实的基督教文献见于《创世记》第一章。我们从中可知,上帝按照自己的模样创造了人类,并把他们安置在与其他创造物相关联的一个特别的地方。而且,人类还专门被赋予了针对各种物的所有权。《创世记》第一章第28—31节写道:

> 要生养众多;遍布各地,并对其加以治理。也要管海里的鱼,空中的鸟以及地上各样行动着的活物;上帝又说,看哪,我将整个地面上一切结种子的植物和所有树上结有核的果子全

---

[10] 为了证明这里论述的基督教对西方理性主义的影响,我还查阅了神学的另一分支。这一分支对基督教的强势话语给予了猛烈的抨击,同时力推人类对环境负有的伦理责任这一认知。这一观点的典型代表人物寥寥无几,他们分别是阿西西的圣方济(索雷尔,2009)、努尔西亚的本尼迪克特(杜博斯,1973)、诺曼·哈贝尔(2010)、罗恩·恩格尔(1986)、莱昂纳多·波夫(1997)和托马斯·贝里(1999)。基督教的这一生态学分支便是基督教信仰体系内部宗教实践深度多样化发展的明证。然而,我却认为这只是代表了基督教经文正统(或主流)解读的一小部分。

\* 即所有权和支配权。——译者注

部赐给你们作食物;至于地上的走兽、空中的飞鸟、各种爬在地上有生命的动物以及土地中能够呼吸的一切生命,我将所有的青草赐给它们作食物。事就这样成了。(桑德凡,2002,第7页)[11]

宗教学者 W. 李·汉弗莱在谈论这一段落的时候认为,希伯来语言学家把动词"管理"(*kabash*)和"支配权"(*radah*)翻译成了暴力打击或征服的意思了。按照这样的翻译,可能是这样一番景象——"征服者把脚踩在落败敌人的脖子上,显露出了绝对的控制"(汉弗莱,1971,第67页)。神学家格洛丽亚·施阿布(2011,第45页)赞同这一翻译,认为教会领袖用这段话作为制约人类道德价值的砝码。相比之下,自然世界除人之外的其他部分被确定为只具有"工具性价值",即"价值仅仅在于它对人类的贡献"。

通过阅读《创世记》第三章第13—19节节选出的"人类的堕落"部分,还可以获知更为详细的内容。在这一部分中,上帝发现亚当和夏娃在偷吃禁果。在接受了两人的忏悔之后,上帝把他们驱逐出了伊甸园,让他们和骗了夏娃的蛇遭受苦难。神话学家约瑟夫·坎贝尔(2002,第59页)认为,这部分传递出的最主要的信息之一就是,环境是可被谴责的对象。实际上,在这个故事里,我们看到人类、上帝和自然是三个相互分离、相互冲突的实体存在。禅宗哲学家铃木(1954,第294—295页)认为:"人与上帝相对立,自然与上帝相对立,而人与自然又相互对立。上帝自己的肖像(人),上帝自己的创造物(自然)和上帝自己——这三者处在对立

---

[11] 这条圣约在《创世记》第九章第1—3页另有重述。

状态之中。"托马斯·贝里(引自詹森,2004,第 37 页)也赞同对《创世记》的这种解读,认为:

> 如果仅仅为了自然自身的利益,那么就无以表达爱的存在或与自然世界亲近的资格。不要为了赚钱甚或精神性目的而利用自然,而是应当参与自然世界的进程。

经过分析亚伯拉罕关于圣经的神话传说,上述对西方理性中人类中心主义的发展作出的文本分析又得到了进一步的强化。G. W. F. 黑格尔在他早期的论文《基督教的精神》(1971,第 182—301 页)中对此提出了最有见解的观点。因为该文的内容主要在于提出黑格尔伦理学[12]意义上的逻辑结构,所以我将我自己的认知限定在黑格尔的论证上,即圣经犹太教是西方理性主义发展中的一项重要运动,也体现了我们的感知与环境之间的分离(1971,第 182 页;伯恩斯坦,2003,第 395 页)。

黑格尔的论证中重要的一点是,他在开始写作《基督教的精神》一文时引用了诺亚和洪水的故事。在他的阐述中,诺亚和洪水这个神话故事代表的是一种断崖式的契机,这一契机将西方意识从"自然状态"中解放了出来。他把洪水描述成了一种"具有破坏性"且"所向披靡的"力量,这种力量也反映了环境对人类自身目的的冷漠。西方理性主义的出现就是为了应对这一情形,而且也是作为人类因生存而与冷峻的自然世界抗争的一种手段应运而生的

---

[12] 黑格尔伦理观的核心是关于所有生命通联性的启发式分析。他认为,与其他人作对的行为其实就是毁坏行为者自己的生命。因此,每个生命体的兴旺与沉沦与所有生命体的兴旺与沉沦之间有着紧密的联系。

(伯恩斯坦,2003,第395页)。

根据关于洪水的论述,黑格尔认为西方神话反映出了人类征服自然的两种基本方法或路径。第一种方法是通过一些"真实的"或物质性的东西来实现,诸如建造一座城池或一座大坝等集体性的实践活动。[13] 第二种方法是通过"人类的某些想象"来实现,如创立犹太神(1971,第183页)。根据黑格尔的研究,诺亚采用了第二种方法。他秉持上帝的理想,对抗邪恶的环境,进而将现实存在归因于这种理想。以这种方式,诺亚的内心产生了犹太神有权主宰物质世界的想法。然而,仅仅关于这样一种神的想法还不足以产生一种对自然世界的实际统治力。因此,特定类型的概念化延滞或复杂性机制亟待引入经验世界和关于上帝的神话之中。

研究黑格尔的学者杰伊·伯恩斯坦(2003,第396页)在上帝与人类关系的基础上将上帝与自然关系的协调视为一种"神学上的契约"。伯恩斯坦将这一契约界定如下:"只有在人类依循上帝的律法主宰自然、控制人类自己凶险的内心时,上帝才会允诺对自然的力量加以制约。"在这一意义上,自然被化约为人类臣服于上帝的符号。黑格尔(1971,第187页)在他关于亚伯拉罕的论述中明确地提出了这一思想:"只有通过上帝,亚伯拉罕才进入到与世界的关系之中,这对他而言可能是唯一与世界相互联系的方式。"

重要的一点是,黑格尔认为诺亚关于主宰自然的方法最终却落空了。他说(1971,第184页):"(诺亚)创造了一种与敌人之间的必要性和平状态,这种方式其实是保存了敌对状态。"这句话也

---

[13] 这是诺亚的儿子宁录所采用的方法。据说,为了应对洪水,宁录还建造了"一座比海浪和水流能达到的高度还要高的塔,正是通过这种方式,宁录报了他祖先的衰败之仇"(黑格尔,1971,第184页)。

是对黑格尔论点的一个简要概括,即以自然为主导的理性主义注定会弄巧成拙:偶然性操纵的逻辑以及我们自身对某一外在权威的服从,把自然的概念主观化为其他概念和一些敌对性的概念。正如伯恩斯坦(2003,第397页)主张的那样,"自然只知道一种方法,即主宰与控制。"

主宰与控制的思想是早期基督教教会创立的宗教财产观的主要构成原则。对于这些著者\*而言,人类对自然的所有权观念构成了他们论述的一个无可争议的假设或前提条件。然而,就罗马法学家来说,早期的基督徒著者们还在自然法的框架之内展开论说,他们关于财产权的著作充满了人际关系意义上的人类伦理观念。早在公元3世纪,亚历山大的克莱门就提出一种基督教仁爱伦理观。提出这一伦理观的基础是,上帝把大地赠予人类共同利用,人类的每一成员仅仅以其所需为限来利用大地(施拉特,1951,第36页)。按照这种观点,圣安布罗斯按照西塞罗的观点说道,所有的财产在本质上都是为了人类的共同利用。

虽然早期的基督教法学家们之间存在观点上的分歧[14],但西方天主教会的正统地位在圣托马斯·阿奎那的《神学大全》一书中得到了法典式的确认。阿奎那关于财产的著述反映出人文主义的希腊哲学和基督教神学之间微妙的联系。阿奎那(1981,第1470页)认同早期基督徒的观点,即在某种意义上,"人类占有外部事物并非自然而然的事情。"然而,他最终还是放弃了这一立场,因为他准

---

\* 即早期的基督徒们。——译者注

[14] 例如,在《上帝之城》(2003,第897页)一书中,圣奥古斯丁将财产描述为一种国家创制的物品(以此区别于诸多自然物品)和罪恶之果。他还在其他场合号召基督徒们不能个人私下拥有财产,并断言伊甸园里没有私有产权。

确地论证了上帝最初将地球恩赐给人类共同使用并不能在逻辑上排除私人所有权的合理性。[15] 按照亚里士多德的观点,[16]阿奎那对"充分的概念"(1991,第75页)给予了态度鲜明的支持,同时还对人类的首位重要性和"伟大的存在之链"作了确证。阿奎那认为(1991,第789页),非人类的动物体是"被安排给人类利用",且没有"独立的道德地位"。他还引用了亚里士多德《政治学》的观点,用以反对那些认为共有财产权是以财产权产生的纷争为基础的观点。实际上,阿奎那(1981,第1471页)认为私有产权对于灵性的成长尤为关键,而且私有产权通过物质给予的方式服务于公共利益。

在阿奎那的影响下,基督教关于私有产权的观点从作为一种"遗憾但无可避免的现实"转向了作为一种以气势来守卫的理论(派普斯,1999,第17页)。因为受到阿奎那的长期影响,第二十二世教皇约翰于1329年(引自派普斯,1999,第17页)在一份教皇法令中直接依据阿奎那的观点重述了人类支配自然世界的观点:"人类对自己的财产所享有的财产权(所有权)与上帝对宇宙万物所主张的财产权并无二致,上帝只是将这种财产权赐予了按自己的样貌创造出来的人类。"

如果对所有权的宗教解读仍然保留神学家们的排他性占有,[27]那么这种解读对法律所产生的影响将是微弱的。然而,从中世纪

---

15 阿奎那还用类似的逻辑思考了这样一个问题,即人类是否仅仅因为在自然状态下是裸体的就应当一直保持裸体的状态。

·16 论及亚里士多德与阿奎那的关系,拉尔夫·麦金纳里(1977,第30页)写道:"可以说,如果没有托马斯(即阿奎那),亚里士多德将默默无闻;同样也可以说,如果没有亚里士多德,托马斯的言论也让人们无法理解。"

到现代,法学家们和政治理论家们已经引用了支配权的概念,并将其作为私有产权正当化的理由(施拉特,1951,第57页)。最为经典的例证是西尔·威廉·布莱克斯通(1796,第2页)的学说观点,他将财产权定义为"某一主体对外在事物主张并践行的唯一且专制的支配权,这种权利整体上排除了世界上任何其他主体的权利"。以下文的论述为基础,布莱克斯通(1796,第2页)还对该制度(即作为支配权的私有产权制度)作出了合法性论证:

> 在创世之初,我们得到神圣法令的启示,慷慨的造物主将万物赐予人类,从此人类支配着整个世界,包括海洋里的鱼,空中的飞禽,以及地上爬行的各种生命。这也是人类对所有外在事物享有支配权的唯一正确且牢固的基础,而无论富于想象的作家们对这一问题作出任何虚幻的形而上学的构想。因而,大地以及生活于其上的所有物品,都是造物主的直接馈赠,是人类的总体财产,且对其他生命具有排他性。

在基督教经典作家的影响之下,人类主宰自然的思想被牢固地确立了下来(洛克,1970,第14页;拉夫,2005)。在科学革命和工业革命时期,这一思想经历了更为显著的发展过程。接下来,我将转而论述这一新的时期,以及这一时期对私有产权概念所产生的影响。

## 第三节　科学革命和工业革命

在整个17世纪,人类所有权的观念得到了机械论哲学的补充,这种哲学认为环境是一个碎裂的、无生机的机器(埃伦费尔德,1978;莱斯,1994;洛夫乔伊,1960;麦钱特,1990)。上述思想的根基就是发端于16世纪末期并一直持续到18世纪工业革命时期的科学革命。就像认识论上的所有重大转型一样,科学革命对西方价值观产生了深远的影响。约翰·伯纳尔(引自布朗,2007,第36页)捕捉到了有关这一转型的特征,他认为:"文艺复兴成就了科学革命,从而让能从不同的角度审视整个世界……宗教、迷信和恐惧被理性和知识所替代。"

科学革命对所有的重要科学领域产生了深刻影响,也对科学家们重构人与自然世界之间互动关系的方式产生了根本性的影响。另外,随着机械论哲学在政治领域的逐渐渗入,这种视角的转型逐步影响到有关私有产权的法律与制度(格雷厄姆,2011,第28—58页;施拉特,1951,第125页)。

## 一、科学革命

许多学者回溯了科学革命的起源和发展历程(雅各布,2009)。基于对科学方法的形成和发展所产生的影响,本文的讨论始于弗朗西斯·培根。培根是16、17世纪起步最早且产生影响最为深远的知识改革家之一。根据约翰·密尔顿(2005,第77页)的说法,培根提出的"梦想是主宰自然的力量之一"的观点源自于实验,体现为相应的制度,并用于改善人类生活水平。按照培根的观点,要做到这一点,唯有理性推导与实践中的技能相结合。培根由此以排除归纳法(与演绎逻辑和数学方法相反)为基础,建立了一套全新的调查方法。正如培根所说,排除归纳法依靠从浩如烟海且精细构造的自然历史中抽取的数据展开分析研究。不同于逻辑演绎的传统方法，培根的目标是他的研究方法既能够使用自然历史之中的否定性案例，也能够使用自然历史之中的肯定性案例，这样也能够使研究结论的确立具有确定性。

培根的科学著作受到如下需求的影响：对排除归纳法的不断完善，以及将其视为一个对自然统治权（这种权利就像圣经故事中人类乐于行使的那样）重建的持续过程（塔纳斯，1993，第273页）。汉斯·乔纳斯（1984，第140页）赞同这种说法，认为培根认知方法的意义在于"获取主宰自然的知识与力量，以及将主宰自然的力量用于人类福祉的提高"。为了这一目标，培根在《新亚特兰蒂斯》一书中作了更为详尽的论述。培根（1990，第34—35页）在该书中提出，人类社会的"目的"是获得"有关事物本源的知识和事物运行的私密，并拓展人类的知识领域，使一切理想的实现成为可能"。

培根对主宰自然思想的关注有一个前提预设，即把自然世界视为"他者"和仅供人类利用的"客体"。像他的基督教前辈一样，培根总是认为人类在上帝创造的世界中占据着中心位置。这一点在培根（1985，第270—271页）关于普罗米修斯神话的解读中有清晰的论说："普罗米修斯非常清晰而明确地预言了上天的旨意……上天的专门工作就是创造人类。"他进一步论述道：

> 如果究竟本质，预言的主要目的似乎在于表达人是世界的中心；如果世界上没有人类，那么剩下的将是迷途一片，没有目标，也没有意义……因而也通向虚无。正是因为整个世界为了人类的利益而一体运行；而且除了使用和获取资源以外，世界并不剩下什么……因而所有的事物没有自身独立存

在的意义,似乎都因人类的事业而存在。

在上述认识视角下,人类是与环境相互分离的。只有人类是"主体",并具有主导客观性调查研究的地位。与此相反,自然世界是一个被调查研究的独立客体。在这种框架里,主客一体化就不存在本体论上的可能性——"事物总是这样,如果不是文化性的,就是自然性的;要么是人类,要么不是人类;要么是调查者,要么是调查的对象"(格雷厄姆,2011,第29页)。培根认为,对人类中心性的信念最终将会延展到世俗的王国里,并真实地留存于人类进化的所有故事中,以至于按照科学的解释,上帝可能并不被认为是世界及人类的始祖。

特别是对于本章所概括的观点来说,培根从人与环境之间抽象出来的二分法有着非常重大的意义,特别是对西方理性主义中父权制的扩张产生了重要影响(麦钱特,1980)。论及科学方法的目标,培根(法林顿,1949,第62页)[17]的观点是:"我早年的唯一愿望是……将人类支配自然狭隘界限延展他们预想的范围内……把自然置于研究台前,发掘它内在的秘密……猛袭它的要塞和城堡。"无论在任何时候,培根(法林顿,1949,第62页)都不曾隐藏自己的研究计划:"当我掌握了通向自然和她所有孩子的真理,自然就会为你服务,做你的奴隶……近年来的机械发明不只是对自然进程产生温和的引导作用,而是产生了征服和干预,直至动摇自然存在之根基的力量。"另外,他还提出:"我们没有权利期待自然朝

---

[17] 我在法林顿的著作中转引了许多培根的引证,因为法林顿的著作对观点出处的转述最为权威。作为引证出处的文章并没有在培根的著作集中被全部翻译出来。

着符合人类利益的方向发展……只有运用枷锁才能征服她,哪怕使其寸草不生。"(法林顿,1949,第129页)他也警示说,拖延或更加精巧的方法"也能让人类接近自然,但绝不会占有并俘获自然"(法林顿,1949,第130页)。

培根的科学方法对勒奈·笛卡尔的哲学研究方法产生了深远的影响。一般认为,笛卡尔是现代哲学之父(加伯,2005,第174页),他致力于打破17世纪的主流哲学传统,继而开启哲学重建的新时代。笛卡尔(1985,第113页)继承了培根的教义——"不管是何种思想,在没有确定的知识证明它是真理的之前绝不认为它是正确的。"因而,《沉思录》(2006)开篇就提出了一系列观点,旨在对人们曾经相信的任何论点都报以怀疑的态度,并最终形成邪恶天才的假说。世界的重建始于笛卡尔(2006,第13页)发现了能反复运用的"自我意识"论证,即"我思,故我在"。这里的"我"仅仅指的是一个思维对象,并且可与感觉明显区分开来。

虽然笛卡尔就哲学研究提出了如此令人兴奋的第一命题,但我对他的论述最为关心的却是他通过论证所揭示出来的基础性的社会阶层和社会分工。按照笛卡尔的论证,理性的人类认识到了自我意识的确定性存在,同时也认识到这种自我意识与外在的物质世界完全不同。物质世界基本不具有确定性,仅仅作为客体被人类所感知。因此,"能思考的东西"(res cogitans),如思维实体、主观经验、精神、意识等,被认为是与"具有广延性的东西"(res estensa),如客观世界、物质实体、植物和动物、岩石以及整个物质世界决然不同的范畴(2006,第145页)。两种实存(即自我意识与外在物质世界)只有在人类世界里才能相互联系,也只有在人类世界里,才能从上帝那里找到人类理性的认知能力,以及客观实在和自然世界运行秩序的共同起源(加伯,2005,第174—175页)。

在笛卡尔看来,物质世界完全没有人类的特性。作为完全物化的对象,各种物理现象恰恰可被视为机械——就如同17世纪欧洲人建造并热衷的那些栩栩如生的机器人和灵巧设计的机械、钟表、工厂和喷泉(2006,第137页)。[18] 上帝创造了世界,并确定了世界运行的力学规律,自此之后,世界就开始自我运行了。这样的物质世界可通过机械学词汇得到最好的诠释,对最简单的部件作出还原式的剖析,并对其组成部分、安排方式和运动轨迹作出准确的分析。正如笛卡尔(1985,第139页)提出的那样,"技术法则等同于自然法则。"

认为人类把物质世界和精神世界联系在一起,因此笛卡尔认为"是人类自己成就了自然界的主人和所有人"(笛卡尔,1985,第141页)。[19] 不仅如此,他还认为动物是无知觉且无理性的机器,就"如同钟表一样运转,但却不能感受痛苦"(引自纳什,1989,第18页)。另外,笛卡尔(1998,第34页)在第六次方法论演讲录中提出,"对自然之身体的胁迫、折磨、开凿……并不是一种折磨,因为自然的身体是一个没有情感、没有灵魂的机械装置。"对笛卡尔而言,科学方法远不只是一种达至客观真理的手段。他把这种方法

---

18 对自然世界作出的这种机械学上的表述最早出现在艾萨克·牛顿的著作中。牛顿认为,宇宙就像一座无边无际的时钟,这个时钟的基本运行法则和特征可借助还原论的科学方法得到揭示。通过对这一方法的运用,牛顿认为自然世界是易于"被人类所认知、调节和控制的……因而它是属于控制它的人类的"(引自铃木,1997,第14页)。

19 在关于这一观点的论述上,托马斯·贝里(1991a)认为:"笛卡尔毁灭了地球和地球上的所有生物。对他而言,自然世界仅仅是一个机械装置,因而没有可能产生一种生物之间共融互惠的关系。西方人在与周围世界的关系中开始变得孤僻。"

用于巩固人类对环境的主宰这一逻辑上（格雷厄姆，2011，第31页）。

非人类的自然世界没有任何自生自发的生命力量，因而被认为是一种实现人类最终目的的手段。而且按照人类的意愿操控和开发自然资源，将会使自然世界变得非常脆弱。托马斯·贝里指出：

> 笛卡尔毁灭了地球和地球上的所有生物。对他而言，自然世界仅仅是一个机械装置，因而没有可能产生一种生物之间共融互惠的关系。西方人在与周围世界的关系中开始变得孤僻。

如同每次人类思维方式的重大变革一样，科学革命对西方文化的认知方式以及与自然世界的关系产生了重要影响。不仅如此，施拉特（1951，第125页）还认为，"全新的科学思维影响了政治学者对财产的认识。"尼科尔·格雷厄姆（2011，第38页）更加大胆地论述了这一问题，指出："从人类中心主义立场把世界划分为自然和文化的做法构成了现代法律中财产权概念的基础。"

上述观点据以形成和发展的历史脉络与资本主义经济的增长以及工业文明的发展过程相一致。科学革命所秉持的机械论哲学，特别是笛卡尔（1998，第34页）将自然世界作为"没有感情、没有灵魂的机械装置"的描述，为经济的发展奠定了完美的智力基础。卡尔·马克思（1992，第512—513页脚注27）接着上述观点，认为笛卡尔"以工业时代的眼光看待问题"，培根和笛卡尔都"期待着生产方式的改变和人类对自然世界的实际统治"。

## 二、工业革命

"工业革命"造就的大坝、工厂、车间和隧道对土地的使用规模日益增加,对周遭逐渐扩大的人居区域产生了愈加频繁的损害。当污染和其他类型的损害都包含在人类行为之中时,偶尔产生糟糕的后果,如产生火灾、洪水以及爆炸,就是难免的了。(古思,2009,第450页)

工业革命始于18世纪科学革命的尾声时代,结束于20世纪初叶。这一时期的典型特征是技术的迅猛发展,最为显著的领域是农业、制造业、采矿业和交通业。虽然在文献中经常被忽视,但这些活动中的每一项都与私有产权(私有产权是法律用以促进土地利用过程中各主体之间关系的媒介)有着根本性的联系(亚历山大,1999;弗雷福格,2003;霍尔、芬克尔曼、伊利,2004;霍维茨,1977)。为了解析工业革命和私有产权之间的关系,我将注意力集中在美国财产权制度的历史变迁上。虽然存在司法管辖和历史等方面的差异,但美国私有产权制度的发展为理解其他西方资本主义制度在同一时期的发展演变提供了重要的参考。另外,美国法律制度和法学理论的发展直至今日仍对普通法司法活动持续产生着重要影响(弗雷福格,2003)。

早在工业革命之前,美国的财产权制度以"明确反对发展理论"为基础。按照这一理论,土地所有人的权利被限制在法庭确认的自然使用范围以内(霍维茨,1977,第32页)。在1879年布莱恩特诉勒弗维尔一案中,英国普通诉讼法院对"自然使用还是事件"

问题的解读是这样的：

> 那么，什么是土地权利，土地的主人和占有人又应当如何界定？这里指的是所有的自然事件和自然利益，就如同自然界能够产生的那样。有一种可以针对所有的光和热、所有的降水、刮起的所有的风所享有的权利，这种权利是能够让流过大地的雨水不被停止并顺利降落到地面的权利，这种权利也是能够让从太阳而来的热量不被停止并照射到大地的权利，这种权利还是能够让风不受抑制，并能自由逃避控制的权利；而且，如果这些权利可能受到无权之人的干扰，那么这种干扰行为毫无疑问就是谎言。[20]

私有产权中"自然使用"的理念等同于效力较强的侵权法，阻止了任何毫无争议的入侵土地的行为。这一理念还等同于妨害法，防止邻人间接地侵害土地的相邻关系利益。另外，任何土地所有人都不能扰动土地的自然水系，也不能为了下游土地所有人的利益而以减损河流水量与环境质量的方式取水。最后，在老屋采光权保护原则下，土地所有人可以要求停止任何可能阻碍阳光照射的建设行为（弗雷福格，2001b，第4页）。

我们很快就能意识到，上述这一私有产权的概念与经济的发展是背道而驰的。为了促进经济的发展，立法者需要"从本质上改变土地所有权的内涵，以便提高土地的利用效率"（弗雷福格，2001b，第4页）。对此，霍维茨（1977，第253页）评论道："法律经

---

[20] Bryant v Lefever, 4 Common Please Division 172(1879).

常被认为具有保护性、规范性、家长式的特征，或者这些特征的集合，最为权威地表达了共同体的集体意识，因而逐渐被认为是个体期望的催化剂，也被认为是既有经济和政治权力组织的体现。"

这一转变过程中最为根本性的一点还是在于理念的问题，即私有产权赋予人们以比从前的人类实践更高的强度利用土地的权利。比如说，共同体曾经热衷于保护水体自然流动的水法，现如今却删除了其中的保护性条款，从而更方便工业单位抽取更多的水资源，甚至于各种污染物也被引入水系统之中。各工业体都要求享有排放那些使空气质量恶化的废气的权利、产生那些惊吓到牲畜的噪音的权利以及偶尔释放那些可能引起麦田火灾的火光的权利。水车阻断了鱼类的迁徙路线，高耸的建筑物阻隔了阳光的照射（弗雷福格，2001b，第4页）。就本质而言，私有产权的法学概念的重构有利于促进市场的发展，当然这是以"损害农民、工人、消费者"（霍维茨，1977，第254页），以及环境自身的利益为代价的。

在之后的一百年里，立法者在制定法中确认了这种转变，并重新定义了土地的法律内涵，认为土地就是一种可以使用、开发，甚至为了满足生产和获利的需要而被破坏的商品。在这一时期，财产权形成的最为重要的途径就是普通法。1805年以来最有说服力的案例就是纽约高等法院对帕尔默诉马利根一案的判决。在该案中，帕尔默在哈德逊河沿岸的土地上建造了一座伐木场。几年后，他的商业竞争对手在上游180米的地方建造了一座水坝，水坝的建造改变了帕尔默到达原来河流的路线。于是，帕尔默起诉了竞争对手，在法庭上援引了有关保护河岸权的判例法。两位对此问题持异议的法官的判断是，被告"很明显"没有权利妨碍帕尔默的

**河岸权**。这两位法官认为：

> 被告很明显没有……权利妨碍原告享受河水乐趣的权利。他们(即原告与被告)在各自的土地上建造工厂的权利是相同的。他们虽然都有用水的权利、建造水坝的权利,但不应当妨害下游邻居在同一河流中享受河水乐趣的权利。

然而,三位占多数的法官却作出了不同的判断,认为河岸权应当服从于成本效益经济分析原则(霍维茨,1977,第33页)。关于这一点,利文斯顿法官认为,公共利益"往往是存在对抗或竞争关系的",帕尔默的诉请可能会产生被告的工厂被关闭的后果。与这样的处理结果不同的是,利文斯顿法官认为公共利益的维护是建立在允许各土地所有人有效利用他们土地的基础上的。支持帕尔默就意味着承认垄断的合法性。他进一步指出,不侵害原则"应当被限定在这类案件中,即此类利用或享受造成了显而易见的严重损害后果"。[21]

尽管从帕尔默的角度所作的推论在今天的法庭审理中被广为提及(霍维茨,1977,第63—108页),但这种推论是显著偏离当下既有判例法的标志。约瑟夫·古思(2009,第451页)认为,这一判决是"美国法律制度首次允许一家企业在未支付赔偿金(以明确地认可土地的竞争性利用的相对经济成效为基础来确定)的情况下损害相邻土地所有人的利益"。霍维茨(1977,第38页)进一步论述道,帕尔默案的判决采用了"全新的视角,即对相互冲突的财产

---

[21] Palmer v Mulligan 3 Cai R 307(1805) at [314].

利用的相对效益的明确认可应当是构成对侵害合法性审查的最权威检验标准"。

虽然要经过很多年后法庭才会完全接受这样的判决，并对此类利益衡量的法律标准作出重新界定，但帕尔默案始终代表着这样一种新的观念，即财产权包含着基于经济目的而开发土地的权利（霍维茨，1977，第37页）。[22] 19世纪末期，法官开始广泛地接受利文斯顿的主张，认为工业生产活动虽然加剧了环境的损害，但在整体上产生了真正的社会利益。实际上，法官认为，如果每个人能够接受这种环境损害，而不是固守土地的不被干扰和安静使用，那么全社会就会变得更加富裕。根据古思（2009，第452页）的观点，这样的推论并不是建立在"经济和社会利益"论证的基础上，而是建立在"盲目信赖遍布美国全社会的工业化"的基础上。

在20世纪初叶，私有产权经历了一个根本性的变革——从作为一项令人惋惜但无可避免的制度转变为一种人与土地关系和谐的主要推动力量。在这一时期出现的有关私有产权的故事大致是人类对无生命的机械器具的支配。工业革命在一定程度上就是在这种故事中发展起来的，这也证明了对土地进行更为精细化利用的合法性，还证明了在追求经济增长过程中逐步形成财产权利的合法性。

另外，在整个20世纪，私有产权的概念持续秉持着人类中心主义的价值观，因为财产被定义为是一种人与人之间的关系，而对财产关系的客体却几乎视而不见。这一发展过程如今正被讨论，具

---

[22] 霍维茨（1977，第37页）主张，帕尔默案的判决代表着"人们开始逐渐接受这一理念，即财产所有权首先包含为了商业目的而开发该财产的权利"。

体涉及约翰·洛克、杰里米·边沁以及韦斯利·纽科姆·霍菲尔德的学术著作,同时还涉及实证法学家对超越自然法思维解读财产思想的不断继受。

## 第四节 分离与碎片化:洛克、边沁和霍菲尔德

科学革命时期发展起来的关于认识自然世界的机械论视角对工业进步发挥了至关重要的作用。技术的进步使人类能够在一定程度上控制并主宰环境,而这在之前的人类历史中是绝不能想象的。在同一历史时期,关于私有产权的法哲学概念也发生了变化,从对人与土地之间关系的关注转变为对人与人之间关系的关注。换句话说,财产的主流概念从对一个可触摸的实体的描述转变为对人与人之间相互关系的去物理化描述(范德维尔德,1980,第333页)。格雷厄姆(2011,第134页)对这一转变有如下的论述:

> 在法学理论中,"去物理化"意味着从财产关系中剔除物质的"东西",进而将其置换为抽象的"权利"。去物理化描述了人—物模式的财产向人—人模式的财产的转变。

### 一、洛克的自然权利论证

在英国法中,去物理化的历史渊源可在约翰·洛克的著作《政府论两篇》中找到踪迹。洛克对殖民地的财产法做了基本阐述,并评价了非英语社会中的法律、经济,以及这样的社会是否将土地作

为一种资源或"物品"来利用。实际上,洛克(1970,第16页)主张的观点是,在一个特定的社会中,"文化发展"往往是通过"它是否能有效地逃脱于自然初始安排的普通状态"来衡量的。

《创世记》为洛克的财产理论奠定了基础。与早期的基督教法学家一样,洛克也认为上帝把地球像集体财产一样赐予了人类。当然他还认为,任何个人都可以从这共同的财产中拿去一部分土地,并简单地通过劳动力的添附而将其变成自己所有财产。据洛克推论,任何个人是自己和自己劳动力的主人。正是因为这种所有权关系,每个人也对自己的劳动成果享有所有权。当一个人把自己的劳动力与某一有形物体融合在一起时,这个人对该物及其添附价值享有的所有权才是唯一合理的,并且在道德上也是正确的(1970,第287—288页)。上述关于私有产权的论证建立在这样一个内在视角下——环境不具有固有的价值,对权力具有被动性和容忍性。此外,洛克仅仅按照价值增长的过程或财富的最大化来把人与物相互联系在一起。前提性假定是环境的价值只有通过人与人的关系(劳动、使用或所有)才可衡量,而没有耕种的土地就是废物(1970,第299—302页)。

重要的一点是,洛克关于私有产权的论证与一个非常具体的劳动观念相关。在《政府二论》中,洛克几乎只讨论了农业耕作的方法,而没有谈及诸如采矿业、畜牧业、制造业以及其他工业形式在内的精细化劳动,而正是这种精细化劳动才能为以劳动的方式获得的所有权提供理论意义上的公平主张(阿内尔,1994,第603页)。然而,伴随着工业文明时代的到来,正是后一种劳动形式*的

---

\* 即精细化劳动。——译者注

倡导者们总是将洛克的著作视为私有产权合理性论证的理由而加以使用。正如麦克弗森(1962,第204页)指出的那样,洛克关于私有产权的论证"只有因每个个人独立地参与市场社会的需要而建立一套道德理由时才是*必要的*"。根据制造业阶层的理解,农业社会中的共有习俗至少具有这种价值。实际上,圈地运动和农业养殖提高了土地的生产力价值,因而也被作为享有合法权利的劳动的类型而得以发展。

## 二、制定法与杰里米·边沁

杰里米·边沁反对洛克及其他学者提出的关于财产的自然权利论证,而是认为私有产权只有通过制定法才可得以正当论证:"财产和法律同时产生,并同时消亡。在法律制定之前,世界上没有财产;没有法律,财产也不复存在。"(1931,第113页)他进一步指出,财产不是物质化的存在,而是"具有形而上学的属性,它只不过是一个思维的概念而已"(1978,第41页)。

上述论述反映出了物的多样性这一认知。财产的有价要素都应被视为物。对边沁(1983,第283页)来说,这一要素清单包括"生命中的权力、声誉和境遇等无法免于痛苦的一切"。边沁进一步认为,对财产作出的"动产"和"不动产"的划分已显得过时,也难以成为经济增长的解释理由,其中,土地并不是财富和权力的唯一来源。比如说,在边沁于1828年提交给"不动产委员会"的呈文中,他提出建立一套统一的财产权制度,这一制度规范的范围更为宽广,包括"公司的股权以及版权等新近出现的财产权利类型"在内(引自索科尔,1994,第287页)。

边沁的政治哲学对私有产权的概念产生了两方面的重要影响。其一,通过反对私有产权的自然权利论证并不断扩张制度所囊括的物的数量范围,边沁提出了人—人关系(与人—物关系相对)属性的财产权概念。其二,将动产和不动产合二为一的方法扩大了财产的类型范围(以人—人关系模型为基础),将源于土地的社会财富转变为基于土地而享有的权利。就这一点而言,格雷厄姆(2011,第138页)认为,"边沁财产理论的实际贡献在于,通过从自然权利到文化权利对财产权的整个基础作了'提升',最终实现土地与财产权理论的分离,以及土地与法律本体的分离。"不动产不再与外在的实体联系在一起,而是去物质化的,并仅仅以抽象的形式存在着(格雷厄姆,2011,第138页)。人与物之间关系的抽象化使人与场所之间的分离得以持续保留下来,这种人类中心范式的分离是在"反对土地和自然的基础上界定人和文化的"(格雷厄姆,2011,第139页)。物自身(如不动产中的土地)只是一类客体,而且仅在提高人类福祉的必要范围内获得(法律上的)认同。

至18世纪中叶,作为自然法产物的财产概念逐渐让位于最高统治者所表述的"制定法中自足的确定性"(菲茨帕特里克,1992,第54页)。[23] 结果,财产法就不再具有道德方面的内在需要,也没有在人类与地球的关系中追寻其特殊性的必要。私有产权制度毋宁是立法者所决定的样子,并逐渐受到工具价值和所追求的社会目标的指引(科伊尔、莫罗,2004,第96页)。

面向制定法的财产概念的转变从根本上改变了财产权利的

---

[23] 科伊尔、莫罗(2004,第96页)认为财产的自然权利理论"倾向于把农业共产主义或农业资本主义的多样化视为财产法的固有形式"。

"道德结构"(科伊尔、莫罗,2004,第96页)。格雷厄姆(2011,第140页)对这一转变持批判的态度,认为边沁对财产权的物质和道德属性的漠视"恰恰是一种忽视财产权据以建立的根基的做法"。通过对物质和道德属性的漠视,边沁的论述便产生了一种凯文·格雷在另一篇文章中讨论的"稀薄空气中的财产"。另外,财产权面向工具主义导向的制定法的转变还意味着财产法很少关注环境问题,而是越来越多地关注于如何满足日益增长的工业化经济的要求。而且,财产是一种社会性或公共性制度,这种意识已遭到侵蚀,而限制使用权的责任制度逐渐进入到国家职权范围之中。

### 三、霍菲尔德的贡献

至19世纪下半叶,边沁作出的去物质化的财产概念已作为主流的理论观点被确立了下来。此外,在19世纪80年代和90年代,美国的法庭逐渐意识到新兴财产利益的重要性,并由此把财产界定为一种对价值所享有的权利,而不是对一些有形体所享有的权利。按照肯尼斯·范德维德(1980,第358页)的观点,"法学评论者们非常敏锐地察觉到了新兴财产的形成和发展",同时也发现了这些新兴财产所蕴含的潜在商业价值。

然而,关于宪法和去物质化财产权应用的初期裁判却是武断而含糊不清的。韦斯利·纽科姆·霍菲尔德(1913,1917)在两篇学术论文中回应了关于"权利"观念的主要困惑,作为对有关财产权属性的论证的剖析。与边沁的观点相一致,霍菲尔德(1913,第24页)的主张是,法律相当于"抽象法律关系的集合",而不是遵循"具象的抑或虚幻的"范畴。特别是在财产权的脉络中,法律权利并不是指"一大片土地或物产",而是财产"所表现出来的超过某一特定物的一种权利"(霍菲尔德,1913,第22页)。

对霍菲尔德来说,"权利"一词可被用于揭示法律关系的四类基础性范畴。首先,"权利"这一基础性概念表达的是一种与他人的义务相关联的请求。其次,"自由"(或特权)一词意味着享有自由的主体没有被禁止从事某一行为的法律义务。再次,霍菲尔德式的"权力"表达的是变更法律关系的资格,比如说,通过合同或某种意志变更法律关系。最后,"豁免权"与另一主体没有资格的状态有关,如宪法上的权利与政府没有法律资格以特定方式实施某一行为有关(哈里斯,2002,第83—93页;霍菲尔德,1913,第25—58页)。根据霍菲尔德的论证,这些范畴为所有法律关系提供了最为核心的构成要素。他们之间的相互关系及相对概念如表2.1所示。(该表中应当注意的是,垂直方向表达的是相互关系,对角方向表达的是相对关系。)

表2.1 霍菲尔德的权利论

| 权利 | 自由 | 权力 | 豁免权 |
|------|------|------|--------|
| 义务 | 无权利 | 责任 | 无资格(能力) |

综合而言,以上各个部分构成了霍菲尔德的八个基础性法律概念(芒泽,1990,第18页)。比如,当咱们说某人X对土地享有私有产权时,也就意味着其他人负有尊重这一权利的相关义务。进一步说,如果说某人X享有权力,那么他就可以自主地改变与他人(承担相应的责任)之间形成的法律关系(如租赁合同中的出租方)。最后,某人X可能享有在某一限制区域内停车被罚款的豁免

权,而某人 Y 或许没有这项特权,因而在法律上是无资格(能力)的。

霍菲尔德对当下争论问题进行剖析的重要意义在于,这种剖析直到今天还在对法律哲学意义上的财产权理论持续产生巨大的影响。斯蒂芬·芒泽(1990,第 19 页)认为,霍菲尔德的概念体系"在知识的清晰度、严谨性以及影响力等方面都无人能及"。实际上,霍菲尔德具体化并延展了边沁的理论,而且在范德维德(1980,第 330 页)提出的"新兴财产"(这一概念代表了从布莱克斯通自然法意义上的人—物概念向制定法意义上的人—人概念的转变)概念下,霍菲尔德是真正被认为最具影响力的学者。

## 第五节 马克思对去物质化财产的批判

将私有产权概念化为人—人关系,这本身对环境产生了重要的影响。侧重于所有权人—占有人这种人—人关系的财产概念严重削弱了财产关系中主体的重要性。即使在传统视角下,这种财产概念也会削弱"物"自身的价值。以土地法为例,财产的人—人概念是以漠视土地的特有属性和生态要求的方式形成的。私有产权不是依场所而决定的,这也意味着相同属性的权利在被移植到任何地方和任何生态系统后仍然是可以有效适用的(格雷厄姆,2011,第 190—197 页)。实际上,这种脱离语境化对同类财产权利的重新安排可在整个工业时代原住民土地利用的预案中见到,而且伴随着这一进程的恰恰是已经与某一特定地域之间形成紧密联系的各种文化,以及生态易感型栖居活动的错位。

在工业资本主义背景下,这种转变具有特别重要的意义,它将不断地自我扩张到一个全新的领域内或未开发的市场中(拉克森伯格,2003,第348—399页;沃勒斯坦,2011b,第14页)。考虑到这一背景,就有必要停下来思考卡尔·马克思的论述了,那就是去物质化的财产概念是如何助长了人类的环境开发行为以及促进工业资本主义发展的。在关于该问题的论述中,我的意愿并不是将马克思"描绘"成一位环境保护主义者或一位拥有精湛的生态伦理知识的学者,因为已经发现的大量证据与此相悖(马克思,1992,第820页),而且真正意义上环境保护主义立场仅仅是基于19世纪欧洲所面临的社会问题而主张的一种立场而已。然而,我认为马克思对私有产权的严谨批判以及他就私有产权与环境问题之间关系的论述直到今天仍然是切中要害的。

人与自己的生产资料之间具有不可让渡的关系,这一观点对于马克思批判资本主义以及他关于财产拜物主义的论述都是非常重要的。他最初于1842年提出这一命题,作为对共有土地的圈占问题(因私有化的发展而导致农民群体离开他们的土地)的回应(尼森,1996)。在莱茵兰的一份重要报纸(《莱茵报》)上,马克思发表了一篇题为"关于木材盗窃法的辩论"的文章。他在该文中探讨了对农民的起诉,他们从森林中收集木材,然后用于家中取暖和做饭(马克思,1996)。虽然这种生活实践在无数代人中间发生着,但工业化的发展和私有产权制度却使按照传统做法持续取用木材的农民因违反新兴财产法而遭到严厉的起诉。

该文中,马克思非常痛心的是,法律竟然变成了私有财产的根源,而财产本应是公共物品,而且不具有市场价值。按照新的法律,依附于共有森林而生活的"木材盗窃者"却把权利转送给了森林的所有者（享有财产权的人）并被迫从事劳作，因而也增加了所有者的利润（福斯特，2000，第67页）。马克思认为，这样的新法律把普通农民变成了"罪犯"或"木材的敌人"。贫穷的人们由此也否认他们与去物质化的私有产权制度所及的规范领域之间存在任何关联关系（马克思，1996）。

在后续的著作中，马克思从更为具体的方面丰富了这一论述。特别是在坚守劳动通过商品来体现的学术论争中，他通过《资本论》一书的写作，回到了对异化这一主题的研究上（1992，第133页）。在这一学术论争过程中，马克思思考了许多体现了有用劳动（有用劳动指的是具有某些社会用途或需求的劳动）的普通财产。他之所以作出这番思考的原因在于，"劳动……是一种人类的存在状态，这一存在不受任何人类社会形态的约束。"（1992，第133页）实际上，他认为"劳动是一种外在的自然需求，它调节着人与自然之间的代谢过程，进而调节着人类的生活本身"（1992，第133页）。

与劳动相关的"代谢"是人类存在与人—自然关系之间的调整器，这一思想观念对马克思的唯物主义观点有着根本性意义（福斯特，2000，第141—177页）。马克思提出的"使用价值"是"自然提供的物质资料和劳动的结合"（1992，第133页）。因此，"当一个人从事生产活动时，他仅仅像自然自身的运行一样。"（1992，第133页）这是马克思的论述中非常重要的一点——我们做的任何事必须要与自然力量或自然法相一致：

> 我们只能改变物质的形态。另外，即使在作出这种改变时，我们经常受到自然力量的协助。因此，劳动不是物质财富（如劳动所产生的使用价值）的唯一来源。正如威廉姆·佩蒂

所说,劳动是物质财富之父,地球是物质财富之母。(1992,第133—134页)

这种性别化的比喻至少可追溯到弗朗西斯·培根那里(麦钱特,1980)。然而,马克思在运用这一比喻时有意义的地方在于,他并没有因此对劳动进程中的人类和自然作出清晰的区分。在同一时间内,这一劳动进程是完全自然主导的,也是完全人类主导的。这在辩证法上可被解释为一种"代谢"的瞬间,在这一瞬间,不可能把自然属性与人类属性区分开来。但是,在这一统一体中,也存在着二元性。那就是马克思所说的"人与自然之间的进程,凭借这一进程,人类通过自己的行为,调节并控制着人类自身与自然之间的代谢过程"(1992,第283页)。按照这样的论述,人类在与自己财产的关系中就成为了主动性的主体:

> 人类把自然界的物质资料视为一种自然力。为了以满足自己需要的方式占有自然界物质资料,人类发动了依附于自己的身体、胳膊、腿、头以及双手的自然力量。通过这样的活动,人类对外在的自然界产生作用,并改变了外在的自然界,也正是通过这种方式,人类同时也改变了自己的本质属性。(1992,第283页)

正是通过这样的论述,我们才得以非常容易地了解到马克思关于人与环境之间一体性关系的辩证法构想。马克思认为,在没有人类自身变革的情况下,人类是不可能与自己的财产相互关联起来的,人类也不可能对财产作出任何改变。相反地,当我们自我变革,或改变自己的眼界后,我们周遭的环境也会因之而发生显著变化。对马克思而言,这种相互影响的关系是无可取代的。而个体和整个世界的永久性变革反而对诠释人类社会的演进以及自然自身的进化而言是非常重要的(哈维,2010,第112页)。

然而,去物质化财产的新形式又产生了劳动的物化特征,也产生了其他各种既冗长又不明晰的相互关系。为了促进交易,财产的新形式也需要旧形式财产或有形财产来度量才行。这种对比过程有效地解构了土地的"具体而特别"的属性(贝斯特,1994,第44页)。

马克思将这种变化界定为一种以货币形式表现出来的从质性价值到量性价值的转变过程(1992,第93页)。实际上,因为去物质化财产的价值是无形的,因而它的存在必须借助于某种特定的形式才能表现出来。而货币制度就是这种有形的表现方式,这种方式使得价值成为有形财产和无形财产之间交换的调整器(1992,第142页)。统一化的货币语言以及有形物质向抽象数字的转变对资本主义经济的发展起到了关键作用。事实上,即使在人类中心主义思想出现之后的数世纪中,发明一种美元价格要比开发一块具有独特价值和生态功能的土地更为容易。这一观点在加拿大伐木工人的一句话中得到了佐证:"当我看到树木时,仿佛就看到了美钞。"(詹森,2007,第15页)

马克思将财产的去物质化视为与文化和环境有关的问题。他认为人类对环境的概念化和异化在本质上是不可持续的(马克思,1975a,第276页)。回顾马克思关于人与土地之间代谢调节关系的著作,其中有这样的论述:"任何人都生长于自然之中——这意味着自然就是人的身体,那么,如果这个人不是想着去死的话,他就应当与自然之间维持一种持续性的交互关系。"(马克思,1975a,第276页)应该来说,这一批判使那些试图搞清楚不断恶化的环境危机之缘由的人惴惴不安。

## 第六节 私有产权的自由(新自由)理论

在本章前面部分的论述中,我尝试在人类中心主义和私有产权概念之间建立相互关系。我在论述中提出,财产理论的起点是人类对自然的主宰,同时我也考察了这一观念是如何被引入早期罗马和基督教的财产概念之中的。紧接着,我对科学革命时期自然世界为何被视为一种基于人类幸福而存在的无生命的机械化工具做了梳理。这些价值观的综合有助于形成工业革命时期的法学流派和理论,并最终导致人—人关系的(或去物质化的)财产概念的发展进步。人—人模型代表着现代财产法律法规的主流架构,旨在促进义务之上权利的成长,同时弱化了某些将土地视为场所的规范认同。

在20世纪,对财产权理论阐述具有最重要影响的是自由政治哲学。自由主义指的是一项关于人类的本性、行动、自由和价值的思想遗产,自由主义还涉及政治和法律制度的起源与功能(边沁,1969;曼宁,1976;密尔,1989;罗尔斯,1971;桑德尔,1984)。如今,自由主义已经与激进政治学说和平等观念联系在了一起。然而,拉丁文中自由主义指的是"自由人",这种传统意义上的解读最为恰当地将自由主义理解为一种政治组织形式和一系列植根于个体自由之上的政治价值观(密尔,1989,第16页)。[24] 专注于人类个体权利与价值的特点也意味着自由主义是实现人类中心主义理想的便利通道。实际上,虽然无法阻止自由理论对文化、社群和环境发生兴趣,但这种兴趣通常是"次要的,而且是派生性的"(沃尔德伦,2005,第570页)。

进一步来说,自由主义者认为特别重要的是能够让每个个体主导自己的生活,并按照自己的意愿做事(密尔,1989,第20页)。也就是说,自由主义者认同个人自由,虽然其确切含义受制于一些学术论争(曼宁,1976,第56页)。约翰·斯图尔特·密尔(1989,第16页;另参见伯林,2002)提出了消极自由的经典表述,认为:"就名称而言,自由仅仅是指以自己的方法追求自己的利益的自由,只要我们没有剥夺他人获得自由的企图,也没有妨碍他人为了获得自由而做出的努力。"从这一意义上来说,当约束不在时,自由将大放异彩。另外,提高自治能力理应是政治当局的中心议题。同样的理由,自由的实证理论提出了角色更为宽广的国家概念,并提出了——自由通过良好的教育和有利社会环境的再造而实现——的思想(沃尔德伦,2005,第572页)。

个体主义和自由这两大支柱对现代私有产权概念产生了重要影响。[25] 事实上,私有产权是自由主义者借以提高个体自由与个体

---

[24] 约翰·斯图尔特·密尔(1989)提出了最为复杂而精细的自由主义观点。虽然他坚信个体主义自由的优先性,但他还是担心社会上可能会形成绝对化的自由主义思想。特别是,密尔希望人们不但要明确生命的目的,而且要理解这些目的的意义。为此,密尔写文章反对边沁功利主义学说中的一些重要观点。密尔的意图在于形成人的内在性以及人类实现宏伟抱负的外在能力。

[25] 内非纳(2013,第1页)认为,自由主义所表达出来的"完全独立的个人"思想是一种"韦伯式的理想类型",更多内容参见韦伯(1971)。

选择平台的关键性机制(沃尔德伦,1988,第 31—40 页)。保罗·巴比(2010a,第531页)进一步阐述道:"为了让生命有意义,对商品和资源进行一定的控制是必要的;私有产权是确保个人热衷于选择商品和资源,从而使他们能够完成自己人生目标的自由主义手段。"

与霍菲尔德的论述相一致,私有产权的自由理论指的是一种人—人关系。场所或物质性仍然被作为不相干的东西被弃置一旁。至于构成自由主义概念的特定权利,理论家们普遍采用安东尼·欧诺瑞的著作中的观点(1961)。论及霍菲尔德和欧诺瑞之间的理论的关系,芒泽认为:"如果用霍菲尔德的话语体系去详细阐述复杂的财产概念,将有助于使其与欧诺瑞的私有产权分析联系在一起。"(1990,第22页)

欧诺瑞认为,私有产权要远比简单提出的对某物的"权利"或"支配权"复杂得多。实际上,更为正确的解读是,私有产权是一种权利、责任、权力和义务的综合体(1961,第84页)。至于一些潜在的财产权形式,这一综合体可能还包括下列标准要件:"占有、使用、管理和获取收益的权利;转让、弃权、排除以及抛弃的权力;消费或毁坏的自由;免于征收的豁免权;不作出有害利用的义务;以及按照法院判决被执行的责任"(芒泽,1990,第22页)。

按照上述构想,私有产权至少还包括玛格丽特·简·雷丁提出的"自由主义的三合一结构",即使用、排他性和可让与性(1993,第121页)。所有权人或许对他们的特定财产权享有不同的权能,这些具体的权能分散或积聚在私有产权的综合体之中(辛格,2000,第8—10页)。此外,欧诺瑞并不主张"标准要件"是私有产权概念中固有的和本质性的方面。实际上,欧诺瑞明确地指出,他的论述是专门针对"完全个人所有权的自由主义概念"的(1961,第84页)。霍菲尔德—欧诺瑞的结合表明,财产持有人(无论享有哪种权利)获得的权利为个体提供了以特定方式(这些方式涉及其他人或其他族群的权利)行动的权力。实际上,私有产权"相当于特定权利享有者的决策权力"(贝克,1986,第742—743页),而且还可被用于操控物品和他人的生活。

私有产权的自由主义概念所产生的具体环境与社会后果已经在有关机械化农业实践(伯登,2010a)、气候变迁(巴比,2010b)、自然景观的碎片化(弗雷福格,2002a)以及野生法(弗雷福格、戈布尔,2009)的论文中得到了翔实论述。这些领域的理论家们都表达了这样的关切——仅仅关注于个体自由的私有产权概念无法对人类居于其中的巨大社会和生态网络关系作出解释。约瑟夫·威廉·辛格在他的"所有权模型"中抓住了这个核心问题。他对此论述如下:

> 我们假设财产的大部分用途是自我调节的,因为只有所有人合法的权益人,而其他人则没有合法权利去管控所有人以其自己的财产作出的行为。一般认为,在没有政府规制介入的情况下,管控某人财产的实质自由能促进个体自治和经济效率。(2000,第3页)

这一模型是主流财产理论的当然内容。比如说,杰里米·沃尔德伦认为财产的"组织理念"是所有权,而这一所有权有助于"某一特定的人决定如何使用某一特定资源"(2005,第60页)。更为引人注目的一点是,持自由主义财产观的理论家们,如理查德·爱泼斯坦,认为私有产权的含义是对某一资源的"排他性占有、使用和处置的权利"(1985,第2页)。而且,爱泼斯坦还认为个体自由不应当受到国家的干预,除非在诸如战争或自然灾害等少数情形之下(爱泼斯坦,1998,第187页)。

在法律与经济学的论文中,所有权模型被奉为经典理论,财产关系也被视为是通过市场中"看不见的手"而运行的过程。这一领域中的大多数理论家们的研究始于这样一个假设,即整个自然界应当被私主体所有,而且所有人应当被赋予按照自己的意愿或自由交换的目的而使用他们财产的自由(辛格,2000,第4页)。比如,法律经济学家理查德·波斯纳就认为,"如果任何有价值的(意思是具有稀缺性和预期性)资源都被某人所有(普遍性),那么所有权就意味着是一种不合格的排除其他人使用而只能自己使用资源的权力(排他性),而且,所有权是可自由转让的,或者像法学家所说的是可以让渡的(可转让性),资源的价值也会因此而最大化。"(1986,第32页)

与其他坚持自由市场的资本主义思想家一样,波斯纳还进一步论述道,"当商品和其他资源掌握在那些最看重它们价值的人的手里时",最能实现自由和财富的最大化,而且有人认为某一商品有更大的价值仅仅是因为他(或她)既愿意而且有能力为获得这一商品而支付更多的金钱(1979,第103页)。根据这一论述,对财产权作出的法律规定是无效率的,这样的规定限制了财产所有人的自由、减少了商业投资、减少了就业机会,甚至最终会对所有民众产生负面影响。只有在市场运行不完善或政府的干预比市场方法更便利时,这种法律规定才具有正当性(波斯纳,1986,第32—33页)。

上述论述中的私有产权是为了体现自由价值和保护个体自由（将逐渐形成市场自由）而设计的一种制度（哈维，2007，第6页）。这种自由不具有生态和人类共同体方面的内在关切，因而对环境产生了一定的负面影响。辛格认为，在自由主义的框架下，"所有人享有许多权力，并且几乎可以用所有人喜欢的各种方式对财产加以使用。"（2000，第30页）当对他人造成侵害或对他人做出相同行为的自由造成妨害时，这种权力就会受到制约。然而，非常清楚的一点是，私有产权的自由主义理论注重对选择权和满足个人预期的自由的保护。"所有权模型"的这一特征分别被描述为"利己主义的行为"或"偏好的满足"（辛格，2000，第13页）。哈里斯（1996，第30—31页）对这一特征作了详细阐述：

> 某一财产制度的具体规则是以初步证据（prima facie）假定为存在前提的，一个人完全有按照自己的意愿从事某一行为的自由，而无论采取使用、滥用，甚或转让的方式……在相关财产制度规定的范围内，通过表明自己作为所有者有权任意行事的方式，他还可以为各种权力的使用行为而辩护。

自从20世纪70年代经济学理论从凯恩斯主义走向新自由主义以来，各主权国家都逐步采用并实施自由主义的所有权模型。这种面向新自由主义经济学的转变产生了更为严重的贫富差距、区域发展的失衡以及亢奋的环境开发（哈维，2007，第152—183页）。辛格对此作了阐释，他认为，"通过把财产权设计为所有权这种方式，我们其实允许了所有权人在不考虑别人需求的情况下享有使用财产的权利。"（2000，第6页）换句话说，我们允许（事实上是鼓励）人们"只为自己的利益考虑——就像除了自己之外再没有别人一样来行事"（辛格，2000，第6页）。这样思考的话，私有权和法律义务正好是相反的。实际上，在所有权模型中，所有权"拒绝法律义务"，因为法律义务限制了所有权和个人自由（辛格，2000，第6页）。[26]

财产的自由主义（或新自由主义）概念在道德上是存在缺陷的，而且疏远了人类与社会以及人类与自然世界之间的关系。然而，作为将在下一章中详细讨论的内容，人类并不是孤立地生活着，而且财产的选择也不可能孤立地进行。实际上，所有的有形财产都以某种形式源自于自然界，而且人类的财产选择行为对人类共同体和环境产生真实且直接的影响。阐明当前主导法学研究的人类中心主义叙事，并认同人类与自然界之间的相互关系，是当下和今后财产权研究的首要任务。

## 第七节 结论

我在本章中认为，当前的私有产权概念是人类中心主义范式的，而且对环境产生了有害影响。为了论证这一观点，我把私有产权作为一个不确定的概念来分析，这一概念体现了私有产权据以产生的社会和文化价值。通过这样的分析，我考察了私有产权形成和发展的几个重要历史阶段。

---

[26] 关于新自由主义市场理性和公共财产私有化过度的问题，详见桑德尔（2012）的论述。

我在本章开始就提出，西方私有产权理论的前提条件是人类对环境的主宰。这一构想植根于希腊斯多葛哲学和基督教神学之中。在罗马法中，私有产权逐渐被确立了下来，在这之后，基督教法学家们按照上帝把"创造物"的所有权赐予人类的圣经思想，进一步发展了私有产权理论。在科学革命时代，环境被视为一种无生命的机器，并由此发展起来了一套确立人与自然二分的科学方法。这种构想契合于工业革命，并有助于促进日益加剧的环境开发行为。其结果是经济权力的增强，这进一步导致古代自然法对共同体保护的能力逐渐消失，而环境又容易受到私有产权制度重构（重构为一种去物质化的人—人关系）的威胁。最后，我思考了自由主义理论和新自由主义理论对私有产权的影响。我认为，所有权人仿佛存在于一个孤立于自然和人类共同体的环境中，通过孤立这样的所有权人享有各种财产权利，使自由主义的"所有权模型"延续着人类中心主义的价值观。我认为这种模型对社会和环境都是有害的。

　　在下一章，我要论述的内容是，人类中心主义并不代表一种可行的或科学上有效的价值观。就其本身而言，我对环境和人类栖居的世界提出了基于生态中心主义的认识视角。与人类中心主义相反，生态中心主义范式认为，人类与各种生命体和非生命体构成的复合共同体之间是一种相互联系和依存共生的关系。生态中心主义范式还认为，地球是由各类主体和可被利用、开发的非主体的集合构成的。沿着这一基础性论述，我对作为社会进化的制度之一——法律——是如何体现地球共同体这一概念的作了论述。具体而言，我的论述借助于对托马斯·贝里提出的替代性文化叙事的考察，也借助于对社会运动推动法律应对和积极变革的考察。

本书第四章将尝试提出一种生态中心主义视角下的法律哲学观——地球法理学,上述论述将为其奠定重要基础。而地球法理学这一法律哲学观的提出将有助于建构一种替代性的私有产权概念。

# 第三章　地球共同体：叙事与行动

> 共同体就是包括所有生物和无生物在内的生命物质组成的一幅紧密的关系图。(贝尔,2003,第80页)

## 第一节　概要

在第二章中,我的观点是,西方文化中私有产权的主流概念一直延续着人类中心主义价值观的过时论调,并且还对环境产生了负面的影响。为了使这一论证前提成立,我将私有产权界定为一种不甚明确的概念,并从古代到科学革命,再到现代政治与经济理论的历史沿革入手来探讨私有产权的构成。本章的论述以托马斯·贝里的生态中心主义范式的地球共同体概念为基础,旨在提出一种替代性的法律思想。正如在第一章"概述"中指出的那样,地球共同体的概念将人类视为更大的生命共同体中的一个相互关联的组成部分。此外,地球共同体的概念还认为,地球的各个组成部分都是主体,并且具有各自的内在价值。

本章中,我批判性地探讨了关于地球共同体研究的范式,具体涉及一系列科学原则,包括量子物理学、生态学和盖亚理论。虽然对这些理论并不是无争议,但我还是认为现代科学的发现如此重要,以至于我们又经历了第二次哥白尼革命(铃木,1997,第12—15页)。实际上,正如尼古拉斯·哥白尼提出地球不是世界的中心一样,现代科学也提出人类并不是地球共同体的中心。更具体来说,人类不是地球存在意义的裁判者,而且我们在认识上放弃对自然的主宰恰恰为人类与地球之间建立新的亲睦联系奠定了基础。贝里(1988,第18页)对此论述如下:

> 如果人类在科学上能够突破困难,那么科学就能够自我成熟起来。科学已经带给人类一种启发性的全新经验。而今,科学又在创建一种全新的人与地球之间的亲睦关系。

在提炼出地球共同体概念的科学基础之前,我想先从以下两方面做一些初步探讨。第一,本章对科学原则的分析必然是概括性的,当然也是按照科学理念和数学公式提出来的(拉图尔,2013,第7页)。其目的在于从以关系或共同体为根据研究自然世界的科学共同体中获取多维的分析视角[1],并汲取不同的代表性学说观点。第二,本章讨论的重点问题是对科学方法的批判,并对那些反对将科学视为唯一有效的知识来源的观点的回应。当然,正如杰罗姆·雷维茨(1971)和托马斯·内格尔(1992)已经清晰论证的那样,科学并不是纯粹客观的,而是受到价值认同和个体偏差的深

---

[1] 论及多维方法的益处,可参见芒福德(1967,第16页):"多维方法有一个专门的中枢机构,可将各种相互独立的领域(各领域的专家对其作专门化研究)联系起来,并将其运用于更为宽泛的公共领域,因而这是一种纵览式的方法。虽然即便是那些在该领域思维缜密和能力超强的专业人员事先也没发现的细节在这一模型中重新呈现了出来,但只有通过祛除繁缛细节的方法,才能呈现出整体模型来。"

刻影响。另外,科学方法并不能揭示"真理",它提出的是有局限性的、近似性的事实描述。换句话说,从较为初级的发现开始,科学方法逐渐发展到对问题更为对症和精细的研究程度,力求深入探索某一实体或现象的本质。

我自己的判断是要依靠科学来描述地球共同体的概念,而这一判断的基础在于,科学的力量是西方文化中一种有说服力的沟通模式。实际上,与机械论式的假设不同,科学是探索物质世界的有力武器——科学也是西方文明最有标志性的发现。与这一见解相一致的是,弗蕾亚·马修斯(1994,第49页)也认为:"我们或许会对科学发现产生分离感和失落感,或许会期望把其他研究技术补充到科学方法之中,但是,如果有一种新的价值观可以获得合法性并植根于其文化土壤,那么这种价值观肯定受到科学的支持。"

根据上述地球共同体的科学性描述,本章的观点是,要提出一个替代性的价值观并不是一件太容易的事情,但科学对法律制度的一定影响却是可以预见的。反而有必要提出一种阐述,以便于提炼出科学的价值观是如何被吸纳进法律之中,并不断扩大其范围的。作为这一主题讨论的一部分,我将对促成法律变迁的两种方法作一探讨。

方法之一是托马斯·贝里和布莱恩·斯温提出的"新叙事"(1994)。"新叙事"的作用是为当今世界提出一种功能性和科学性的宇宙观。"新叙事"不再延续人类中心主义的价值观,而是建立在地球共同体理念的基础上,并且力求为人类伦理和法律的范式转变奠定基础。我将顺着这一方法,探讨日益发展的法律文献和社会运动中出现的有关法律变革的理论(麦肯,2006a)。通过采纳相关文献并将其运用于本书具体内容的研究,我探讨了有关地球法理的全球化运动以及实现法律治理的其他生态化路径。我进一步将提出,如果像地球法理一样的观点开始涌现出来并影响到全球人类社会的未来发展方向时,就需要对这一全球化运动(或类似的行动)不断推广、组织并使其政治化。在此,根本性的争论点是,我们的法律制度仍不能体现生态中心主义的伦理观,除非这一伦理观深深扎根并生发于广普大众之中。

## 第二节 范式转变:地球共同体

> 一段时间的衰退期后,必将是拐点的到来。(卡帕,1983,第5页)

"范式转变"的概念是托马斯·库恩为了表述科学发展而创造的概念。库恩(1996,第76页)认为,一种范式只是该范式能够提供的方法和途径,这些方法和途径公认为可以解决由该范式所界定的问题和对象。具体范式的成立,缘于这些范式提出了符合主流学术思想的分析视角或价值观念,也缘于这些范式可身体力行且具有实践价值。按照库恩的观点,当其他可替代的思想对既有范式产生怀疑,呈现出一种似是而非的意义结构,以及提出一种更为可行的未来实践模式时,原有范式将面临危机。从范式危机到范式转变发生在间断性的、革命性的变化之中(1962,第77页)。重要的是,库恩(1996,第172—173页)认为,某一范式的转变并不必然是迈向更优或更完善的进程和行动。反而是,一种范式的转变只关乎适应与否的问题以及时空的功能问题。也就是说,范式转变只有在特定社会情势下才能取得成功,而且与文化价值、思想和各种观念之间有着非常紧密的联系(1996,第172—173页)。

如今,运用库恩的理论来阐述发生范围极为广泛的文化转型现象已经非常普遍了。"因此,"物理学家菲杰弗·卡帕认为,"我们所看到的范式转变不仅仅发生在科学领域,而是发生在更大的社会领域。"沿着卡帕的思路,我认为具有西方私有产权思想特征的人类中心主义范式正处在危急关头,需要被可持续的生态中心主义范式替代。人类中心主义的式微源于人类逐渐认识到人类中心主义对环境所产生的危害,也源于人类很理智地认识到了人类中心主义不再是人与环境关系的正确表达。对库恩来说,对主流范式的怀疑和批判对于这些范式的替换是非常必要的第一步。只有当某种范式到达其极限时,以其为特征的整个范围才会显现出来(卡帕,1985,第12页)。

在某一范式转变的过程中,新的范式最先总是以轮廓的形式出现。库恩阐述到,在前范式阶段就已经存在各种不同的思想流派、价值观和价值体系。只有当这些不同的思想流派、价值观和价值体系形成一个综合体,从而对共同体中的大部分人足以产生影响的时候,新的范式才真正形成了(1996,第78页)。只有当共同体成员广泛地接受的时候,新的范式才是存在的。从这一意义上来说,范式不同于价值观,因为价值观可能是某个人提出来的。

虽然因内容过于宽泛而使地球共同体的概念不能获得全社会的广泛认可,但我还是认为,地球共同体的一些基础性原则仍然获得了广泛认可,也获得了科学的有力支撑。从上述观点出发,接下来我将要从量子物理学、生态学和盖亚理论出发,批判性地探索地球共同体概念的科学基础。这些具体的论述为本章第二部分(该部分讨论了西方法律文化和法律思想是如何转而体现生态中心主义范式的)奠定了必要基础。

## 一、量子物理学

地球共同体的概念得到了量子物理学提出的世界微观存在的证据和20世纪20年代知识进步的支持。在这之前,科学的主流范式受到科学革命时期形成的笛卡尔式的自然哲学论的影响。正如在第二章中所论述的那样,笛卡尔式的思维方法以人类中心主义的还原论为前提,假设性地提出主体与客体之间的严格二分,从而将环境视为无生命的机器。在这一方法论下,自然的组成部分,包括各种基因和微粒,都能与它们所处的环境分离开来,从而进行独立研究。进一步而言,所有的物理现象最后都可归结为由坚硬和固态物质颗粒构成的财产(卡帕,1996,第30页)。

20世纪早期,关于物质的上述认知逐渐受到排挤,因为这一时期的物理学家开始探索物质的深层结构。在此类探索研究中,科学家发现了有关原子结构的一些现象(如X射线和放射性),而这些现象无法用传统物理学理论来解释。比如说,从放射性原子中散发出来的阿尔法粒子[2]被作为"宇宙弹珠游戏"中射向原子的高速抛射物(1983,第76页)。这一实验中抛射物运行路线的弯曲现象,让科学家对原子结构有了新的推断。

---

2 阿尔法粒子由两个质子和两个中子共同构成,并被粘连在阿尔法衰变后形成的氦原子核上。

这一研究给科学家带来了预想不到的新发现，让他们不得不面对一个改变了既有世界观基础的全新事实（海森堡，1962）。他们发现，各种固态物质在亚原子层面上开始溶解为更小的粒子和波。按照既有的主流范式，这一发现产生了这样一种悖论——亚原子现象既以某种粒子（固体）的形式表现出来，同时也以某种波（流体）的形式表现出来。然而这两种形式是怎么同时表现出来的呢？

后来，科学家们打破正统思维，推导出亚原子颗粒既具有粒子性，也具有波性。也就是说，亚原子颗粒有时像粒子一样运动，有时又像波浪一样运动。卡帕（1983，第79页）这样阐述："当（亚原子物体）像粒子一样运动时，它们也能够体现波的属性，反之当它们像波一样运动时也能体现粒子的属性，正是通过这种方式，从粒子到波和从波到粒子的连续转换在不断进行着。"根据这一发现，物理学家推断出亚原子颗粒的最佳表述应当是连通性和互联性。当被作为一种孤立的物体时，亚原子颗粒的存在没有意义，只有在对颗粒之间的关系进行观察和测量的时候，才可理解这种连通性和互联性。换句话说，"亚原子颗粒不是物质，而是物质之间的相互关联性。"（卡帕，1983，第79页）

这一全新的解读促使物理学家们改变了认知事物的既有方式。在极力领会这一新世界的过程中，物理学家们强烈地意识到既有概念、语言以及他们惯用的方法在描述和讨论这一新范式时的捉襟见肘。这项研究的首席研究员维尔纳·海森堡（1962，第32页）认为，讨论这一全新范式之时，依旧坚守旧有范式的人和那些逐步将量子物理学理论引入全新世界观的人之间并不存在某种共同的语言或表意。对大多数人而言，问题不在于知识本身，而是像所有重要的范式转变过程一样,包含着深层次的精神性和存在性体验。海森堡(1962,第50页)对这一体验有如下表述:"我还记得和尼尔斯·波尔之间长达数小时直至深夜的讨论,而最后基本上是以失望告终;然而,当我在讨论结束后独自一人漫步在邻近公园里的时候,我又重复问我自己这样一个问题:是不是自然界过于荒诞不羁,以至于我们无法通过这些原子实验得以认知?"

物理学家花费了大量的时间才认识到他们遇到的悖论原来只是试图用传统概念描述原子现象所产生的结果。一旦理解了这一点,他们就开始思考有关"权利"的问题了。正如海森堡(1962,第67页)指出的那样,"科学家总是设法探寻量子理论所涉及的精神层面的问题。"由此向前,物理学家必然将改变自己的整个思维模式,并找到全新的概念和研究方法。最终,科学家们解决了问题,并且因为深刻洞识到物质和自然自身的本质而获得赞扬。然而,即使量子理论的数学运算已经形成,但其概念框架仍难以被广泛接受。实际上,研究者发现,在人类中心主义价值观念和机械论思维持续几千年后,他们眼中的现实世界是"极度令人震惊的"(卡帕,1983,第76页)。再次引用海森堡(1967,第53页)的观点,那就是:"对现代物理学新近发展的激烈反应唯一可以作出的解释是,人们认识到物理学的根基从此开始动摇了;并且,这一变化还产生了这样的认识,即事物的本质应该与科学相互分离。"

为了适应这一新范式,海森堡明确提出了"不确定性原则"。[52]这一原则认为,没有一种原子现象只具有独立于其外在环境的某些内在特性。原子现象所表现出来的特征都决定于"其被强制发生交互关系的装置"(海森堡,1962,第53页)。也就是说,对原子现象的测量和把握是无法与其外在环境相互分离的,而是受到外在环境的影响。从形而上学的角度来看,这也意味着所有的原子现象都是不确定的,而且在本质上也是盖然存在的。按照海森堡的观点,尼尔斯·波尔还用"互补性原则"对这一发现作了进一步的补充(福尔斯,1985,第63页)。波尔认为,波粒二象是同一实体的两种互补性的表现形式——任何一种形式只具有部分的正确性,并且应用范围也是有限的(福尔斯,1985,第87页)。而只有波粒二象性才能为原子的真实存在提供坚实的理由,而且波粒二象性应当依照海森堡的"不确定性原则"而适用于精确的数学公式范围内。

概言之,在粒子/波范式下对问题的解决迫使科学家们对物质有了新的理解。他们的科学实验表明,在亚原子层面上,"物质并不是在确定存在于确定的地方",而只是表现出了"存在的趋势"(卡帕,1983,第79页)。而且,原子活动不会在某一给定的时间点上以给定的方式确定地发生,而只是表现出了"发生的趋势"(卡帕,1983,第79页)。与地球共同体概念相一致,这些发现表明,世界上并不存在实在且独立存在的物质。相反,在物理学上发现的存在模式更加直接地指向盖然的相互关系,而不是指向具体的"物体"。正如海森堡(1962,第139页)所指出的:"世界就像是一套复杂的活动结构,其中,不同类型的活动之间的关联关系在交替、重叠发生着。通过这种方式,整个世界的结构也得以形成。"

在微观世界层面,量子物理学带来的范式转变为生命世界和非生命世界之间的互联提供了诸多有力证据。现在,我论述的重点是从人类中心主义向生态中心主义的转变,而这已得到生态科学的有力论证。理性、客观的生态科学方法已经引起了广泛的讨论(埃文登,1999,第5—22页),已经成为我们理解(生命世界和非生命世界之间）互联性，以及最明显地体现地球共同体观念的一项原则。

## 二、生态学

　　生态这一概念源于古希腊的"奥伊库斯"（*oikos*）一词，意思是指"房屋"或"栖居之所"。从字面意思来看，生态学也就是关于有机体之"所在"的研究（奥德姆，1971，第3页）。生态学的研究重点是有机体或有机体群落与其所处环境之间的关系，或者说是"生命有机体与其所处环境之间的相互关系"（奥德姆，1971，第3页）。因为生态学研究特别重视有机体群落的生物学规律，以及发生在大地、海洋和淡水中的功能性进程，因此将生态学作如下定义也是恰当的，即生态学是"关于自然体结构和功能的研究，说明人类是自然界的一个组成部分"（奥德姆，1971，第3页；特别标注）。为了支持这一观点，尤金·奥德姆（1971，第8页）对生态系统作出了如下定义：

> 生命有机体和非生命（非生物因素）环境之间紧密相关且相互发生作用。任何生态单元都是由某一特定区域内与物理环境相互关联的所有有机体组成的，因而相互之间的能量流动就产生了非常清晰的营养结构，系统内部的生物多样性和物质循环（即生命物质和非生命物质之间的物质交换）就构成了一个生态系统。

　　奥德姆对生态学所下的定义是非常宽泛的，旨在引起人们对自然界中存在的必然性关系、相互依赖性和因果关系的重视。而且，与人类中心主义范式直接相对的是，生态系统的概念显然将人类定位为一个"有机体单位"或者是生态共同体的一个组成部分。这一概念改变了我们对自然的理解，因为人类长期以来一直处于生态系统等级的顶端，而在生态学的概念下，"各种有机体的集合和相互联系最终形成了一个功能性的整体"（卡帕，1996，第33—34页）。

生态学研究所取得的一个更大成就是，绝大多数有机体不仅是生态共同体的成员，还同时是"复杂生态系统本身"，其中包括"许多更小的有机体"，这些更小的有机体在自我维系生存的同时还将自身融入到更大的整体之中（卡帕，1996，第33—34页）。尼尔·埃文登（1999，第39页）就人类在生态系统中的角色提出了一个非常有趣的例证：

> 长期以来，人类已经明白自己是和其他诸多物种（比如帮助我们提高消化能力的肠道细菌）共同生存繁衍的。但如今，人类细胞中的某些细胞器就如同植物的叶绿体一样非常独立地生存着。线粒体为每个细胞内部的结构维系提供能量，但其自身又是独立于细胞而繁殖，且由 RNA 构成，因而相异于其他细胞的繁殖和构成……线粒体就像殖民者一样进入到细胞内部，进而独立地生存在细胞之中。虽然线粒体在严格意义上不属于"我们"自身，但没有这些线粒体，人类将无法生存繁衍。这是不是意味着我们应当将自己视为殖民地呢？

在人体之外，人与外界的相互依赖性仍然清晰存在。试想在这样一个思想实验[3]中，当你漫步于一片你曾经熟悉的森林之中

---

3．引自铃木（1997，第16页）对伊恩·洛的观点引述。

时,能够感受到整个空气的清凉。眼前是一排大树,当你坐在大树底下时,你的鼻子能敏锐地嗅到树林中浓浓的味道。你或许会拉下树枝,摘取一块松露,而这块松露一直自由地生长在丛林之中。你站在树下就能发现那些长有松露的树木要比没有长松露的树木更高大、更翠绿。这是因为松露从土壤中汲取水分和矿物质,并把它们通过寄主(即生长松露的树木)的根茎传送到松露生长的地方。当你正在仔细思考这种互惠关系时,一只长足袋鼠[4]闯入了你的视线并停留在你的周围。它弯下腰去吃松露,然后在附近的另外一棵树下留下排泄物后离开了。被丰富有机物包裹着的松露孢子开始再生,这样也促进了整个森林的健康。在这里,人类、袋鼠、松露以及桉树都是非常不同的哺乳动物、真菌和植物物种,但它们共同存在于一个相互依赖的网络之中。在这个思想实验中,人类并不是与自然相互分离的,而是体现为一种互联性的更高层次,因为在最为基础的层面上,你我这些人类参与者都在呼吸着森林制造的新鲜空气,同时把二氧化碳又回馈给了森林。植物的种子可能会粘在你的鞋钉上并被携带撒落到其他地方。你或许还会采摘松露用于烹饪,然后将烹饪后的残渣丢回泥土,从而增强土壤的肥力。这仅仅是关于生态系统或生物共同体关联运行的一个非常简化的例证。在德语或俄语著作中经常用到的一个类似词汇是"生物地理群落"(biogeocoenosis),翻译之后的意思就是"生命体与地球协同运行"(奥德姆,1997,第30页)。

  为了有助于理解环境的互联性,一些科学家还采用了网络语言和系统论。与机械科学直接相对,系统论旨在用关系和综合等

---

[4] 澳大利亚的袋鼠种类之一,现在已被列为濒危动物。

词汇来描述世界。与量子物理学的研究发现相一致,系统论将环境描述为一个综合的整体,并且假定自然因其特性而不能被分解为更小或孤立的单位(贝塔朗菲,1968,第37页;奥德姆,1997,第29页)。实际上,虽然有可能识别出系统中的个体部分,但这些部分并不是孤立的,而是构成系统整体的总是不同于组成系统的各部分之和(贝贡,1996,第677页)。系统方法关注的是系统组织的原则,而不是关注于基础的积木原理或基础性物质。系统的例证大量存在于自然界:系统可发现于人体细胞的线粒体中,可发现于一片森林内部的相互关系中,甚至发现于诸如蚁群、蜂巢或人类城市等社会系统之中(卡帕,1983,第266页;1994,第334页)。

将生命系统视为网络组织的视角则提出了一个比把生态系统看作是所谓的自然界科层结构更为正确的观点(伯恩斯,1991)。实际上,既然各种生命系统(包括各种层次)是网络组织,那么我就能够把它们看作是以网络模式与其他系统发生相互联系的"关系之网"。卡帕(1983,第266页)对此作出了如下阐释:

> 我们可以将生态系统图景化为一个有许多节点的网络组织结构。每一个节点代表着一个有机体。放大后,每一个节点又代表着一个网络组织结构。新的网络组织结构中的每一个节点都代表着一个器官组织,这个器官组织放大后又成为了一个网络组织结构……

在上述例子中,每一个规模层级的网络组织结构都可把自身分解为更小的网络组织结构。阿瑟·凯斯特勒(1967)提出的合弄这一概念是理解网络组织结构的另一种途径。[5]凯斯特勒认为,合弄既是一个整体,同时又是一个部分。合弄结构的任何部分都有两种截然相反的变化趋势——"其一是综合化的趋势,将自身变为更大整体的组成部分;其二是自我决定的趋势,将自身作为一个独立的自治体。"(凯斯特勒,1967,第201页)在类似的社会系统和生态系统中,每一个合弄结构对外都是一个独立系统,这样才能维系系统内部的秩序。而且,每一个合弄结构还必须要依从于系统整体的要求,从而使系统更具有活力(斯温,1998,第166—167页)。上述双重趋势是相对的,也是互补的,这正如健康系统内部总存在着综合和自我肯定之间的平衡状态一样(卡帕,1983,第43页)。

从网络结构角度对生态展开的研究逐渐成为了生态学研究的核心。正如伯纳德·帕滕(1991,第288页)所说的那样:"生态就是网络……要理解生态系统的根本就在于理解网络结构。"另外,生态系统这一概念已然是提高对人与自然关系科学认知的关键。生态学研究的进步动摇了人类中心主义范式所倡导的主客二分,清晰再现了自然界的互联一体性和相互依赖性。关于这一点,自创生概念和盖亚理论还作出了进一步的论证。自此,我将转而思考自创生概念和盖亚理论是如何论证地球共同体这一概念的。

## 三、自创生和盖亚理论

地球不仅仅是一个由栖居生命的岩石构成的星球规模的

---

[5] 肯·威尔伯(1995,第35—78页)在描述综合生态系统的时候也使用了合弄的概念。

堆积物，而是像你的身体一样，骨骼结构间布满了各种细胞。（马古利斯、萨根，1995，第28页）

为了更全面地阐述问题，我的观点是，那些想要以希望和信念来支撑自己在未来气候灾难中幸免于难的人们，或者那些只用表面化和宽泛性知识应对气候变化的人们，都注定是要失败的。这种信念的时代早已结束了。我想要表达的是，只有正视盖亚理论，才能理解整个世俗而平凡的演化进程。也只有正视盖亚理论，我们"让精神再造地球风采"的愿望才有实现的些许可能（拉图尔，2013，第9页）。

自创生是系统论的核心概念，也是对自然界作出网络结构化描述的核心概念。亨伯特·马图拉纳和弗朗西斯科·瓦雷尔把自创生定义为自组织和创造（莱昂，2004，第21页）。[6] 自创生的概念与内稳态这一生理学原则有关，在内稳态的调节系统中，各种有机物保持一个恒定的内部环境，而无论外部环境发生多么大的波动都不会受到影响（莱昂，2004，第29页）。循环关系是把握生命系统，以及维持生命的物质和能力的流动或转化的关键。如果没有这些运行过程，"有机生命就不能自我维系生命，它们也就不能成为活体"（马古利斯、萨根，1995，第23页）。

人体就是一个自创生系统的典型例子。我们的胃每五天就会恢复一次；我们肝脏中的细胞每两个月就会再生一次；我们的皮肤会每六周更新一次；甚至我们体内98%以上的原子每年都会更新

---

[6] 需要注意的是，自创生一词有时被称为"运作闭合"（马图拉纳、瓦雷尔，1980）。

一次(马古利斯、萨根,1995,第23页)。[7] 这种持续性的新陈代谢就是生命的标志。马图拉纳(1970,第2页)认为,"生命系统……形成于一个非常紧密的因果循环过程中,这一过程不免有一些使循环得以维系的革命性变化,而循环本身并没有消失过。"既然系统中所有的变化发生在这一基础性的环状进程中,那么体现具体循环性组织的要素也被系统维护和生产。[8]

自创生的描述已经在微观的细胞层面展开。另外,科学家们已经将自创生原理拓展到地球及其大气圈之内(洛夫洛克、马古利斯,1974)。从自我维持在一个相对恒定的稳态平衡的意义上来说,地球也是自创生的。虽然对此仍然争论不休(施耐德、博斯顿,1991),但已经有许多证据支持了这一点。本文仅举其中一例来说明——关于星球演化的标准天体物理学模型表明,太阳曾经一度要比现在寒冷。自从地球上出现生命之后,太阳的辐射量增加了30%。虽然增加了的太阳光使地球表层的温度有了显著的上升,但由古代生物演变而来的化石又确保了地球表层的温度维持在一个相对稳定的范围内(马古利斯、萨根,1995,第26—29页)。作为对争论的回应,林恩·马古利斯和多利安·萨根(1995,第27页)主张,"整个生物圈的温度一直是自我维持的……为了应对过热的太阳光而给地球表层降温的过程中,生命才获得了成功。"实际上,

---

[7] 只有细胞、由细胞组成的有机体以及由有机体组成的生物圈才有新陈代谢的能力,因而也才是自组织的。虽然DNA和病毒都能够再生,但它们都不是自创生的(马古利斯、萨根,1995,第23页)。

[8] 尽管马图拉纳在他的一生里没有受到过高的评价,但他的许多发现都得到了独立研究的确证。关于马图拉纳的发现与其后期发展之间的关系,可参见莱昂(2004)的研究。

通过排出大气层那些吸收热量的温室气体,以及通过保留水分和涂上泥层从而改变大气层颜色和形状的方式,各种形式的生命"延长了自己的生存时间"(马古利斯、萨根,1995,第26页)。

伊万诺维奇·维尔纳斯基(1992)是研究这种机制运行原理的第一人。从维斯列维奇·多库丘夫(1879)和爱德华·休(1924)的早期研究中汲取智慧,维尔纳斯基把生命物质描绘为一种地质力量——实际上是"所有地质力量中最有影响力的一种"(引自马古利斯、萨根,2007,第1999页)。他的研究表明,"地球上的生物圈是……一个由生命体控制的综合动态系统","改变地球表层的首要因素就是生命体"(拉波,1979,第29页)。用眼下的术语来表述,那就是:地球生物圈组成了一个能够促进自我调整能力的控制系统。在论述这一发现的重要性时,安德烈·拉波(1979,第29页)指出:

> 维尔纳斯基发现了臭氧(位于生物圈上面,能够吸收对生命有害的紫外线辐射)被遮蔽的情况下生物圈有序运行的最显著特征(对我们人类而言,这是地球生物圈像控制系统一样自我调整最为显著的特征)。地球上气态膜的构成完全受到生命体的调节。

维尔纳斯基认为,生命物质完全被渗入(因而被包含在)表面看似"无生机"的进程之中,如风化过程、河水流动、季风环流等。作为这一生命系统相互联系的成员之一,人类在改变和调动地球化学元素的集成方面也发挥了一定的作用。实际上,维尔纳斯基(1992,第56页)认为人类是正在完成的"生物化学革命的新阶段"。从维尔纳斯基开始,生命有机体具有的这种使外星球环境地球化的能力得到了学者越来越多的研究。正如在第一章"概述"中提到的那样,这一领域的研究已经得到了诸如保罗·克鲁岑等科学家们的支持。这些科学家们呼吁,应当真正认识到"人类世"一词所表述的新纪元,人类已经成为新纪元时代的一种地质力量。

维尔纳斯基也反对同时代其他人对动物、植物和矿物进行分类的标准,也反对把地球上的自然现象类型化和碎片化(1992,第2000页)。与当前的系统论思维相一致,维尔纳斯基认为生命"远不是具有某种秉性的物",而是"一种偶然现象,是一种过程"(1992,第56页)。有争议的地方是,维尔纳斯基避开了关于什么是有生命以及什么是无生命的哲学性、历史性和宗教性抽象。相反,他认为"生命体存在的场景"(1992,第56页)就是看起来无生机的地质演变、河水流动和风化过程。他还把矿物质视为有机体——称之为"生命物质"(1992,第56页)。

这种关于生命的宽泛定义让维尔纳斯基将研究领域拓展到了生物学之外。他的关注点转向了地球地壳——主要是那些在再生和繁衍方面产生全球影响的各种生物体(马古利斯、萨根,1995,第45页)。维尔纳斯基在此领域的研究中还拿地心引力与生命作了对比。认为地心引力虽然把物体垂直拉向地心的方向,但生命却在地球表面平行移动。另外,维尔纳斯基还认为,事物据以形成的"思维"层也在生长发展并改变着地球的表层结构(马古利斯、萨根,1995,第45页)。为了阐述这一点,维尔纳斯基引用了源自古希腊"精神"(*nöos*)或"心灵"(mind)之意的"人类圈"(nöosphere)

一词。[9] 在维尔纳斯基看来，人类圈的涵义在于表明人文和科技是地球上生物圈不可或缺的组成部分。在阐述生命在地球形成过程中的作用方面，以及在把握各种有知觉的物种在外星球地球化过程中的重要性方面，人类圈逐渐具有了核心意义。

维尔纳斯基的研究成果有助于詹姆斯·洛夫洛克和林恩·马古利斯提出的盖亚理论。维尔纳斯基认为有机体和矿物质都是"有生命的物"，而盖亚理论认为地球表层的全部物质都是"有生命的"（洛夫洛克、马古利斯，1974，第471页）。每一位进化论者都承认，人类在向着满足自身需要的方向调整周边环境。洛夫洛克和马古利斯的观点之所以独特，原因在于他们把技术上的独创性延伸到了每个单一主体上，而不论这种单一主体多么小。[10] 洛夫洛克（1979，第18页）进一步论述道："从鲸鱼到细菌，从橡树到藻类，地球上生物生存的整个范围可被视为一个生命体，这一生命体能够使地球大气层维持在满足其大致需要的基础上，同时这一生命体还被赋予了远远超出其组成部分的能力和资格。"洛夫洛克（1979，第18页）对盖亚的定义是："一个包括地球生物圈、大气圈、海洋和大地在内的复杂性整体；为地球生命创造一个最优物理和化学环境而构成的控制系统反馈机制的总称。"

盖亚理论的形成是源于这样的认识，即为了使生物圈达到适宜的内稳态，生物质能改变了大气层的原有性状。洛夫洛克和马

---

9　人类圈一词后来被法国哲学家和神父德日进所引用，而德日进由此展开的研究对托马斯·贝里的思想产生了巨大影响。维尔纳斯基是一位无神论者，进而把地球上的生命现象描摹为全球性的化学反应。相反，德日进（1977）认为人类圈是实现全球范围内精神性交流的工具或路径。

10　蒂莫西·莫顿（2013）在有关客体本位的本体论讨论中也用到了这种观点。

古利斯的研究表明,地球自身就有一个内控性和内恒性的反馈系统,这一系统在生物区系范围内自动(无意识地)运行,从而形成了地球化学组成和全球气温的大致稳定。从这一初始假设入手,洛夫洛克认为海洋盐度、大气圈的构成以及地球表层温度等"全球控制系统"是存在的。[11] 为了阐述这一问题,洛夫洛克(1991,第36页)指出:

> 从宇宙深邃的黑暗空间俯视地球华丽的形状,地球就像是鲜活的生命体一样。对地球生命的观察印象无疑是真实的。因为仅从地球上存在大量的生命形式、保有水源、调整自身独特的大气气候,就能发现与其姊妹星球——火星和金星之间的不同,这两个星球都是一片死寂的样子。当然,地球并不是像一只动物那样活灵活现,能够自我繁殖并在与其他动物竞争的过程中进化种族。地球是一个超级有机体,像巨型生态系统或高大的树木一样维持着生命,因而是我们所知最大的生命形式。我认为,对介于无生命物质和有知觉的有机体之间的生命形式(这些生命形式甚至比大多数有机物的生命更长)的地位予以否认,这是科学上的错误。

然而,按照马古利斯的论述,盖亚理论并不是拟人化的学说。马古利斯认为,"地球的温度、氧化反应的状态以及大气层较低位置空气中的其他化学物质(除了氦、氩和其他非活性元素)都是整

---

[11] 这一假设本身是有争议的,容易遭到无休止的批判。参见基什内尔(2002)和施耐德(2004)的研究。

个生命系统生产和维持的。"(2007)马古利斯还特别强调,盖亚理论其实是一种生态学理念,因而她在表述中反对使用"有机体"一词。为了与盖亚理论的其他批判性观点(古尔德,1997,第106页)一致,马古利斯认为对这一词(即盖亚)的引用是一种误解,这样做可能是为了实现政治目的。马古利斯(1997)论述道:

> 洛夫洛克的研究立场让人们认识到地球是一个有机体。因为如果人们还认为地球仅仅是许多岩石的堆积物,那么他们就会任意踩踏且毫不顾忌。而当人们认为地球是一个有机体的时候,他们将会以敬畏的心态对待地球。于我而言,我认为这是一种避重就轻的做法,而不是真正的科学。[12]

尽管存在观点的不同,但洛夫洛克和马古利斯在盖亚科学的基本原则,特别是自然界的互联系统在调节地球的内在连续性上所发挥的重要作用上取得了共识。这一共识的作用在于形成了地球是自创生系统的概念,从此地球对于各种有机体来说不再是普遍性的组成要素。这一点也得到了马图拉纳和瓦雷拉的支持。实际上,正如体内细胞之间的关系调节着身体温度和血液化学物质组成一样,地球内部的调节也是对地球上的所有栖居者之间相互关系的反应。从这一意义上而言,"与其说生命存在于地球的表

---

[12] 马古利斯把盖亚理解为一种科学的,或生态学上的理念,这种解读得到了布鲁诺·拉图尔(2011,第9页)的支持。拉图尔认为:"盖亚是一个科学概念。如果你从观念把盖亚与某些模糊神秘的物体,如伊娃(伊娃是卡梅隆创作的电影《阿凡达》中潘多拉星球上的网络状盖亚)联系在一起,这种理解就是毫无意义的。虽然洛夫洛克一直是一位非主流的科学家,而且总是一个持不同意见者,但他经过日积月累而总结出的概念的真正价值在于,他的每一项研究都是按照科学规范展开的。"

层,倒不如说生命本来就是地球的表层"(马古利斯、萨根,1995,第28页)。这并不是一个形而上学的,或精神意义上的观点,而可认为是上个世纪最为重要的科学发现之一。不仅如此,布鲁诺·拉图尔(2013,第8页)还认为,盖亚理论是"迄今为止政治理论关于地球研究最为不朽的典范",[13]而且他自己所作出的现实主义解读的出发点在于表明盖亚理论是"唯一能够组织贯通科学、政治和神学的新途径"。

盖亚理论是贝里提出的地球共同体概念的一个重要分支。和洛夫洛克一样,贝里(2009,第113页)热衷于对科学作出虚幻和象征性的阐释——实际上,贝里认为"越是根本性的事实越应当以象征性的方式来表述"。贝里并不认为地球是一个留待人类开发利用的惰性、死寂的客体世界:"我们应当把地球视为用科学和神话描述的一个具有唯一性和独特性,且组织缜密的主体。"(2009,第114页)他把地球视为一个活着的星球,并以此阐明了自己的观点,其中部分内容超越了盖亚理论的范围:

> 就我自己的理解来说,这一词既不是作为文学词汇来使用的,也不是作为简单的比喻来使用的,而是作为一个类比的含义来使用的(在结构上有点类似于类比)。当我们说我们"看到什么了"的时候,其实是用物理性视力而不是用智慧理解作出的一种表达。同样,一个均衡性关系也可被表达为……共同的属性是主体性角色从一个变换为了另一个。在

---

[13] 拉图尔(2013,第59页)的观点是,盖亚是一个以下述推论为基础的现实概念:"如果'现实的'这一形容词意思是'排除外在原因或精神性基础',因而完全基于'这个真实世界',那么洛夫洛克的直觉性理解就不能被称为是'真正现实的'。"

这一体验中,每一个主体的同一性得以增强,而不是减弱。
(2009,第115页)

通过更进一步的论述,贝里重申道,人类的存在既源自于,也繁衍生息于地球每一个组成要素之间的相互关系(1994,第243页)。就像盖亚理论所证实的那样,这种关系明确包括生物体和非生物体在内。从这一角度来看,区分人类和自然界是毫无意义的。确切地说,地球是一个具有唯一性的综合共同体,其中包括有人类、非人类的动物群体,以及无生命物质。

**四、盖亚理论和网格之批判**

在对这一部分作一总结之前,我想对近期有影响力的"客体本位的存在论者"[14]蒂莫西·莫顿对盖亚理论的质疑稍作回应。就莫顿(2009,第1页)看来,"自然"这一概念是真正的生态学思维的障碍:"这一概念听起来好像很陌生,但自然的理念正在阻碍着文化、哲学、政治、艺术等恰当的生态形式。"莫顿(2011)将自己的质疑总结如下:

> 自然就是这样一个总是在哪里存在着的"物"。我能够看到兔子和山脉,但我看不见自然,但它总是存在着。因此当我要寻找自然的时候却找不到自然。在精神分析学上,对这种

---

[14] 客体本位的存在论不认为客体世界是遵循着主体的意志而存在的,反过来也不认为客体会产生人类的认知。相反,客体本位的哲学家们主张,客体世界与人类的认知独立存在,而且客体世界并不在存在论意义上对应人类或其他客观对象。

状况的专有名词就是"大他者"……许多心理疾病发生的原因可能是因为没有认识到有"大他者"存在,因为"大他者"并不是直接在注视着你。因而你就像置身于幻觉的虚空之中一样,这就是所谓的精神分裂症式的防御心理。你可能会存在突然出离现实的状态,这时候你会幻想着填满那份虚幻。对此,我认为这种认知在18世纪后期工业资本主义早期阶段的出现绝非偶然。[15]

因而就莫顿来说,自然只不过是文化上的虚构而已,它是从人类与其他非人类生物之间的密切关系(既包括社会生活空间内的密切关系,也包括社会生活空间外的密切关系)中抽象出来的。按照这种推论,莫顿认为"总体性"或"整体主义"等概念也是并不存在的另一种虚幻。实际上,莫顿还认为:"总体性是不存在的,它只不过是人类刻意作出的逆向建构,是强加在具体对象物之上的概念。"(2011)

另外,莫顿还指出,盖亚理论其实是一个被伪装了的认识方法。从还原论者或非还原论者的著述中获得灵感之后,他加大了对盖亚理论的批判力度。典型的还原论者有布鲁诺·拉图尔(1999,第43—44页),他认为,人类不能向下化约为更小的部分,也不能向上化约为更大的整体。同样,对其他从浮游生物到细菌再到荒野区域的非人类物种和物质也不能作出如上还原论上的理解。就莫顿而言,盖亚理论违反了不可还原性这一原则,其结果是使得更大的整体"成为更真实的存在",因而也比其组成部分更

---

[15] 莫顿的分析在很大程度上引用了齐泽克(2009,第420—462页)的观点。

重要。

　　以此推论，莫顿认为单一物种是与整体毫不相干的。从盖亚理论倡导者的角度作换位思考，莫顿(2011)又提出："人类自行其是，将要搞坏这个星球，但人类灭亡之后自然或盖亚……又会将其修复如初。盖亚总会接替人类并比人类做得更好。"莫顿将之比拟为人们对更换汽车的轮胎或其他小零件时的分离感。在上述人类搞坏地球和更换汽车零部件的例子中，总体性是非常重要的，而组成整体的各部分就像一台机器上可复制的零部件一样。莫顿甚至还认为："如果我的汽车比其组成部件更重要，那么组成部件与汽车的相关性不是很紧密，而且是可以复制的。"(2011)

　　莫顿对盖亚理论的批判源自于墨里·布克金与深生态学家戴夫·福尔曼(1999)之间犀利的辩论。就布克金看来，对地球所作的整体主义定义埋下了其终极矛盾的种子。布克金还认为，整体主义是对人类对其演进历史以及其在自然世界中的角色的"扼杀"(1987，第11页)。布克金认为，那些把人类仅仅视为更大整体的一部分的观点并没有告诉我们人类在自然界中演进的独特性，也没有回答人类为何对生态具有如此大的破坏力，而且也没有说明人类在未来时代扮演什么样的特别角色。而且在布克金(1987，第9页)看来，把终极意义上的"自我实现"界定为一个不确定的"有机整体"状态，这本身就是抹去了"所有存在于植物共同体和动物共同体之间，特别是存在于非人类共同体和人类共同体之间的显著且有意义的差异性"。布克金(1987，第11页)还认为，"如果某一具有'自性'之物因为范围广袤无边而要赋之以价值考量的话，那它就不是真正具有'自性'。"这样的物更像"丧失了人的特性与理性，且非常家长式的'人'那样，是一种模糊的、无个性的以及无人格的范畴"(1987,第11页)。

在布克金和莫顿看来,整体主义还具有一种反人类环境伦理的习性,它把人类视为一种应当从整体性健康状态中彻底清除的病毒。这一观点可在洛夫洛克的《盖亚:星球医疗的实践科学》(第56页)一文中得到证实。洛夫洛克在该文中力图表明,人类只不过是盖亚的疾病之一,即"人类之瘟"。深生态学的支持者们也提出了与此类似的观点,其中最具代表性的当属"地球具有首位重要性!"激进主义分子戴夫·福尔曼(德瓦尔,1985,第4页)把1984年埃塞俄比亚饥荒表述为"自然在实现自我平衡",并认为国际社会"就是让人们在那里忍饥挨饿"。

这些观点也印证了关于控制人口的论述,而且也不能界分出生态受害者和生态破坏者(布克金,1999,第30—31页)。另外,按照布克金的观点,如果没有对包括人类中心主义、种族主义和经济分析在内的科层制度作出非常精确的批判的话,一个人是很难全面了解生态危机的内涵的。

整体主义的支持者应当认识到这是一种反人性的环境伦理学分支。然而,莫顿所认为的与盖亚理论有关的机械论分离主义并不是一种必然性的和符合逻辑的结论。相反,盖亚理论的倡导者经常秉持的研究视角却是:作为整体的自然是有价值的,也是值得保护的。从这个角度来看,为了地球共同体的健康和长期繁荣,环境的每一个组成部分都是应当予以保护的。而且,这种关于整体主义的替代性解读已经点燃了新一代环境激进分子的希望之火,他们愿意不惜一切去保护环境的各个组成部分(沙别科夫,2003)。把所有整体主义的支持者们集合起来,或者当反人性的环境伦理学分支的追随者们占很大比例的时候,将会对那些坚持盖亚理论

(认为盖亚理论极具平等主义思想和生态中心主义伦理观)的人产生巨大的伤害。

在总结了莫顿对整体主义的反对观点后,我将在这一部分中简要论及他主张的替代性的生态学视角。前文已有论述,莫顿认为诸如自然之类的概念应当依附于人类与非人类世界之间的密切关系。而且,莫顿并未把人类视为整体的一个部分,而是用"集体主义"一词来表明我们人类应当自视为自己是与其他生物和谐共存的(2011)。他认为这一词仍然符合互联性原则,但不具有他所说的与"自然"或"整体主义"有关的"超自然的"以及"政治上有异议的"含义(2011)。

莫顿发现,集体主义和整体主义之间的区别远不是语义学上反映出来的那么一点儿,而是在很多方面把我们带回到早期研究生态科学的许多论点上。然而,莫顿关于集体主义的论述并不是立基于生态学,而是立基于对查理斯·达尔文《物种起源》一书的仔细研读。莫顿论述道,达尔文对动物的描述经常从"树木丛生的河岸边"特有的生命形式变为一般性的生命集合(2012,第19页)。[16] 换句话说,达尔文避开了关于"物种"的这一认知,即"物种"是一个因分类的需要而形成的确定的、明了的"占位符"。莫顿(2011,第19页)认为,"这就如同我们看到生命形式随时都是飘忽

---

[16] 比如说,达尔文(2003,第395—396页)曾经说道:"仔细琢磨树木丛生的河岸是一件非常有趣的事情,那里遍布着各种各样的植物,小鸟在灌木间歌唱,各种昆虫翩翩飞起,蠕虫匍匐在潮湿的泥土中。这种景象表明,这些精巧建造的形式都是各不相同,并以非常复杂的方式相互依赖着,就像是由我们身边活的法则创造出来的一样。大而言之,这些法则就是繁殖性、遗传性……变异性(源自生命状态的间接和直接活动,以及利用和废弃的状态)、繁殖率(繁殖率的提高才产生生命之间的竞争)以及自然选择、特性的遗传变异和进化较慢的物种形式的退化等。"

不定,变换着形体,就是看到湍急的水流连绵不断——也就是说,在我们归纳之前,只有一张清晰生动的快照。"

事实上,"达尔文著作的精妙之处在于,本来既没有物种,也没有起源。"(莫顿,2011)谁也无法详细指明黑猩猩起源于何处,另外,黑猩猩家族仅仅是分离的个体因为 DNA 的相似而形成的一个集合体。而且,在一个物种和该物种的变异体之间以及一个物种和该物种的畸形体之间也没有明显的存在论意义上的差异。也就是说,莫顿认为,"在某种意义上,所有的生命形式都是由其他生命形式形成的畸形的拼贴,生命形式之间真正的一致性并不存在。"(莫顿,2009,第60—66页)以此为认识基础(而不是以他所称的"虚幻的整体"为认识基础),莫顿(2011)认为,人类应当反思现有的生态伦理观和政治观。

莫顿还从"网格"的角度提出了自己关于集体主义的观点。尽管按照互联性的概念很容易理解"网格"一词的含义,但很显然,莫顿对其赋予了一些奇特的含义。根据莫顿本人信奉的佛学世界观,他用了"网格"一词来描绘整个宇宙世界"无穷大的关联性和无穷小的差异性"(2009,第30页)。他认为,网格结构既不是地方性的,也不是暂时性的,而是有很多的分叉,"遍布整个宇宙"(2011)。在这一意义上,网格一词表达的是一个无比巨大的集体主义视野,而不是传统的生态科学范畴。用本书第一章"概述"中真正体现贝里对主体间性研究的话语体系来表达,莫顿(2009,第33—34页)作了如下论述:

没有任何单个的事物是完美的。从生态共生角度看,一棵树上有真菌和青苔,而青苔是真菌和细菌这两种生命形式相互作用而成的……种子和花粉又需要鸟禽和蜜蜂来传播。动物和真菌细胞又是由线粒体、能量细胞(细胞器)组成,细胞器可以是细菌避开毒性的氧化环境……我的胃里有良性细菌,也有有害的变形虫……即便是微观的DNA,也有共生、协同进化、寄生、冲突以及合作的倾向。人类也是由无形体的各种器官构成的。

莫顿由此认为,生物间的共存关系是真正存在的。所有的生命形式构成了网格,"包括死去的生命和生命的栖息地,共同组成了有生命和无生命的存在"(2009,第29页)。单一的生命形式之间都非常熟悉,且在遗传学上相互关联。另外,网格并不是科层化的,"不能按照某一单一排列方法编排起来"(2009,第29页)。此外,网格中的每一个连接点"都是由不同点组成的某一系统的中心和边缘,因而也就不存在绝对的中心或边缘"(2009,第29页)。

我认为莫顿的著作中值得关注的地方在于他提出一种选择性生态观的独特方式。他在有关人与自然关系的论辩中提出的观点大受欢迎。这体现出了一位学者在面对处在发展中的学科知识时的良好学术活力,参与讨论的每一个人都力争深刻把握学科问题的复杂性。

然而,在清晰表达自己生态学思想的过程中,我认为莫顿并没有完全把自己的哲学思想和他所批判的整体主义理论区分开来。考虑到佛学对他的学术研究的直接影响,这或许并不足为奇。莫顿也没有论述清楚为什么他提出的"网格"概念比本章对盖亚的现实主义论述有更为稳固的政治性和更强的论证性。就本质而言,我认为上述论证的不足恰恰反映出莫顿在阐述盖亚理论时所犯的一个隐蔽性的(但也很重要的)错误。特别要指出的是,我认为莫顿在阐述盖亚理论时误解了其发展特性,并夸大了盖亚理论的支持者们对控制论式系统整体的关注程度。

在洛夫洛克和马古利斯看来,解剖学意义上的盖亚具有许多方面的特殊性。地球的每一个器官的活动,都是为了改变地球上的生态共同体,从而获得自身更好地生存的机会。盖亚这一概念"抓住了所有主体分散式的意向性,这种意向性可改变主体的外在环境,从而更适宜主体的生存"(拉图尔,2013,第67页)。这也反映出意向性所具有的巨大贡献,这种改变的结果并不是偶然地产生某种单一形式的存在,而是形成了能够反映我们栖居其间的混沌世界的"网格"结构(拉图尔,2013,第68页)。

从这一点而言,盖亚理论与莫顿提出的达尔文主义叙事法完全一脉相承——每一个独特的有机体都为了自身的发展而不是为了其他间接性利益而工作。另外,在洛夫洛克和马古利斯看来,盖亚理论彰显了诸如"物种"和"环境"之类的确定性概念。既然所有的生物都是按照自己的意愿改变自身和邻近环境,那么就不大可能在适应有机体生活的环境与这一适应性过程的起点之间作出明确的区分。蒂莫西·M.伦顿(1998,第440页)对此作了如下论述:

> 盖亚理论与进化论生态学有着共同的旨趣,认为有机体与其物质环境的进化是紧密耦合并形成一个独立且不可分割的连续过程。有机体也具有因环境而改变的特点,因为这些特点所赋予的益处(或有机体的适应性)胜过个体所获能量的价值。

在这段文字中,伦顿捕捉到了盖亚理论的独特魅力——那些确定无疑的界限,无论是内在的,还是外在的,都被颠覆了。这种认知并不是因为自然界万物都被关联在亚里士多德所说的伟大的存在之链上,而是因为此有机体所产生的活动耦合深刻影响到彼有机体,而彼有机体的活动耦合又反过来深刻影响此有机体。这就是所谓的"行动之波"。"行动之波"的运行并不遵守传统的界限,也不会按照某一既定的规模发生(拉图尔,2013,第69页)。这些波自身就是真正行动者,它们之间的相互联系只有在某一环境中独立个体的既定边界不被固化的情况下才能发生。拉图尔(2013,第69页)还认为,这种波是"洛夫洛克借以描摹出盖亚轮廓的真正画笔"。

## 第三节 文化和法律的变迁

对前文已经提到的现代科学的梳理反映出了人们对以互联性为特征的地球的认识。与人类中心主义范式针锋相对,地球共同体这一概念旨在超越主客二分,并把人类所处的位置牢牢固定在生命之网中。现代科学研究表明,人类与地球紧密相关,并依赖于地球。现代科学中没有证据来支持人类中心主义的世界观,也没有证据表明人类中心主义的论断——自然的存在是为了满足人类的偏好——是正确的。相反,人类与其他有机体共存,就像是"地球系统的子系统一样"(贝里,2009,第95—96页)。基于这一理由,贝里(2009,第96页)认为没有让人信服的理由表明理性的个体会把地球共同体置于各种人类事务的首位:

## 第三章 地球共同体:叙事与行动

地球形成了一个独一无二的综合性共同体。这一共同体的生生息息,繁荣退化,都是这一共同体内部相互联系性的真实写照。从长远来看,可以毫不夸张地说,人类共同体和自然世界将会一起步入未来时代……地球共同体和人类都将在未来之路上遭遇危难。

此类论述已经找到了形成国家立法[17]中某些条款,以及诸如"地球宪章"(恩格尔、麦基,2011)之类的国际法文件的途径。然而,在如何最有效地催生文化和法律的变迁方面,此类论述仍不免存在精神和物质上的问题。正是因为这一问题,我才开始了本章第二部分的讨论。起初,我讨论的是文化性叙述或情境在取代那些有害的科层化概念(如人类中心主义)方面所发挥的作用。我的讨论就是关于贝里(1978)最先提出,后来又由布莱恩·斯温和玛丽-伊芙琳·塔克(2011)作了进一步发展的"新叙事"。我对其原理的阐述之所以以贝里的著作为基础,原因不仅在于他在选择性文化叙事方面做出的基础性工作,还在于他的叙述是以地球法理的理论为中心的。另外,对贝里提出的宇宙论学说的关注还会对他的法律思想的推广和应用起到必要的引导作用。

该部分的论述在一定程度上借鉴了本书第一章"概述"中有关法律与文化的研究结论。实际上,按照哈尔(哈尔、卡斯滕,2009,第279页)的观点,如果法律能够在时间的长河中体现过去人类世代的伟大叙事和价值观,那么据此可知法律的未来也将会受到本

---

17 为了更好地了解全球范围内的立法,请查阅"英国环境法律协会"(UKELA,2010)的信息。

代人和后代人的生活叙事和价值观的影响。换句话说,哈尔对法律的描述表明,如果人类中心主义价值观和设想将要发生改变,那么这种改变将在促进法律变革方面发挥作用。

然而,法律的改变只是宽广的社会变迁的一个因素,因而这种改变也无法充分获得内化在转型社会(这种转型面向贝里所提出的生态中心主义时代)中的复杂性。比如说,卡尔·马克思因为科学技术决定论或阶级斗争决定论而经常遭到指责(科恩,1978)。其他论者们则认为论题的属性(戴蒙德,2005)、生产过程(霍洛威,2002)、生活方式和消费形式的改变(霍肯,2007)或意识形态(克莱因,2008)都足以导致社会的变迁。的确,排他地只关注于上述诸种要素中的一种显然是不够的。在实践中,主要社会转型在时间和空间的不均衡性发展过程中辩证地发生着。决定论的立场无法获得社会生活的动态特征,因而曲解了宽广的社会变迁所需要的条件(哈维,2010,第196页)。

虽然马克思是一位被贴上了决定论标签的社会思想家,但我还是认为他对社会变迁的复杂性提出了令人折服的分析观点。比如说,在《资本论》第一卷(1992,第494—495页脚注4)中,马克思认为可以通过如下六个可辨识的概念性范畴之间复杂的相互影响而实现对社会变迁的预测:[18]技术、与自然的关系、生产过程、日常生活的生产和再生产、社会关系以及关于世界的心智构念(哈维,

---

[18] 对达尔文进化论作了简要交代后,马克思(1992,第494页脚注4)作了这样的论述,"技术揭示的是人对自然界的行为关系以及人类生活中的直接生产过程,因而也仅仅体现人类生活的社会关系过程,以及由这些关系而产生的心智构念过程。"

2010，第124—139页；2011，第189—212页）。[19]

马克思在列举上述六个概念范围时的安排方法要比对资本主义发展的主要技术组织方式的冗长验证更加优越。在论述中，马克思抓住了本质，认为产业制度的源头以及工业的发展是新技术革新的自主活动。通过全文的论述，马克思把六个辨识性概念范围置于共同进化过程之中，并论述了它们是如何经由不均衡的发展而适应并巩固了资本主义生产模式的动态特性。

尽管任何方式都无法替代对马克思原文的阅读，但哈维（2011，第127页）对上述六个概念范围之间的相互影响作了如下有益的概括：

> 把生产的心智构念作为一种技艺，这是科学解读和新技术有意设计的结果。当工人不再是独立拥有特殊技能的工匠，而逐渐被沦为机器的附属物时，阶级、性别和家庭关系都发生了根本变化。同时，在争夺劳动力的阶级斗争中，资本家们把新技术和组织形式作为武器来使用……大量的妇女逐渐成为新兴劳动力的组成部分，以至于到今日衍生出了各种社会问题。这也促成了一些制度的变革，最为典型的就是1848年《工厂法案》中的教育条款……新型组织形式（公司化的生产）在新的制度安排下促进了新技术的发展。新的制度对社会关系的分化，以及与自然之间的关系作了安排。

这些概念范围中的任何一项要素都受制于与其他要素之间相

---

19 在这六个要素之外，哈维还加入了"制度安排"（2011，第126页）。

互关系以及各要素自身独特的内在动力机制的不断创新和变革的影响。要素之间并不是因果关系,而是辩证关系,在外观上"构成了一个社会—生态整体"(哈维,2011,第128页)。此外,历史给我提供了丰富的实例,上述概念范围中某一要素的爆炸性发展表明这一要素就是社会变迁的前沿阵地。比如说,在妇女权利和环境损害领域兴起的一股强劲的社会激进主义运动已经在社会整体性协同演化进程中扮演了主导性作用,并对其他要素的发展起到了推动作用。

根据以上的分析,在讨论了社会和法律变革中心智构念的作用之后,我将转而讨论社会关系或社会运动的范围。在我看来,当下发生的社会运动在争取一个更加正义和环境可持续的世界中发挥着先锋队的作用。当下正在发生的地球法理运动就被认为是这一广泛的社会运动的一个组成部分。此外,我还认为,社会运动为那些旨在逃出人类世的窠臼并建立一个生态中心主义新世代的计划提供了重要的物质基础,这也是对贝里的"新叙事"的一个重要补充。

## 一、"新叙事"

托马斯·贝里把"叙事"定位为一种方法,用以把西方文化从人类中心主义的世界观改变为地球共同体这一概念。他的这种方法受到他作为苦难会牧师时亲身体验的影响,也受到他对宇宙哲学在文化活力、变革和繁衍中的实质重要性的信仰的影响(伊顿,2001,第1页)。贝里认为,所有的社会都以某种形式的叙事而存在,这种叙事形成并指引着个人和集体的行动以及相互之间的关系。他认为,在这一叙事(或许是科学性的叙事,也或许是宗教性的叙事)之外,不存在人类生活得以有意义进行的任何内容(1988,第111页)。贝里的"新叙事"思想始于20世纪70年代早期,是伴随着关于环境危机的公共性讨论的出现而形成的。他对"新叙事"据以形成的根基作了如下概括:

> 我通过对历史和哲学的研究,发现并验证了人们是如何找到意义的。我想追溯整个人类历史传统,并验证这整个历史进程,因为显而易见的一个事实是,从人类历史早期,到宗教生活时代,整个历史进程并没有起作用……直到现今也没有起作用。在一定意义上,基督教也没有起什么作用……宗教在地球层面上或地球命运面前没承担任何职能……然而不知何故,我在非常年轻的时候,我就明白了杀虫剂和种族灭绝的阐述将意味着什么。(引自邓恩、克拉克和罗纳根,1991,第143—144页)

贝里于1978年首次在《德日进研究》杂志的首篇发表了《新叙事》一文。后来在他于1988年出版的经典著作《地球之梦》中又修正并刊印了《新叙事》一文。贝里(1988,第123页)以下述观点作为开篇:

> 所有的问题关乎"叙事"。我们现在之所以深陷问题的泥潭,原因在于我们不曾拥有一个美好的叙事。我们身处不同叙事之间的夹缝中。那种表明世界从哪里来以及我们如何适应这个世界的旧叙事已不再有用。然而问题是,我们还没有

领会新叙事的内涵。

69　　西方文化中的古老神话维系着人类世世代代的繁衍。如同在第二章中对基督教神学的讨论一样，宇宙学在形成人类关于环境的心智构念方面发挥着至关重要的作用。可以从第二章的讨论中清晰得知，神话并不总是促进和谐，或让人们的行为更为道德。西方文化的传统叙事反而提供了一个"生物得以有意义生存的环境"（1988，第123页）。贝里批判了人类中心主义的神学观和哲学观，因为这种神学观和哲学观在应对有关人类与地球共同体之间关系的现代性知识时已经逐渐丧失了功能，没有任何生机了。贝里回应了这一问题，认为："我们的时代真正所需要的，是可由人类传统宗教叙事正式提供的那些东西……我们需要这个历史叙事既可以提供给我们教义，也可以治愈人类的创伤，并指导和规范人类的行为。"（1998，第124页）

　　在形成"新叙事"这一概念的过程中，贝里深受意大利哲学家詹巴蒂斯塔·维科（1976；贝里，1949，1989）的影响。维科对贝里的最大影响是作为一位文化历史学家的方法论。维科的论述着眼于20世纪60年代复兴的文化理论，这一复兴实现了从孤立和单个思想的描述到横跨历史的"思想性满足的概念"之间关联的转型，从中可以发现这一复兴的形成过程中人类思维模式的变迁所扮演的角色（赫顿，1985，第74页）。

　　比如说，维科把历史阶段描述为巨大且范围广大的类型。借由这种宏观研究方法，维科界定了如下三个历史阶段——上帝的时代、英雄的时代和人类的时代（伯金，菲什，1970，第11页）。简而言之，第一个阶段以神权政治和"原始"神话传说为特征。第二个阶段以贵族政治、奴隶制和大规模的阶层冲突为特征。而在最后的第三个阶段,不仅出现了民主政治,而且理性和人权的力量开始显见。每一个不同的历史阶段都对应有不同的法律、习惯、艺术、语言和经济形式。此外,在每一历史阶段,人类所运用的自我能力也不同,分别为"感觉、想象和理智"(引自塔克,2006,第154页)。

维科认为,人类历史上的这种周期性过渡就是我们从"野蛮"走向"文明",从"神话"走向"理性"(1976,第34页)。诗歌、自然智慧和直觉在这一过渡过程中至关重要,也决定着国家的建立。维科(1976,第34页)用"野蛮和反思"来描述这种过渡,并认为在不同历史阶段过渡过程中,历史朝着"一个在理智上更具创造性的原始状态"发展。显然,维科对原始状态下人的描述等同于当下西方发达国家面对环境危机时仍作出的利己主义行为(伯登,2013b)。他是这样论述的:

> 这种人就像畜生一样,深陷于每个人都只考虑自己利益的惯常行为中,并变得极度精致或非常虚荣。在这种状态下,人就像野兽一样,面对些许不快时就会咆哮并发起攻击。因此,尽管人类深处熙熙攘攘的群里之中,其实他们就像野兽一样生活在精神和意志的极度孤独中。(1976,第381页)

贝里认可维科研究方法的最典型标准不仅体现在依据维科的历史阶段划分继续进行的历史研究上,还体现在根据维科知识转型论述对历史分期的特征所作的描述上(1988,第39—40页)。贝里首次把人类生活的历史划分为四个阶段:部落—萨满教阶段、宗教—文化阶段、科学—技术阶段以及生态阶段（或"生态纪"）（1981，第 12 页）。与维科的观点一致，贝里把支配人类思想和行为的模式与这四个阶段作了对应性阐释。部落-萨满教阶段的特征是，人类关注于"宇宙间终极而神秘的东西"以及"对感知这种神秘的创造性表达"（1988，第 39 页）。在宗教—文化阶段（或古典阶段），被认为是世界伟大文明的社会分层化、祭奠礼仪、组织缜密的神学体系以及文化领域的精神规训逐渐增多。而在科学—技术阶段，西方文化的重心却是理性的客观性和技术的进步（1988，第 39 页）。

  虽然贝里和维科都论述了当下历史阶段值得肯定的方面，但两人共同的观点在于都强调当下阶段的各种负面表现。贝里认为在当下的野蛮状态中，人与自然的关系被至高无上的人类中心主义世界观所统领。与此形成鲜明对照的是，在贝里看来，生态纪到来的关键特征是范式的转变，具体是指人类处理与自然之间关系以及认知地球共同体的观念转变。这种转变要远远大于一个理性主义者的贡献，也远远大于技术统治论者的能力范围（贝里，1981b；1988，第 50—69 页）。因而这也是人类在观念以及与之相关的价值领域的范式转变。贝里（1988，第 201 页）论述道：

> 有时候，所谓的成就，如现代科学成就、工业成就和理性认知成就，不过是对人类存在形式的一种全面认知。在我们当下的亲身体验中，这种成就开始走向瓦解。詹巴蒂斯塔·维科……认为，18 世纪是人类的第二个原始时期，这一时期的原始状态是精致的，发端于高度文明化的企业发展。越是可能出现人类文明倒退到原始状态的时候，人类越是容易再次陶醉于人类文明据以形成的伟大自然力之中。

然而,不同于维科的是,贝里并未尝试建立一门专门研究人类文化的"新科学"。相反,贝里提出了明确的观点,并想去劝导人们改变他们的思想和行动,从而在对待自然以及他者时采取敬畏和互助的方式。贝里还认为,只有当生态纪赖以维持的原则能够以广为接受的方式被表达时,西方文化才能够真正实现范式的转变。鉴于此,他认为历史发展远不止是一种累积性的理性发展过程。正如安娜—玛丽·道尔顿(1999,第21页)所说:"人类的行为受到每一代人的情感、实践判断和相互关系之间复杂关系的驱使,而它们都以我们共同的任性为基础,并被概括为持久性的语言、符号以及各文化的艺术表现形式。"同样地,贝里也指出,尽管时间上有波动,但历史叙事的媒介却依旧是一种贯穿人类历史的连续性且强有力的沟通方式。他进一步论述道,历史叙事能够把"人类灵魂深处的范式结构与文化叙事的人文环境"(1992,第228页)联系在一起。

为了与现代社会的步调相吻合,贝里的"新叙事"采用的是科学语言和精确的宇宙学理论——两者都是被贝里认为是"固有神话"的学科知识(引自道尔顿,1999,第84页)。"新叙事"的内容包括本章提到的许多科学视角——但贝里的"新叙事"在内容范围上还是要远远超过人类历史和上文划分的四个历史阶段。一般推定,地球和宇宙自身就是在一系列事件发生的过程中出现的,而且这些事件本身也是叙事的一部分。[20]

"新叙事"始于原始流星形成的"火光四溅"和早期演化时期,

---

[20] 贝里经常以更具诗性的表达指出,宇宙形成的特征宛如宇宙自己讲述的故事。参见邓恩、克拉克和罗纳根(1991,第132页)。

这在今天已经被大多数科学家所理解并接受。紧接着就到了星球形成的阶段了，地球也迎来了地质和生态的发展变迁。在这里，"新叙事"追溯到了早期生命形式的进化阶段，也追溯到了生命的起源，一直到人类的起源。[21] 在这种意义上，"新叙事"本身也是历史。重要的一点是，贝里还对人类中心主义以及"地球的存在是为了人类的目的"这一前提预设提出了严正批评。布莱恩·斯温和马修·福克斯（1982，第22页）评论道，"孤立地讨论人类的历史，就如同期望在一部小说的最后一个段落中找到全文的意义来。"我认为这是一个恰当的类比，正如生物学家杰恩·班亚斯（2007）认为的那样：

> "现代智人"（即人类）是一个非常年轻的物种，我们虽然不认为自己是年轻的物种，但事实上我们就是年轻的物种。按照地球的年轮来看，我们的出现非常的晚。如果地球的年轮始于1月1日，现在我们所处的年轮相当于12月31日，而人类的出现仅仅比12月31日午夜12点钟早了15分钟，而所有有记载的历史只是过去60秒的一瞬间。

贝里的"新叙事"标志着从人类历史向宇宙整体历史的转向，这一转向传达出的观念就是：人类是更大的演化进程的一个部分。此外，或许在贝里看来最为重要的是，"新叙事"并没有完成，而是不可逆的涌现进程的一个部分。为了弄清楚这一点，贝里还引用

---

[21] 要在视觉上呈现这一过程，可观看布莱恩·斯温和玛丽·伊芙琳·塔克合作完成的影片《宇宙之旅》（2011），见：www.journeyoftheuniverse.org/。

了法国耶稣会士德日进著作中的观点,还特别引用了他对发展性时间的论述(塔克,2006,第 154 页)。德日进(1968,第 193 页)一直认为,自从有了达尔文的物种起源,人类才开始意识到地球并不是静态的,而是一个不断演变发展的宇宙创世过程。德日进认为,这一视角让我们清楚地认识到自己在宇宙间所处的位置:

> 当下的人类要具有演化的意识,这就意味着真正的世界与已经发现的那些事实有所不同,而且内容上也更为广泛丰富……这也意味着(就像一个孩子突然间学到了新知识)我们的生命延续到了一个新的维度。正如偶尔提到的,演化的观念不仅是一个假设,更是所有生命经历的真实环境。(1968,第 193 页)

对贝里而言,"新叙事"是理解广袤宇宙的主要背景。他认为,人类并不是生活在一个"观念的空间模式结构"中,这一结构中的时间就像"现实中的季节更替过程,按照理想中的世界原样那样保留着各季节的基本标志"(1999,第 26 页)。恰恰相反,我们生活在"宇宙之中"。也就是说,我们生活在一个"仍将处在不可逆的转化发展过程中的宇宙间,生活在一个更大范围的发展过程中,这一过程从很小的复杂秩序发展为很大的复杂秩序,从很小的意识状态发展为很大的意识状态"(1999,第 26 页)。发展性时间已经吸纳为西方文化的一个部分,贝里感到,西方文化对发展性时间的吸纳将帮助人们更为深入地理解人类与自然之间的互联性。他论述道:

人类不只是以一个地球人的身份来到世上,而是以世界人的身份来到世上的。我们在自己的生命期间对宇宙的宽容就如同宇宙在它的生命期间对我们的宽容一样。两者共同呈现出了一副整体性的样貌,而在这一样貌背后的极度神秘之处,才孕育出了宇宙和我们人类。(1988,第132页)[22]

我们已经认知到人类现在拥有的宇宙知识可通过叙事的方式得以理解和描述。在贝里看来,人类的这种认知和大宇宙的观念是"自哥白尼以来整个科学发现中最伟大的一个成就"(1992,第236页)。重要的是,20世纪之前的人类并不知道这种观念——在历史进程和可计算的时间里还存在宇宙的叙事(贝里、斯温,1992,第236页)。

有一种理解认为,人类在更早的历史阶段经历了知识发展的几个特定阶段,奥古斯特·孔德(1988)把这几个阶段分别表述为宗教时期、形而上学时期和实证主义时期。另外还有一种观点认为,社会进化应当面向可被接受的社会制度和社群生活的发展与改善,查尔斯·傅里叶(傅里叶、琼斯和帕特森,1996)和后来的马克思(1992)等人对此都有详尽的论述。再后来,又出现了查尔斯·达尔文(2003)提出的生物发展与物种进化的观点,以及查尔斯·莱伊尔(莱伊尔、西科德,1998)提出的关于地球地质构造过程

---

[22] 相关事物之间的主观表达是贝里的思想中最有特色的且值得讨论的问题之一。当然,贝里的观点受到德日进(1960,第92页)著作的影响。德日进论述道:"在神圣的氛围中,宇宙的所有要素相互触碰,而最为中心的那些要素最终留在了宇宙中。"贝里(1988,第135页)就这一问题的论述是:"整个宇宙秩序中的内在性、主观性和神圣性的事实及其价值,被认为是'新叙事'有意义的基本前提。"

的理论框架。然而,上述重要的观点并没有说明:宇宙被证明是在一个不可逆的转化过程中自我演化。

总而言之,贝里的"新叙事"为使西方文化远离人类中心主义,进而走向地球共同体理念提供了一种方案。尽管从观点表述上来看现代叙事有极为宽泛的价值面向,但其特定的应用价值在于为一个更加互惠和共同增进的人与自然关系奠定基础。贝里呼吁道,如果"新叙事"成为了文化的基础,人们将开始按照"新叙事"带来的价值理念来行事——首要的是要按照地球共同体理念来行事。在这个意义上,"新叙事"将在自然世界的边界范围内为"鲜活的人类存在"提供动态的宇宙观。对此,玛丽·伊芙琳·塔克(2006,第154页)认为:

> "新叙事"是特定种类的社会、政治和经济变迁的背景条件和方法……其假定前提是,当一个人的世界观包含有所有生命之间的相关性理念时,那么他的伦理观也会相应地发生变化,将进一步增进人类正义和环境的可持续发展。

## 二、法律变迁与地球法理的全球动态

尽管一些关于贝里"新叙事"的思想可能对人类社会过渡到生态中心主义时代具有必要性,但这些思想并不构成人类社会过渡的充分条件。我们不能轻易提出替代性的"叙事",也不敢奢望替代性"叙事"会被世界范围内的多元文化和法律制度所接受。进一步而言,我们还必须要认识到,仅有对生态中心主义宇宙观的宣示(甚或广泛接受),尚不能使全球工业资本主义停止对地球的破坏行为。相反，我们必须要明确的是，地球共同体等理念何以被法律广泛接受并被吸纳为法律的具体条款。

我对该部分研究的理论基础是社会建构论（伯杰、勒克曼，1966）。社会建构论认为，概念的意义（包括法律概念在内）是不断演化的社会实践和社会价值的产物，而不是某种一成不变的客观事实的表达。然而，在采用这一理论观点时，我将避开对这一领域主流观点作出极度抽象的讨论，而是重点关注具有社会建构属性的法律概念是如何及为何产生意义，以及这些意义是如何变迁的。

正如马克思所说，社会关系和社会行动是社会和法律变迁的一个根本性物质要素。尽管这一要素具有显而易见的重要性，但最近有人指出，"法律学者似乎在一定程度上忽略了有关研究社会运动的社会科学文献的存在。"（鲁宾，2001，第2页）进一步而言，迈克尔·麦肯（2006b，第17页）论述道，"对法律和社会运动的精细研究是法学研究领域非常受局限且边缘化的问题。"麦肯（2006a，第xi页）还发现，"鲜有研究社会运动的专家直接就法律是否以及在何种程度上关乎紧要关头的（社会）抗争进行分析"。法学问题研究和社会运动问题研究之间缺乏相互借鉴是不可取的。特别是，地球法理的倡导者们通过跨学科借鉴，可能会从"解读法律概念的起源和意义的精妙方法"（鲁宾，2001，第3页）中，以及对法律概念如何变迁并适应社会压力的解读中获益匪浅。

在进一步展开深入研究之前，我需要澄清我自己对"社会运动"一词的理解。从当下社会运动发展的目的来看，对其作广义的界定是较为妥当的。理解社会运动的一个较好的起点是西德尼·塔罗（1983，第7页）经常引用的定义："社会运动是特定形式组织起来的社会团体，领导者通过确定不变的持续性行动来实现社会运动的目标,通过对此类行动的动员来达到影响政治制度的目的。"政治学学者查尔斯·蒂莉认为,社会运动是一系列持续性的互动关系,互动的双方分别是权力的拥有者和为了那些无法正式表达意见的选民利益而呼吁的人。"这些人在社会运动中就改变权力的破坏性和运行现状提出了公开、透明的要求和主张,并用公共示威的方式来支持这些要求和主张。"(1984,第306页)后来,麦肯(2006a,第 xiv 页)提出了更为精致的研究观点,他认为:"社会运动绝不仅仅是常见的政治性活动,而是力图在一个更加宽广的范围内实现政治改革。"因此,虽然社会运动因某些现实的短期目标而进行,但实现一个与众不同的美好社会的雄心壮志也是推动社会运动的重要力量(2006a,第 xiv 页)。

正是根据社会运动的上述特征,我把呼吁地球法理的地球运动也界定为全球社会运动的一种形式。[23] 地球法理运动是由分散的公司化的和非官方的社会组织共同组成的网格结构,这些社会组织采取非常多的策略来实现他们的目标(卡里南,2011a,第178—191页;2011b,第12—23页)。尽管在全球范围内存在很大的差异性,但正在发生的社会运动都包括公共教育、学术会议、媒体宣传和社会联络,以及抗议和游行等极具颠覆性的方法,其目的是阻止或颠覆某些现有社会现状。

和其他广受欢迎的社会运动一样,地球法理运动——通过大范围的技术和行动努力——也致力于为政治和法律制度产生结构性的影响。"大自然的权利"这一社会运动就是倡导者和激进分子

---

[23] 在澳大利亚,这项社会运动主要由"澳大利亚荒野法联盟"来承担。参见:http://www.wildlaw.org.au/。

具体践行地球法理的一个非常明显的例证。[24] 虽然我不能用大量篇幅去详细、全面地论述这一社会运动,但它对现有制定法所产生的实际影响却是令人振奋的(伯登,2010b,2011c,2012b;韦斯顿、博利耶,2013)。简而言之,地方性社群组织活动(林基,2010)的直接影响后果是,美国有30个以上的市政当局已经起草并通过了自然体权利法令,以助益于保护当地生态系统免受采矿、瓶装取水和油气钻探(液压碎裂)等工业活动的破坏。[25] 这一成果案例已在国际社会产生了影响,厄瓜多尔在其国家宪法中规定了自然权利条款[26],玻利维亚也在国家层面通过了类似的立法。[27] 就在最近,新西兰的旺格努伊河被赋予了法律人格,当地的毛利人(iwi)[28]拥有代表旺格努伊河提起诉讼的法律资格(夏特沃斯,2012)。

先把策略性、实践性和哲理性问题放置一边,可发现上述实例表明(伯登,2010b,2012b,2014;韦斯顿、博利耶,2013,第68—76页):当下关于自然权利的呼吁为文化和法律的更新提供了重要经

---

24 具体查阅"自然权利全球联盟"。参见:http://www.therightsofnature.org/。

25 比如,新罕布什尔州的巴恩斯特德镇在2008年通过了一项法令,规定:"自然群落和生态系统拥有在巴恩斯特德镇存在和繁衍的不可剥夺的基本权利。"

26 《宪法》第一条规定:"自然,或大地母亲(Pachamama)是生命赖以繁衍和生存的地方,因而也拥有生存、自我保存、自我维护以及更新其生命循环、结构、功能和进化过程的权利。每一个个人、社群或国家都可以要求公共性组织机构承认自然权利。"

27 玻利维亚的法律规定:"地球母亲是一个有生命的动态系统,由不可分割的所有生物共同体组成。共同体中的所有生物相互联系、相互依赖、相辅相成、共荣共存。"进而还在法律中承认了自然的法律权利,特别是"生存的权利、再生的权利、多样性的权利、水体的权利、清洁空气的权利、平衡的权利和生态恢复的权利"。玻利维亚法律规定基础性的生态保护定位应当与玻利维亚经济与社会发展相协调,并要求现有的和未来的所有法律应当与"地球母亲法"相吻合,符合大自然设定的生态限度。

28 iwi 一词在当地的意思是"人民"或"民族"。

验。事实上，当下的自然权利呼吁让我最感兴趣的地方并不是使法律规定了具体的权利内容，而是这些法律产生了更为普遍的抗争活动（自下而上的抗争），并且这种抗争已经成为立法部门应对社会运动压力的方式。这一点非常重要，因为它表明人民团体已经得以组织并互助性地开展工作，以便找到解决某一特定问题的切实可行的方法。建立一种与这些团体自身的历史、地理和面临的问题相匹配的共识。此外，这些团体在建立团结的网格化组织、民主参与机制以及政治竞选获胜的信心方面都具有实践经验。这些经验优势都能帮助民众在环境治理中持续发挥重要作用，以及在确保法律能够以符合民众意愿的途径被阐释和应用方面发挥作用。不仅如此，这些集体性的和个体性的经验为更好地拥有解决根本问题的权力以及建立替代性社会、法律和经济形式的权力奠定了基础。

因此我认为，在探寻个人和社会在精神理念方面的变化以及有关环境的建设的过程中，合作性抗争对于形成有意义且长时期的文化和法律变迁是至关重要的。[29] 此外，法律对社群的授权或所有权规定不能通过常规的自上而下立法程序来实现，而是需要草根性质的社会运动的参与行动能够被社群所享有。在重要的讨论中，法律和法律权利是空洞的符号，因为在某种意义上，法律和法律权利的意义处在众说纷纭的争论之中。赋予权利以某种意义的特别重要性是权利如何才能真实存在的问题，这也是关于哪些共同体或机构影响到权利的具体含义的一个因素。而且，解释力和

---

[29] 在这方面，我赞同韦斯顿和博利耶（2013，第112—120页）的论点："最为重要的前提条件是'自下而上'或发端于草根的路径，特别是那些具有包容性和跨领域性的路径。"

权利起源的问题总是紧密相关的,因为一项既有权利的解释即便只发生了语义学上的转向,那这项权利也可被视为是一项"新生"的权利,或者是一项新的权利规则(巴西,2006)。可以认为,权利的解释和权利的起源之间的密切联系在实践中是不证自明的,而且现今已变得非常普遍。为了确保自己的利益得到保护,金融家和公司必然会影响政治和司法过程——在这一过程中,"新兴"公司权利得以形成——如美国公司影响竞选活动的权利。然而,对权利的解释虽然是一种更开放状态,但地球法理的倡导者、环境保护主义者和反资本主义人士也可以主张对权利增加新的含义,并改变权利秩序的根本方向。当认识到马克思(1992,第344页)所主张的"平等权利方可产生决定"时,这种竞争性过程就成了应对诸如谁的权利得到了法律确认等问题的必需。相应地,对法律或权利所作出的定义或解释本身就是持续性抗争的对象,正如大卫·哈维(2012,第xv页)所说,"抗争的过程必然伴随着对抗争物质化的抗争"。

这种面对物质化权利内涵的抗争为地球法理运动提供了宝贵经验。而仅有"新叙事"是远远不够的。实际上,尽管此方面的某些立法收益取得了一定效果,但我还是认为,如果类似于地球中心主义的时代即将通过民主化进程进入法理,那么地球法理运动还需进一步拓展、组织化、政治化。正是法律变革中出现的"草根"或"自下而上"的理论才成为了权利扩张或道德考虑等法律发展议题的中心(齐恩,2005)。与贝里的论点相左的是,生态主义时代这一视角无法通过一次思想观念的变革就可实现。反而,组织化的抗争对于实现持续性法律变革的效果而言却是必需的,而且这种抗争还应当被定位在与马克思解封的五个传统概念范围的辩证关系之中。[30]

## 第四节 小结

在本章中,我提出了一种以地球共同体为基础的替代性法律研究范式。与现有的人类中心主义法律研究范式完全相反,地球共同体这一概念认为人类与地球密切相关,且依赖于地球。实际上,本章的研究将人类共同体定位为综合性共同体的一个部分。这种综合性共同体包括其他生命形式和无生命物质:环境的存在不仅仅是为了满足人类的需要和爱好。环境在地球进化过程中具有自身独特的历史、实存和功能。

地球共同体的概念在三个显著的科学研究领域得到了学理支持。在微观层面上,量子物理学认为,亚原子微粒是互联性的最佳例证。碎裂后的物质没有任何意义,只有在环境和关系中,物质的意义才能得到最好解读。这一发现进一步又得到了生态科学的支持:生态系统的概念认为,生命有机体和无生命环境是不可分割地联系在一起的。为了更清晰理解这一概念,生态学家采用网络结构语言和系统论,用关系和综合性来描述环境。最后,地球内部综合且互联的运行过程还得到了自创生概念和盖亚理论的支持:地球上的生命和无生命要素的化合作用维系着一个持续性的内在平

---

[30] 或许对于——一个成熟的生态社会应当是什么样子的——这一问题最为综合的分析已由布克金(1987,1990,1996)作出了大致的论述。

衡状态,从这一意义上来说,地球是一个自创生的系统。按照这一观点,我探讨了一个反对整体论(蒂莫西·莫顿最早提出,我在讨论中又作了进一步的补充)的重要概念,即"网格"这一生态学概念。虽然上述讨论的几个分支中的任一分支都不能成为研究地球共同体问题的唯一理论表达,但从本章的探讨中可以明显地看出,每一分支都是对地球法理这一根本性观点的强化——人类仅仅作为更为广延的地球共同体的一部分而存在。

按照以上观点,我论述道:为了使地球共同体的原则对法律的内容产生影响,必须要在文化中确立一种地球共同体原则转化为法律的机制。我依照贝里提出的另一种宇宙观或"叙事"解决了这一问题。贝里的"新叙事"提出了一种宽泛的历史性叙事,这一叙事始于宇宙创始之初的原始流星,并一直持续到现在。这一叙述使用的是科学语言和数学式的宇宙观,因而不同于传统的西方文化叙事(西方文化叙事提出的是人类中心主义世界观)。这一叙述因此也是地球共同体原则成立的前提。在构建"新叙事"的过程中,贝里所期望的是促进更为密切的人与地球的关系。他期待"新叙事"能够改变人类的价值观和伦理观,并影响到包括法律在内的人类社会制度体系。

按照马克思的社会学分析方法,我赞同关于社会变迁的研究中更为复杂且多元的理论——这一理论呼吁诸如"新叙事"之类的思想观念应当与科技、人与自然关系、生产过程、日常生活的生产和再生产以及社会关系协同进化。虽然更为有力的论证能够说明这些领域当中的任何一种,但我所关注的重点是社会关系或社会运动在提高法律变革的成效方面所发挥的极具战略性的引领作用。我的观点是,全球地球法理运动是贝里所提倡的生态中心主义时代实现的必要条件——然而要真正实现这一目标,地球法理运动尚需政治化、组织化和有力的抗争。

  至此,我要转而思考人类制定的法律何以能够应对地球共同体范式的问题。在第四章中,我简要梳理了贝里提出的另一种被称为地球法理的法律理论。地球法理是对主流的人类中心主义实证法哲学的代替,其目的在于使地球共同体的概念融入到人类制定的法律之中。接下来在第五章中,我讨论了地球法理在我们的财产制度中的应用,以及对私有产权理论自身的影响。

# 第四章　地球法理的理论

> 尽管我们与复杂的生命共同体构成了一个不可分割的整体，但我们还是不大情愿通过法律、道德、教育或其他人类从事的活动来认可这一点。(贝里,1988,第21页)

## 第一节　概要

在本章中，我不再惊愕于宇宙理论，也不再自傲于社会抗争之中，而是致力于法理的分析传统。虽然我意识到法理是实现广阔的社会变迁的一种工具，但我的观点仍然是：推测另一种不同的生态性法律概念是什么，也是非常有意义的。形象地说，法理是实证法的灵魂或想象的观念。法理设定了自身的格调，建立起了自身的指涉模式，并提供了制定和解释法律的思想背景。的确，法理阻却那些以权力和金钱影响法律制度运行的公然行径。带着这一想法，我在本章中主要关心的问题是解释并进一步发展贝里关于法律的碎片化论说，并提出地球法理的理论。

在本章第一部分，我对那些倡导地球法理的著名学者的文献和观点作了概括。依据这些文献，我将地球法理放置在宽泛的自然法哲学架构中进行思考。然后，我论述了地球法理的法律类型。

## 第四章 地球法理的理论

我认为,借由贝里的论说,可以得出一个结论,即同一个层级中存在两种现存"法律"。处于顶端的是"伟大之法",代表着地球共同体的基本原则,可以借助生态一体性这一科学概念来衡量。低于伟大之法的是人定法,可以定义为人类的主权者详细制定的规则。人定法与伟大之法相一致,且因整体性的公共福祉而创制。

本章也探讨了伟大之法与人定法之间的相互关系。特别是,我认为贝里的观点是人定法从伟大之法中获得其法律属性和权威性。伟大之法在国家宪法等实证法中是显而易见的,当然,伟大之法也可能存在于一个共同体内部的非官方或"地方法"之中。无论是在国家实证法中,还是在地方性非官方法律中,伟大之法总是作为根本标准或人定法的衡量标准而存在。不仅如此,与伟大之法相抵触的法律以及对地球共同体的健康和未来发展存在风险隐患的法律则被认为是破败的法律,因而不具有法律的属性。一项有缺陷的法律不可能在道德意义上与全体民众的意愿相一致,因而民众对于旨在变革这种有缺陷的法律的违法行为也会有一个道德上的判断。[1]

---

[1] 在提出这种解释的过程中,我要感谢科马克·卡利南(2003,第84页)提出的地球法理构想。正如在下文中详细论述的那样,卡利南依据伟大法理(伟大法理是支配宇宙运行的根本性法理或原则)来探讨地球法理。在卡利南看来,地球法理可被视为伟大法理的一个特别情形,它将宇宙原则应用于地球的治理性、社会性和生态性进程之中。宇宙原则体现在国家法的条款中,就是卡利南所称的"荒野法"。我对地球法理的解释与卡利南不同,而是主要源自于贝里(1999,2006)和阿奎那(1997)的著述。正如本章讨论的,伟大之法所关注的重点是可辨识的生态概念(如生态一体性),而不是宇宙的普遍原则。此外,我明确地论证观点是,地球法理是自然法理论的一种类型,进而把伟大之法定位为一种法律属性的间接衡量方法。这必然将产生对法律权威性和违法行为判断的怀疑。最终,我通过对地球法理的解释,提出:伟大之法是一个具有目的性的框架设计,地球法理与人定法一起实现了地球共同体各方面的普遍利益。

本章所探讨的地球法理理论为第五章的研究奠定了基础。第五章探讨的内容是地球共同体之于财产法的含义，以及私有产权的概念。

## 第二节　何为地球法理？

地球法理是法哲学中的新兴领域，最早由托马斯·贝里于2001年（卡利南，2011b，第12—23页）提出。关于地球法理的起源，可谓众说纷纭。一种可靠的解释认为，地球法理是对当下环境危机（已在第一章"概述"中有所交代）的一种回应。地球法理也被认为是批判法学理论的一种形式。就这一点而言，地球法理的倡导者们或许会赞同早期批判法学研究提出的原则，特别是对特定社会关系和非法的等级制合法化的法律批判。[2] 地球法理也是环境运动和环境哲学发展的必然结果。联系起地球法理的各个要素的是这样一个观念，即社会和法律秩序中体现出来的是有害且过时的人类中心主义世界观。地球法理分析了法律在建构、维系和保持人类中心主义理念上的贡献，也探究了人类中心主义思维逐渐被瓦解并最终消除的各种方式。

作为先驱，贝里是地球法理的主要倡导者。贝里坚定地批判人类中心主义范式及其在西方法律中的延展。他的重要随笔——"地球生存的法律环境"（2006，第107—112页）认为，当下的法律制度"鼓励开发行为，而不是保护自然世界免受工业经济的残忍破

---

[2] 需要注明的是，批判法学研究的倡导者们很少论及环境问题。

坏"。贝里也批判了法律实证主义,因为法律实证主义把"抽象的"范畴或原则视为人类社会的最高权威。他指出:"人类通过自我确认的方式成为个体或政治共同体",而不会按照"天地之间"(卡利南,2003,第13页)的某种更高权威来行事。贝里还批判了现代私有产权概念,认为现代私有产权是准许人类开发自然的装置(1999,第61—62页),也是对人类共同体之外各种权利的熟视无睹(1999,第5页;2006,第107—112、150—151页)。

1987年,贝里开始着手研究人类社会为了回应"新叙事"(已在本书第三章讨论过)而对其法律理念和法律制度进行变革的方式。他的大多数观点指涉较为宽泛,这在他早期发表的论文《有活力的人类》(1987,第5—6页)中已有体现:

> 普通法传统的基本出发点是人的权利,因而自然世界只是为了满足人类利用的需要而存在。没有法律条文承认非人类的生命体是享有法律权利的主体……认为自然世界仅仅为了人类获取财富以及为了人类无穷无尽的利益而被利用的幼稚推论是不能接受的……为了实现一个富有活力的人类—地球共同体,必须要建立新的法律制度。这项新的法律制度的首要任务是明确规定使地球能够一体化运行(特别是按照相互增进人类—地球关系的方式运行)的条件。

"相互增进"的观念是地球法理的基础。第三章已经探讨过,人类与环境密切相关,且依赖于环境而生存。那种认为人类利益的实现是以牺牲地球共同体的利益为代价的观念其实是一种幻觉。恰恰相反,地球共同体的健康和繁荣是人类存在的前提条件。

这就需要对那种认为自然为了人类的利用而存在的人类中心主义观念作出变更，进而"相互增进"人类—地球之间的关系（贝里，1999，第3页）。此外，地球法理认为，地球共同体原则不但与人类法理的理念相互关联，而且对于人类法律理念的形成非常必要。

虽然不是非常明确，但也可以从贝里的著述中得出一个结论，即"法"在等级上有两种不同的存在类型。第一层级的法是伟大之法，指的是地球共同体的原则。第二层级的法是人定法，指的是由人类权力机关清楚规定、具有约束力的规范。人定法是与伟大之法相一致，且基于整个地球共同体普遍利益的实现而被创制的。

在伟大之法和人定法的相互关系上，有两点特别之处。其一，人定法的法律属性和道德力量源自于伟大之法。因为人类作为相互关联且相互依赖的共同体的一部分而存在，因此只有指向整个地球共同体普遍利益的条款才具有法律属性。在涉及环境或人类—地球相互关系的决策中，妥当的方法是按照伟大之法创制人定法。而且立法者拥有充分的自由和立法权威来创制这样的人定法。其二，任何与伟大之法相抵触的法都是对法律的破坏，在道德上无法与民众的意愿相一致。

熟悉法哲学的人都清楚地知道，不同法律类型之间的关系及各自的基本结构与托马斯主义以及新托马斯主义的自然法传统相类似。琳达·沃伦（2006，第13页）对它们的相似性有如下评论：

> 乍一看来，相似性似乎是显而易见的。自然法的经典教义是建立在永恒不变的法律本体，即自然法存在的基础之上。自然法被认为是一种更高层级的法，是否与自然法相抵触成为判断"普通"法律是否具有道德性的依据。这种更高层级的

法可由人们通过推理过程而发现。

然而,地球法理的倡导者大多轻视自然法哲学的意义,而是在实证主义与自然法之间的对抗中枉费精力(博塞尔曼,1995,第236页)。[3] 但是,当这种对抗在法哲学领域占据一定的位置时,必须要明确两种思想之间的对抗是没有意义的。玛格丽特·戴维斯(2008,第79页)指出:"一切都取决于自然法与实证主义持何种观点。"比如说,那些认为——议会创制的不具有道德性的规则不是真正意义上的法律——的人,提出的观点与那些认为——法律只有当权威的立法当局明确制定后才具有法律地位——的人的观点是相互矛盾的。而且,主张客观道德性的人提出的观点直接相悖于那些认为道德性是武断的、相对的人的观点。当然,上述论述并不是理解自然法与实证主义之间关系的唯一途径(贝莱威尔德、布朗斯沃德,1985)。

关于自然法与实证主义之间关系的另一种观点来自自然法学者,认为不正义的法律仍然是法律,但这种情况下的立法者应当遵循自然法。按照这种解释,法律与道德之间没有必然的联系,但二者之间的一致性却更为突出。客观道德性的存在是成立的,同时还成立的是:立法者可以制定不正义的法律条款并以国家强制力予以实施。这种类型的自然法理论与实证主义是不矛盾的,因为

---

[3] 关于这一点的论述,博塞尔曼(1995,第236页)认为:"在结构意义上,立足于生态中心主义的价值观是面向自然法理念的转向。根据这一理解,许多论者主张在自然法的意义上理解地球法理。我认为没有必要回归到自然法的意义上理解地球法理,当然也不否认自然法的作用。至少自然法在讨论实证主义与自然法之间的虚妄对抗中具有一定的价值。"

作为法律两个系统(具有客观道德性的自然法系统和不具有道德性的实证法系统)是可以共存的(麦考密克,1992)。只不过自然法被认为是"更高层级"且必须要实施的法律。

有观点认为地球法理拒绝援用自然法的框架,对这种观点的主要批判在于:相对于生态中心主义法哲学而言,自然法所延续的人类中心主义的和家长制的遗产使其成为一种贫瘠且易于被混淆的理论(卡利南,2003,第77页)。毋庸置疑的是,这种批判强有力地支持了托马斯主义和新托马斯主义自然法传统的诸多分支理论。然而,必须要明确的是,除了托马斯主义的解释之外,自然法还有其他多种存在形态。

或许,与本章探讨的地球法理最相关的是奥尔多·利奥波德提出的自然法意义上的环境伦理学。该伦理学思想在他的《大地伦理》一文(1986;另可参见恩格尔,2010;罗尔斯顿,第三版,1986)中有详细的论述。在该文中,利奥波德从个人经验、科学观察和理论以及归纳推理等角度入手提出了自己关于生态整体的本体性和道德关联性(恩格尔,2010,第35页)——或莱奥纳多·波夫所谓的"地球尊严"(波夫,1997,第87页)——的见解。举例来说,在论证这一问题的三段论中,利奥波德从"是"推导出了"应当":

1. 所有的伦理都建立在一个唯一性前提之下,这一前提是:个体是相互依赖的要素组成的共同体中的一员。
2. 我们都是大地共同体的成员。
3. 因此,我们都应当像在人与人的关系中遵守一定的约束一样,在人与大地共同体其他成员——如土地、水体、植物和动物——之间的关系中遵守相同的约束。

4. 因而,大地伦理就是:能够保护生物共同体的一体性、稳定性和优美性的行为和事物就是正确的。否则,这些行为和事物就是错误的。[4]

沿着利奥波德的思路,阿恩·纳斯进一步在《浅层与深层:长期的生态运动》(1973)一文中研究了立足于自然法的环境伦理学。纳斯在该文中提出了"内在价值"的观点,认为"内在价值"是人类敬畏自然这一义务的根基。此外,汉斯·乔纳斯于1979年发表了题为《责任的绝对命令》的文章,该文以自然法为基础,认为只有建立在每一有机体"是"生命这一内在目的性基础上的伦理观才足以说服人类采取保护环境的必要行动(恩格尔,2010,第35页)。

按照环境伦理学的这种传统,我认为贝里的法学著述以及他所划分的法律类型都是在自然法框架内非常准确的表达。特别要说的是,贝里提出的要把生态中心主义理念内化为人类法律的理念和他对"更高层级法律"认知的观点,不能完全适应法律实证主义的约束或法律的其他自我指涉概念。此外,按照男女平权主义神学家卡罗尔·克莱斯特的推论,我认为人类不应当简单地抛弃一个否定性的词汇或概念,而应当尝试从中发现新的内涵,因为"心灵会回想起危机、防卫或失败发生时的情状"(克莱斯特,1979,第275页)。因此,尽管托马斯主义的自然法传统在历史意义上具有人类中心主义和家长制倾向,但本文却要尝试挖掘其中具有生态中心主义属性的内容。

接下来,我转而开始详细地论述贝里提出的法律类型。因为

---

[4] 这一三段论是恩格尔(2010,第35页)提出来的。

贝里只对法律类型的内容作了零碎的论述,因此我将根据贝里的精神导师——圣托马斯·阿奎那的论著进一步阐述他的观点。基于我的研究目的,我认为贝里的比较研究为他所指的"地球法理"提供了最为独特的研究视角。我同时还认为,比较研究最契合贝里的论述。

## 第三节 地球法理的法律分类

1934年,威廉姆·南森·贝里成为天主教修道院的一名苦难会修士。因为在1942年被选任为牧师,所以他将自己的名字改为托马斯,以纪念多明我会的天主教牧师托马斯·阿奎那。阿奎那对贝里思想发展的影响已被许多论者(福克斯,2011,第16—31页)所记载,贝里自己也多次承认这一点(1999,第vii页)。可能只有在法学研究方面,阿奎那对贝里的影响不是很大。在本节里,我梳理了阿奎那提出的法律框架——特别是他所指的"更高层级"的法。阿奎那的法律框架对贝里的地球法理思想产生了非常重大的影响。

自然法传统是阿奎那留下的最为重要的法理学遗产,也不断激励着一代又一代的新托马斯主义理论研究者(比克斯,2004,第9页)。在阿奎那看来,"法律"一词经常被类推适用,且各种适用中没有一种始终如一的含义(麦金纳尼,1966,第vi页)。他的法律理论把法律分为四种层级类型。在该层级的最顶端是永恒法。永恒法由上帝赋予的规则和神圣的天意构成,支配着整个自然界(麦金纳尼,1966,第ix页)。处于第二层级的是自然法。自然法是永恒

第四章 地球法理的理论

法的分支，人们可以通过希腊学者概括的直觉和演绎等专门的推理过程发现自然法（哈里斯，2004，第8页）。而处于第三层级的神法则是指圣经中所描述的上帝之法。处于该层级最底端的是人定法。人定法是由立法者基于人类社会的共同福祉而明确规定，且经得起理性推理的规则构成。

关于该层级的构成，拉夫·麦金纳尼（1956，第 vi 页）有如下论述："认为上帝对宇宙的支配就是'法'，以及认为人类从自然界学习到的关于我们应当如何行事的法则就是'法律'的观点，极易使我们产生困惑，因为'法律'一词的主要意义会成为权威者作出的关于人类如何行事的指令。"然而，可从阿奎那《神学大全》中关于探讨"法律本质"的第90个问题中清晰地得出：在使用"法律"一词时，他首先想到的就是人类的制定法（麦金纳尼，1998，第611页）。另外，在第四章的第90个问题中，阿奎那（1996，第10—11页）认为，法律"无外乎是一种基于公共利益的理性规则，应当由关心共同体利益的主体制定并颁布实施"。阿奎那关于法律层级类型之间的关系，以及地球法理概括出来的关于法律层级类型之间的关系可见于表4.1。

表4.1用非常基础的方法表明了地球法理与阿奎那的自然法理论之间的结构性关系。两种理论都采用了法律的层级视角，探讨了它们各自独特的观点之间相互冲突的后果。永恒法和神法两种类型在此不予讨论。阿奎那（1996，第29页）认为神法是圣经所讲述的启示。贝里在自己的论述[5]中刻意回避了对阿奎那这一观

---

5　贝里（1996）认为："我们需要把圣经束之高阁二十年之久，直到我们学会了生活的圣经为止。"贝里（1999，第71页）进一步论述道，"作为面向有活力的人类生活方式的首要指导原则，最为行之有效的安排就是地球自身的安排。"

145

点的引用,因为引用阿奎那的神法理论无益于从现实角度研究地球法理。在阿奎那看来,永恒法是其他法律类型的渊源或基础。他(1996,第46页)在第四章第93个问题中将永恒法界定为"上帝作为宇宙的统治者而支配万物的真正理念"。换句话说,永恒法是用以统治的神圣制度,是天意,也是神圣的安排和永恒的宇宙秩序,因而是其他各类型法律的衡量标准。由于阿奎那本人的宗教背景,我们或许能够据此作出相应的判断——贝里是否应当在深入研究地球法理的过程中引用永恒法的观点。我发现,有一些证据可表明贝里放弃了援引阿奎那的永恒法理论。[6]当然,对这一问题的回答已经超出了本章研究内容的范围,而且对于我拟从现实角度研究地球法理而言是没有必要的。

表4.1 自然法与地球法理

| 自然法 | 地球法理 |
| --- | --- |
| 永恒法(天意) | 不适用 |
| 自然法 | 伟大之法 |
| 神法 | 不适用 |
| 人定法 | 人定法 |

---

6 贝里不引用永恒法观点的可能性证据可见于贝里(1988,第20页)的这一观点:贝里认为人类应当按照宇宙理性法则认知世界和行事,他认为这就是"人类智慧的终极形式"。"逻各斯"(logos,即理性法则)一词可追溯到古希腊时期的赫拉克利特哲学。赫拉克利特引入了"逻各斯"一词,并用它来表达一个类似的固有概念——支配宇宙的神圣智慧和理性原则。逻各斯与目前的研究有一定的关联,因为在劳埃德·魏因勒卜(1987,第56页)看来,"永恒法不过就是逻各斯的基督教表达方式和柏拉图式的研究视角(就是用整体的美德和对整体进行保护的方法安排宇宙秩序)。"

## 一、伟大之法

在我对地球法理的阐述中,伟大之法是一个贝里所指的生态学共同体概念。更为具体地来说,我用伟大之法的概念来表明人类与自然之间的互联性以及地球共同体的生态一体性。为此,地球法理中的"自然"一词与托马斯主义的自然法理论中的"自然"一词有不同的内涵。在托马斯主义的自然法理论中,"自然"一词特指由人类理性推理得出的"宇宙真理"。

贝里(2006,第20页)认为,人类社会应当将关注点从人类拓展到更大的范围之中,进而认识到"现存至高无上的地球治理是一个独立且内在相互关联的共同体"。贝里(1999,第64页)指出,自然世界的定位让人类活动更有活力。他还主张,"地球"是人类最主要的老师和立法者。重要的是,为了建立这一论证,贝里没有用浪漫主义或利他主义的方法论述"自然"或地球共同体。[7] 他论述的重心是自然的超道德地位以及突破生态限度所产生的致命后果(贝里,1999,第4页)。

科马克·卡利南的《荒野法》是第一部尝试具体研究贝里的传统法律形式的著作。卡利南(2003,第84页)在本书中从广义角度把伟大之法[8]界定为"支配宇宙运行的法律或原则"。他同时还指出,"从有着共同渊源的角度来看,各种法律都是永恒的、统一的。"伟大之法表现为宇宙自身的样子,可以通过"引力现象""星球间的

---

[7] 指的是使用(包括滥用)"自然"一词的那些极富批判性的文献。

[8] 卡利南(2003,第84页)使用的是"伟大法理"一词,而不是"伟大之法"。为了论证的清晰和思想的连贯,我在全文中使用的是"伟大之法"一词。

准确位置""星球的成长"以及"黑夜与白昼的循环"(卡利南,2003,第84页)等规律而被人类认知。

卡利南并不是唯一一位试图说明人定法应当符合于所谓的"自然之法"的学者。比如说,克劳斯·博塞尔曼(1995,第73页)就希望有一天"人类能够在社会的法律和自然的法律之间实现协调一致"。[9]然而,在进一步讨论之前,重要的是要停下来开始思考这一问题,即按照"自然之法"来论证地球法理对于人定法而言是否是可行的。特别是,我们需要准确了解什么是"自然之法"。

通过仔细梳理科学研究文献可以发现,学者在研究这一看似简单的问题时完全缺乏共识(阿姆斯特朗,1983;柯德,1998,第805页)。为了回答这一问题,两种相互之间完全相反的哲理性论证观点不断发展了起来。持第一种观点的学者被称为"宿命论者",他们认为自然界存在真正的必然性,必然性存在于超越或高于规律性的层面上,而法律的陈述就是这些必然性的表达方式。持第二种观点的学者被称为"规则论者",他们认为不存在必然性,而只存在规律性,即相互关系和模式,而法律就是规律性的表达方式(柯德,1998,第805页)。

两种哲理性论证观点提出了四个相互关联的问题:1.法律陈述的语义学内涵;2.有关法律陈述指涉"事实"的形而上学问题;3.与获取法律知识的请求得以成立的正当性基础有关的认识论问题;4.对科技法诸种作用的解释(胡克,2005,第550页)。在回答上述问题的时候,两种论证观点都遇到了一定的困难。C. A. 胡克(2005,第550页)举了一个中肯的例证:

---

9 也可参见罗宾逊(2010,第8页)的观点:"我们还远远没有认识到人定法与自然法之间协同一致的客观需要。"此外还可参见韦斯顿和巴赫(2009)的观点。

## 第四章 地球法理的理论

像第一种论者所主张的观点那样,如果自然界存在必然性,那么我们如何能够准确地识别出这些必然性呢:我们如何能够把某一种经由归纳而确定的规律性认为是法律呢?另一方面,如果像第二种论者所主张的观点那样只存在规律性的话,那么是否意味着我们的直觉和科学实践都是错误的,是否也意味着法律与偶然性概括之间没有真正的差异性?

把上述讨论的问题综合起来,就是由现代科学和诸种法律、规律性以及因果之间关系形成的广义法律。除此之外,还有一个问题则是广义法律与人定法之间关系的极度不确定性。比如说,牛顿的运动法则和波义耳的质量和压力法则何以为法律的起草起到有价值的促进作用?难道可能的意义就是形成一种能够支配人际关系和人们行为的制度吗?又通过何种机制可以使某些法律优先于其他的法律呢?对于这些问题,我的观点是,即使就"自然之法是什么"的问题能够达成共识,要说明这样一个宽泛的论题如何帮助人类社会的立法者,或者如何有助于解决与我们的法律概念相关的法理学问题,却依旧是困难重重。

反而,我更倾向于根据普遍的自然法则来研究伟大之法。我认为,伟大之法应当被限定在生态科学的范围之内,并根据生态一体性等概念对其予以把握。[10] 采取这种路径的目的是,通过对可直接验

---

[10] 安德鲁·坎布雷尔(2008,第5页)提出了关于这一问题的另一种观点,其观点是:"根据现代生态学提供的深刻洞识,我们已经能够支持目的论意义上的自然法理论,并有效地把自然法与自然之法结合起来。"还有其他的观点也说明了这一点,如马洛尼(2014)就主张,对伟大之法的把握应当按照洛克斯特姆(2009)提出的"地球安全界限"这一概念来进行。

证的信息作出规范性标准的规定,来增进科学与法律之间的关系。

"生态一体性"一词作为阿洛德·利奥波德经典的"大地伦理"(1986)的分支性伦理学概念而最早出现,并且已经在美国的《清洁水法案》(1972)[11]等立法文件中得到了明确肯定。从广义的角度,生态一体性旨在建立一种全球与地方之间的关系模式,在这种关系模式中,全球是由组成它的多样性地方成员的独特性构成,而且地方的这些独特性之间的关系以及地方独特性与地球之间的关系共同构成了一个整体。因此可以说,生态一体性为地球的文明化进程(全球层面、跨国层面和地方层面)提供了标准、确定了基线。生态一体性不仅描述了一个健康且可持续的文明体和生态圈所具有的基本特征,而且还描述了与我们即将进入的生态中心主义时代相适应的伦理观和治理政策。

正如劳拉·威斯特拉(2005,第574页)所说,一体性这一类概念"指的就是一个有价值的整体,或者是成为整体或未衰减、未损伤的状态,或者是一个完美的状态"。因为人类无节制地开发自然环境,只有荒野自然还是生态一体性的典范。

在生态一体性最为重要的构成要素中,第一个是,特定区域的生命具有再生和随着时间不断进化的自创生机能(斯温、贝里,1992,第75—77页)。因此,一体性为特定的生态系统的进化和生物地理学进程提出场景分析的路径(昂尔梅尔、卡尔,1994)。第二个构成要素则是维持当地生态系统的必要条件(卡尔、朱,1999)。气候环境和其他生物物理现象也可被视为是相互关联的生态系

---

[11] 该法101(a)节所规定的立法目的是"恢复并保持国家的所有水体在化学、物理和生态上的一体性"。

统。第三个构成要素是,生态一体性"既具有内在价值,也具有外在价值,因为它把科学和公共政策议题联系在了一起"(威斯特拉,2000,第20页)。要弥合科学和公共政策议题之间的分歧,复合性的"生态一体性指标"等模型能够让科学家们得出一个关于系统偏离于可验证的一体性水平(根据荒野自然的基线环境来确定)幅度的大致结论(卡尔,1996,第96页)。这样一来,一体性的退化和减损就是按照这一基线标准(威斯特拉,2000,第21页)确定的各种人为诱发的后果(既包括肯定性后果,也包括否定性后果)。第四个构成要素是,如果具有妥当的法律主体资格,那么"生态一体性"就能认识到生态系统的内在价值,并有助于抑制人类社会的过度发展和对自然的超量开采。

生态一体性具有三重伦理性要求:1.自治价值,即每一个生态实体和地方实现自身利益的价值;2.关联性价值,即每一个生态实体和地方实现相互之间利益的价值;3.地球共同体价值,即世界作为各生态实体和地方之间关系和行为构成的客观整体而具有的系统性价值,以及世界作为各生态实体和地方必需的构成性基质而具有的价值。如果我们要实现全球与地方关系满足生态一体性要求,那么我们必须同时要在地方、跨国和全球几个层面同时行动起来。

从生态一体性的描述性科学转向基于伦理性要求的规定性语言,这需要我作出进一步的研究。的确,从描述到规范的路径就是道德哲学领域最危险的路径之一。谁在这条路上走得越快,就越容易被扣上"自然主义谬论"的帽子。[12] 大卫·休谟(2002,第302

---

[12] 可参见阿特菲尔德(1994,第127—134页)的观点。阿特菲尔德指出,在思考生态原则的时候出现的事实与价值之间的鸿沟或许可以通过含蓄的方法而桥接起来,如"你应当保护生态系统的一体性"。

页)对这种谬论作了如下概括：

> 在我所遇到的每一个道德体系中,我一向注意到,论者在某一时期内是按照平常的推理方式进行的,确定了上帝的存在,或是对人间琐事作了一番议论；可是突然之间,我惊奇地发现,我所遇到的不再是命题中通常的"是"与"不是"等联系词,而是没有一个命题不是由一个"应该"或一个"不应该"联系起来的。这个变化虽是不知不觉,却有极其重大的关系。因为这个应该或不应该既然表示一种新的关系或肯定,那么就必须对其加以论述和说明；同时对于这种似乎完全不可思议的事情,即这个新关系如何能由完全不同的另外一些关系推出来,也应当举出理由加以说明。

休谟在该段落中阐明了一个逻辑观点,那就是关于命题之间关系的论断。休谟的意图是想剥夺自然法哲学家们"无比崇高的哲学武器"(哈里斯,2002,第13页),即演绎三段论。[13]

自休谟以来,还有一些学者也作出了三段论推论：1.自然界万物都是相互关联的；2.人类是自然界的一部分；3.因此人类应当以承认相互关联性的方式行事。在这个三段论中,结论部分有一个在前提中不存在的系动词,那就是"应当"。尽管承认并回应相互关联性的理由有成百上千个,但逻辑推理并不是这成百上千个理由中的任何一种。彼得·辛格(1981,第79页)按照自我保存的伦理学思想阐释了这一推理：

---

13　三段论是由三个部分组成的逻辑论证过程：1.大前提；2.小前提；3.结论。

公牛正在横冲直撞,这是一个事实。这一事实必然会产生一个想法——"快跑开!"这只是我在情急之下基于活命的欲念而产生的想法。如果我想要自杀,而且还让保险公司误认为是一起意外事件,那么这种想法就不适用了。[14]

同样的情形也可适用于环境危机。并不能从世界在生态灾难的边缘摇摇欲坠这一事实中逻辑地推导出人类应当改变他们的行为这一结论来。这只是我们在情急之下为了能在一个安全和可持续的世界生存而产生的想法。[15] 毕竟,人类的繁衍生息只是一种选项,而并不是注定的必然性。

为了避免论证陷阱,地球法理迈出的第一步就是朝向规范性结论,并依赖于人类的意志和合理性,从而实现与自然主义谬论之间的桥接。霍姆斯·罗尔斯顿三世(1986,第15页)认为,"违反生态法就意味着对先在的道德应当性的漠视。"这一立场是对人类的自由裁量权和立法权威的保留。然而,地球法理也致力于提出"行动理由",以便强制人类有意地促成人定法与伟大之法的结合,从而确保生态一体性得到尊重和终极保护。

## 二、人定法

在《神学大全》第四章第90个问题中,阿奎那(1956,第10—11页)将人定法界定为"一种为了公共福祉而进行推理的规则,由关

---

14 辛格提出的另一部分批判观点,可参见里昂(2011)的论述。
15 为了人类的生存这一假设遭到了弗洛伊德(1989)的怀疑。他认为人类存在着"死亡本能"。

心共同体利益的主体制定并予以颁行实施"。

对地球法理提出的人定法进行描述,需要上述概念中的许多要素。比如,我对地球法理的描述是沿着阿奎那界定公共福祉的路径展开的,该路径依据的不是功利主义衡量方法,而是能够得到一个健康且未来繁荣的共同体环境的方法。[16] 需要对两种细化的论点作出简要的概括:1. 在地球法理理论中,"公共福祉"可理解为是整个地球共同体的福利,而不仅仅是共同体中人的福利(贝里,2006,第149页)。虽然这种观点孤立了人类的繁荣发展,但也限制了自由行动的范围,让人类的行为与地球共同体的繁荣发展相协调。在这一意义上,地球法理密切关注的是生态一体性和环境的健康。2. 通过对科学性描述的方法,补充了阿奎那的推理性主张。正如地球法理所阐明的那样,通过深思熟虑承认这些标准就是其合理性含义的应有之义。

根据上述论点,我把人定法定义为依赖于伟大之法而存在的规则,由人类权力主体为了整体的共同福祉而明确规定。前文的讨论已有述及,这一定义与法律实证主义的概念相抵触。而且,地球法理使人类制定有约束力的共同体规范的推定权限得以保留。此外,实证法在实现社会利益或公共福祉时需要国家法发挥作用或公共行为协同一致,而地球法理对实证法在这方面的贡献是毋庸置疑的。地球法理与法律实证主义之间的区分其实是几处微小的差异,但这些差异性却具有重大的理论意义。

---

[16] 要注明的是,阿奎那也用类似的表述界定了公共福祉。功利主义视角下对自然法的描述在约翰·菲尼斯(1980,第193页)等新托马斯主义学者的论述中有所体现。

第四章　地球法理的理论

地球法理与法律实证主义之间最为明显的差异性在于是否主张有一种在人定法之上的"更高层级的法"。进一步而言,地球法理认为人定法应当是一种具有目的性的规划。这种对法律的目的性描述是与阿奎那的观点相一致的,也与现实主义自然法理论家朗·富勒(1964,第53页)的观点相一致。比如说,阿奎那(1956,第6页)在《神学大全》第二章第90个问题中就有如下的论述:

> 既然法律的主要目的是实现公共福祉,那么其他有关个人事务的规则必然就没有法律的属性,除非这种规则涉及公共福祉。因此,每一部法律的目的都是实现公共福祉。

富勒(1964,第123页)也赞同上述论断,认为法律的核心目的是人类的繁荣发展,以及人与人之间的共存与合作。[17] 从这一点来看,在没有弄清楚"公共福祉"的意义以及为此所做的努力之前,是很难真正理解人定法的。然而,尽管自然法哲学只按照人类的标准界定共同体的各项"参数"(菲尼斯,1980,第134—161页),但地球法理所关注的是整个地球共同体。

本章第一节"概要"部分已经论述到,无论实证主义法学理论家们如何否认,对地球法理提出的人定法作出的目的性解释并不必然与法律实证主义相冲突。事实上,像经常被公认的那样,如果目的性观念和公共福祉是法律发展的重要要素,那么就很难理解持排他性态度(即法律实证主义排他性地只从人类的角度思考问

---

[17] 在富勒看来,法律的目的就是秩序。这与托马斯主义和新托马斯主义传统形成了鲜明的对照,因为后者更关注于人类的公共福祉。

题)的合理性(弗里曼,2008,第50页)。正如富勒(1956,第697页)所论述的那样,在"区分事实性描述和价值性判断"的基础上排除法律理论中的价值理念部分的做法,是完全不得要领的。当然,社会实践和法律制度"就其属性而言",是一种为了实现公共福祉等价值理念的具体行动(富勒,1956,第697页)。

在这一视角下,立法机关并不是具有不受制约的创制法律的自由。立法机关必须要承认并回应那些影响法律目的(即实现整体的公共福祉)实现的因素。具体而言,并不是每一项人定法都会受到这一标准的影响。比如说,地球法理与刑法或合同法之间并不具有明显的或直接的联系。而且,不同于自然法哲学的托马斯主义传统,地球法理并未进入广阔的伦理学论证之中,也没有表达关于兴趣性的观点,以及关于生死的问题。反而,地球法理主要关心的是环境和人类的问题——地球各部分之间的相互作用。举例来说,地球法理对财产法、环境法、规划法、自然资源管理以及遗产保护具有显著的意义。不仅如此,迄今为止的所有环境恶化都与人类的开发行为有关,因而地球法理可为人权法(这一领域的传统是捍卫人类中心主义这一根基)奠定法理学上的基础。

如果采取目的性和功能性路径来审视法律,那么接下来重要的事情就是要甄别哪些法律与这一标准相违背。下一节将讨论这些问题,重点是伟大之法作为人定法的运行标准和法律属性的衡量标准的问题。此外,一般而言,与伟大之法相冲突的法律被认为是有缺陷的,而且对民众没有道德上的约束力。从这一角度来看,在法律的权威性遭受挑战或发生公民非暴力不合作行为时,地球法理能够从法律上提供正当性的基础。

## 第四节　伟大之法与人定法的互动

到目前为止，本章已经梳理出了伟大之法和人定法这两种法律的类型。对伟大之法的描述所依据的是地球共同体的生态主义原则。而人定法被描述为人类立法机关制定的规则，这种规则与伟大之法相一致，且为了实现整个地球共同体的福祉而被制定。关于这两种类型法律之间的互动关系，本节将探讨、分析其中的两个方面。其一，只有符合伟大之法并直接指向整体性公共福祉的规定才具有法律属性。其二，与伟大之法相冲突的所谓的法律被认为是有缺陷的，或者这种所谓的法律仅仅是对真正的法律的破坏，且不能对民众产生道德上的约束力。因此，地球法理为公民的非暴力不合作行为提供了正当性基础。接下来我将轮流讨论这两个问题。

### 一、法律的属性

按照地球法理思想，人定法应当根据伟大之法被明确地规定出来。卡利南（2003，第84—85页）赞同这种观点，认为伟大之法应当被视为一种"设计参数"，这些致力于从人类视角推进地球法理发展的"参数"必须要发挥重要作用。这种进路要求立法者应当尊重伟大之法，并通过颁布法律来确认环境的生态一体性就是人定法的根本价值和限度。从伟大之法的阐明来讲，可能存在一系列与伟大之法相一致的规则需要予以探讨，而不是只关注伟大之法某一方面的应用。而且,真正被立法者选定的规则无需与该共同体内特定个体已经选择的规则相一致(菲尼斯,1980,第289页)。甚至共同体无需视为法律是合乎理性和预期的。[18] 然而,地球法理主张在人定法与伟大之法之间建立必要的联系,从而确保环境理念不是某种特别外在力量的强加。而且,伟大之法是人类法律概念当中固有的部分,伟大之法还提供了衡量法律属性的间接方法。

贝里(2003,第13—14页)在他完成的最后一篇论文中概括了他对共同体的延展性理解是如何为人定法设定"涉及参数"的。他认为国家宪法序言首先应当承认人类的生存和福祉"依赖于更大的地球共同体的福祉",同时还承认"呵护好更大的地球共同体是国家赖以建立的首要义务"。

这些论述都表明,关于治理的重要政策和法律文件对于实现地球法理所要求的重大变革来说具有关键作用。这些文件也与建立生态宪法国家(埃克斯利,2004)、在国家宪法中确认自然体权利(伯登,2010b;韦斯顿、博利耶,2013,第57—67页),以及在国际法中缔结生态治理盟约(恩格尔,2010;恩格尔、麦基,2011)等其他提议相一致。

如今,主张对人类治理机制作出彻底变革的政治运动(这也是最为重要的政治运动)当属"地球民主计划"(希瓦,2005)。[19] 浓缩

---

18 比如,规则必须要设定经济发展的限度。
19 许多生态学论者并没有准备好,或有足够的兴趣去参与一项关于民主理论的原则性讨论。比如说,阿恩·纳斯从奥斯陆大学辞职后与理查德·麦基恩一起在联合国教科文组织合作研究民主问题,在西方历史上创新性地提出了超过315条关于民主涵义的结论。最后,他认为民主是专断的,民主的涵义也因民众的需求而各不相同(纳斯等,1956)。

为一句话来说,就是——该计划力图把深厚的民主形式和公众参与融入到生态中心主义伦理观之中(伯登,2013a)。这一定位旗帜鲜明地反对现今在全球范围内盛行的国家资本主义治理结构。[20] 根据博塞尔曼(2010,第103页)的论述,地球民主"要求从经济向生态的转变,从而认识到两者的共同基础就是——地球是我们的家园"。既有治理形式是为了增进人类的福祉和经济的增长而创设并存续的。在这种治理结构下,环境治理只是一个小问题,或者是"一个附属性的极简问题、浅显问题,也是与经济治理相伴的穷'表兄'"(博塞尔曼,2010,第103页)。

"地球民主计划"主张,集体通过参与式民主方式作出的决策能够彰显共同体的经济利益和生态利益,这种方式作出的决策优于公司高管或议员在既有国家资本主义结构下作出的决策(伯登,2013a)。确切来说,民主机制可以确保有一个能够让普通民众以政治主体身份或博塞尔曼(2010,第105页)所说的生态公民身份改善自己生活水平的条件和环境。最为重要的是,在共同性原则、生态一体性原则、平等原则以及公平原则支配下的治理结构中,公民是否被赋予了充分表达和保护自身关切利益的权利;以及在治理模式中政治参与是否成为共同生活的监督和分享方式,是否成为培育对地球共同体的敬畏和建立人类与地球共同体之间良好关系的方式。

---

[20] 贝里(1999,第132页)对国家是如何毁在跨国企业的手里这一问题深感忧虑:"国家已经屈从于营利性的公司法人。公司的运作已经超出了各个国家的边界。它们已经将整个地球纳入自己的管控范围之内。人类行动计划的全球化和地球经济的全球化已经到了无以复加的地步,这就要求以全新的果断方式重新定义地球的未来,因为超出地球的限度后,以任何有效方式展开的进一步扩张都是不可能的。"

上述原则符合罗恩·恩格尔(2010,第28页)所说的"民主理念的深度解读"。[21] 按照恩格尔的理解,自然法和自然权利的悠久历史,及其不断发展演化的形而上学基础为他所称的"民主化生活方式"奠定了重要的哲学和伦理学基础。恩格尔(2010,第29页)认为,民主化治理虽然还远没有发展成熟,在历史上只是一种偶尔现象,但其明确的目标和理念却是"正确的、真实的",因为民主化治理是一种"普遍的经验,根植于人性和源自于宇宙的创造性之中"。从这一视角来看,人类行动的道德目标根植于自然世界的自我构成之中,因而,正好与前文提及的"自然主义谬误"相反的是,对人类实践经验作出严格且理性的分析,有可能推导出何种"应该"源自于何种"是",或者像罗尔斯顿三世(1986,第12—29页)认为的那样,有可能"共同发现它们*"。阿尔弗莱德·诺斯·怀特海德(1938,第151页)认为自然法的本质构成了民主好坏的理由,他论述道:

> 民主的基础是价值—经验这一普遍事实。价值—经验构成了每一个事实变化的根本属性。每一种事物都有其自我的价值,对他者产生的价值以及对所有主体在内的整体产生的价值。这描述了事实的内涵所具有的特征。根据这一特征构成的事实,自然就产生了道德概念。我们没有权利破坏价值—经验这一普遍事实,因为它是宇宙的真正本质。

---

[21] 这些解读恰恰包括"程序民主""自由民主"或"民主过程"(恩格尔,2010,第28页)。

\* 即"应该"和"是"。——译者注

可以说,对地球民主作出的最为精确的表述无疑是《国际地球宪章》。[22] 然而,贝里和地球法理的其他支持者们却提出了不能被实证法或公民社会的法律和政策文件所采纳的理论观点。的确,地球法理认为,伟大之法优先于国家法,伟大之法也不能由人类创制和驱使。不仅如此,即使伟大之法遭到国家的否认和挤压,但它仍作为一种非官方法律而存在,并得到人类社会多数民主的非官方承认。在这一意义上,伟大之法是道德合法性的渊源,也是自我证成的一种力量。

最近,关于多元法律形式的问题得到了韦斯顿和博利耶(2013)的理论论证。他们(2013,第111页)批判了卡利南阐述的地球法理(或荒野法)观点,因为卡利南的阐述"与奥斯丁的实证主义有过于密切的联系"。奥斯丁的实证主义认为,"法律,或法律形成过程都需要国家机器的协助,因而只存在实证的道德性。"韦斯顿和博利耶(2013,第111页)并不是将各种形式的法律都束缚在实证法的形式中,也没有将各种形式的法律束缚在国家认可的治理结构中,而是纳入到"地方法"[23]这一概念范畴之中。韦斯顿和博利耶也承认,他们所使用的"地方法"等同于卡利南提出的荒野法(2013,第111页)。

"地方法"是一个伞状概念。这一概念涵盖了发源于人们日常生活和社会关系的整个非官方法领域,也将"非正式法""习惯法"

---

22 道格拉斯·斯特姆(2000)提出,《地球宪章》是对生态中心主义新时代的召唤。在这一新时代,人类生活的神圣性和普遍的人类共同体的观念与更为综合的宇宙共同体(包含生命共同体在内)理念完全合二为一。恩格尔(2014)对《地球宪章》作出了强烈的批判,因为《地球宪章》远离自然法传统以及平等等进化原则。

23 也可参见伦特恩(1995)和赖斯曼(1999)关于习惯的调查研究。他们使用的是"微观法"一词。

"草根法""民族法""普通法""当地法"等法律观念涵括在内。具体而言,韦斯顿(1976,第117页)认为,地方法是一种建立在社会基础上的法,这种法律形成于人们"在日常生活中基于对权力、财富、自尊和其他珍稀资源的角逐而日益增进的互惠性权利主张和相互容忍"。尽管许多法哲学家们用"社会规范"一词而不是"法律"一词来表达这一形成过程,[24]但韦斯顿和博利耶(2013,第33页)论证上述不同社会规范的基础是:"法律不只是执法者、立法者和法官促成的。"对法律国家中心主义的强调,会误导我们对法律的完整内涵和法律领域的见解。赖斯曼(1999,第3页)阐述道:"国家法或许很重要,但真正的法律是建立在从最简单、便捷的两个人之间的社会关系到最为包容性和永恒性的社会关系在内的整个人类社会关系基础之上。"

沿着伟大之法的思路,可以发现地方法还存在其他许多不同形式。地方法存在于"横向性和自愿性的"国际法领域,也存在于"垂直性和强制性的国家法律秩序之中",而这些国际法和国家法规制着社会生活的许多领域,教会教规和体育规则就是最为明显的例子(韦斯顿、博利耶,2013,第33页)。尽管在国家中心主义看来,这些不同形式的法律为验证国家法的合法性开辟了关键进路,也为国家法面向社会和生态的新需要而进行的改革提供了重要路径。就这一点而言,韦斯顿和博利耶(2013,第107页)认为,"随着时间的推移,当国家和/或它的国家法无法满足民众的需要、想法和期待时……'微观法的调整'(比如地方法的态度)将是改变国

---

[24] 比方说,H. L. A. 哈特(1961)对这种表达持批判态度,因为第一规则和第二规则之间没有连接。

家法困境的必要手段。"

对此,一个明显的例子就是《自由大宪章》。《自由大宪章》是英格兰于1215年制定的应对国王约翰毁灭性外交政策和专制统治的重要制度(莱恩堡,2009年;韦斯顿、博利耶,2013,第107—108页)。而地方法并没有像《自由大宪章》那样发挥显著的权威作用。就伟大之法而言,一个恰当的例证就是美国前副总统阿尔·戈尔于2007年做的发言,他说:"我无法理解的事情是,为什么年轻一代不能联合起来阻止推土机建造火力发电站。"(伦纳德,2007)随后,这些论述出现在2008年"克林顿全球倡议大会"的一份发言之中,认为:"如果你是一位关注地球未来并关注人类已经为地球做了什么和没做什么的年轻人,那么我相信我们已经到达了一个新的阶段,即通过公民非暴力不合作来阻止那些没有进行碳捕集和碳封存处理的火力发电站新建项目。"(尼古拉斯,2008)

在戈尔的论述中,我们可以推断,支持建造的一方已经申请并获得了相关的法律许可和证书,从而有资格实施火力发电站的建设工作。和其他大型建设项目一样,火力发电站的建设也有可能伴随着集体协商的某些形式、公共讨论的机会以及与利益相关者之间的谈判。然而,由于火力发电站造成了那些广为人知的生态损害,以及火力发电站对公共利益产生的长期风险,戈尔对火力发电站建设项目的合法性提出了质疑。不仅如此,戈尔还表达了自己的另一担忧:个人的违法行为并不必然是为了阻止发展。

再次回顾自然法的传统将对理解上述观点有所裨益。在自然法传统视角看来,(至少)可以从三种不同方法来阐述戈尔的观点。首先,法律对火力发电站建设的授权许可有可能对地球共同体造成巨大损害,因而并不存在遵守这种法律的道德义务。[25] 其次,有问题的法律并不是具有法律上的有效性,或者说这样的法律根本就不算是法律。最后,尽管具有法律上的有效性,但这样的法律未必是"真正"意义上的法律。也就是说,因为这样的法律与生态一体性完全相悖,因而是有缺陷的法律。马克·C. 墨菲(2007,第44页)详细阐述了"缺陷"一词的用法:

> 要说某物是有缺陷的,也就等于说这个物属于某一特定类属,并且这一类属的每一个组成成员都具有内在的且必然属于这一类属的特定完美标准。就拿闹钟来说,闹钟的缺陷是这样的——当我们希望被唤醒时,它却没有任何声响,那么它就是有缺陷的。然而,有些东西即便不能发出任何声响,但也是可以成为闹钟的,比如这个东西被弄坏了、修造的不够完整或者其他情形。

根据对戈尔观点的第三种阐述,法律有其内在的特定标准,而不具有这些标准将意味着出现了所谓的法律缺陷。与人定法的目的性解释(前文已经有详细论述)相一致,我认为上述第三种阐释非常吻合贝里的哲学世界观。在贝里的研究视角下,地球法理提出了一条独特的方法论路径。这一路径主张,对法律进行理论研

---

[25] 尽管这是关于戈尔的论述的合理阐释,但它与法律的属性并没有关系,而且还与地球法理的目标相左。因为地球法理承认伟大之法与法律是内在一致的。其他一些信奉自然法哲学的人或许也会反对这种"道德性的解读",因为这种解读矮化了自然法的理论观点。正如墨菲(2006,第10页)认为的那样,把自然法阐释为一种对违反恶法的正当性理由,"这本身是非常没有意义的做法,当然也是历史上几乎每一位从事道德和政治哲学研究的人都接受的观点,因而也不太值得深入讨论。"

究不应当是中立的行为,因而也不应当对整个地球共同体的普遍利益没有合理的期待。不仅如此,人定法不同于伟大之法,而后者(如其他地方法的不同形式)是"让国家法能够更加应对人类与生态需要的重要渊源"(韦斯顿、博利耶,2013,第33、106页)。这一功能必然产生了有关公民非暴力不合作的问题,这也是我接下来将要讨论的内容。

## 二、法律的破败和非暴力不合作

正如前几节中论述的那样,地球法理认为那些与伟大之法相冲突的人定法是有缺陷的,因而在道德上不受其自身法律属性的约束。这就产生了有关法律权威性和公民非暴力不合作的一系列问题(贝多,1991;威尔曼、西蒙斯,2005)。与第三章中所讨论的社会运动问题相一致,我将公民非暴力不合作保守地界定为一种公共性的、不使用暴力手段的、持续性的且具有政治性的行动,这一行动与那些要求在法律范围内和政府政策范围内发生变化的法律相冲突(罗尔斯,1999,第320页)。从前文各节的论述中可以清楚地看到,我并不赞同公民有服从法律的必然义务(辛格,1973,第3页)。[26] 恰恰相反,作为生态公民,我们对法律的忠诚源自于人定法与伟大之法之间的一致性。对人定法的这种研究改变了法律实证主义(贝里,2003,第13页)的自我验证属性,而且还认为地球共同体的利益是与法律的权威性相一致的,因而也对民众的意识观念有约束作用。

---

[26] 另一个替代性的观点可参见格林(1907)。

在认为法律的权威性具有偶然性的诸种反对声音中,有一些观点主张要规避糟糕的情形、民间的扰动或法律制度的弱化(格林,1907;辛格,1973,第105—132页)。阿奎那(1981,第356页)等自然法论者采纳了这种观点,认为:只有在征税或"避免丑闻"等情形下,非正义的法律才应当被遵守。结果主义也表达了这种反对性观点,结果主义注重法律对一个人们违法的社会所产生的潜在负面后果。托马斯·霍布斯(1999,第143页)就这一观点提出了经典的理论来源,认为"每个人与其邻居之间的永久性对抗"是一个没有法律的社会存在的基础。菲尼斯(1980,第356页)用"附属义务"一词对此作了论述:

> 如果民众看到我违反或漠视这种"法律",其他法律的实效或(和)民众对统治者和宪法权威性的敬畏将可能会大打折扣,并可能伴随着损及公共福祉的负面后果。难道这种附属性事实不能产生一项道德义务吗?

这种原则性论证观点忽视了经验性的证据,认为协同一致的公民非暴力不合作的各种实际案例不会弱化遵循其他法律的约束力(德沃金,1968,第14页;辛格,1973,第136—147页)。实际上,公民非暴力不合作的目标和重心主要是无差别和暴力(辛格,1973,第136—147页)。在远没有削弱民主国家的前提下,政治抗议是一项基本的人权,也是民主有效运行的一个标志(伯登,2012b)。政治抗议同时还是保证掌权者可责性的一个重要方面,也在促进公众参与或特定事项的公正听证方面得到了合理性证明(拉塞尔,1969,第141—142页)。公民非暴力不合作也有可能为督促立法者重新认可某一项可能的法律提供方法上的借鉴(辛格,1973,第84页)。

在地球法理的脉络中,就某一项可能的法律对地球共同体的普遍福祉所产生的影响而言,立法者或许有所作为,或许将无所作为。近期的一个实例就是围绕从加拿大艾伯塔省东北部向美国得克萨斯州墨西哥海湾区的输油主管道建设项目审批程序而发生的争论。在这一案例中,公民非暴力不合作运动的宗旨在于让立法者重新审视这种运动的意义,公民非暴力不合作因而也是认识环境目标以及连接人定法与伟大之法的可能方法。而且,在为公诉人提供自由裁量权的司法裁判中,地球法理提出的法律属性判断有可能用于指导那些负责相关法律实施的人。在这种情况下,无论是道德角度,还是实效角度,抗议活动都应当得到法律的容忍(德沃金,1968,第14页;费尔韦瑟,1999,第108—112页)。

在特殊情形之下,与伟大之法相抵触的所谓的法律或许非常重要,以至于公民的非暴力不合作被证明是合法的,而不论非暴力不合作运动对政府产生怎么样的影响。对这一观点的论证受制于地球法理理论中地球共同体的重要性。实际上,如果一项所谓的法律对伟大之法非常迟钝,以至于将地球共同体中人类和其他要素的生命置于危险境地,那么就很难讲明维持人类政治制度之特权的合理性。韦斯顿和博利耶(2013,第109页)支持这一论点,主张"革命总会恰逢其时地发生,因为国家法不会充分容纳地方法"。

作出这一抽象性论述,并将其应用于当下环境危机(如本书"概述"部分所概括的那样)的具体实例之中,并不是一件困难的事情。如果政府不能采取必要的措施来阻止失控的气候变迁,或不断支持那些恶化生态系统和生物物种的工业活动,那么它们(政府)自身的权威性的保证又有何基础呢？进一步而言,抵制政府作为和不作为的抗议行动能够在道德上被视为是合法且不应当受到惩罚吗？的确,这都是复杂的问题,需要给予比本章谈论更多的关注。[27] 然而,地球法理的本质观点认为,我们应当对任何超出了环境在满足某一物种需要的生态极限的法律提出价值和合法性方面的质疑。这样的行为是不可持续的,而且对公共福祉和相互关联的地球共同体的未来繁荣发展构成威胁。

## 第五节 小结

在本章中,我阐述了地球法理理论中法律的概念。我也对法律类型作了分析研究,并讨论了不同法律类型之间的互动方式。我的研究意图是将自己的阐述建立在贝里法学论著的基础上,并根据更为正统的法理学原理来拓展贝里的学术理论贡献。

首先,我认为地球法理是一种自然法理论。根据贝里的论述,我提出了存在于同一个等级关系中的两种"法律"类型。等级关系的顶端是伟大之法,代表着地球共同体的原则。伟大之法的下面是人定法,代表着人类权威机关制定的规则。人定法应当符合于伟大之法,并且基于整个地球共同体的普遍福祉而被制定。另外,人定法还被认为是具有目的性而不是中立或价值无涉的法律。制

---

[27] 我认为,在"疑难案件"中这种推理的应用很可能产生不少争议。而且在某一特定案件中,我们遵守法律的推定义务是否有意义,这并不是用抽象的语言就能决定的事情。正如辛格(1973,第64页)论述的那样:"期望各种理论研究事业对这类问题给出答案,就如同期望理论之外的事业也能就此类问题给出答案一样。"

定法的目的在于为地球共同体的健康和未来繁荣发展奠定基础。正因如此,人定法只有依据其所推进的理念和普遍福祉才能被真正理解。

至于不同法律类型之间的相互关系,我的观点是,人定法在法律属性上源自于伟大之法。此外我还认为,一项与伟大之法相抵触的所谓的法律是有缺陷的,而且在道德上无法对民众产生法律约束力。有缺陷的法律虽然可借国家强制力而得以执行,但被认为不是"真正的"法律,或者不是"最完全意义上的"法律。地球法理的目的并不是废止人定法。恰恰相反,地球法理为立法者的活动奠定了理性基础,也为判断个人是否具有遵守法律的道德义务提供了指南。忽略这一标准或与这一标准相抵触的所谓的法律能(在理论上)为公民非暴力不合作提供正当性理由。公民非暴力不合作可得到进一步的论证,因为它为促进公众参与或某一问题的公正听证发挥了作用。而且,公民非暴力不合作也是一种鼓励立法者修订有缺陷的法律的途径。

在概括出地球法理的理论之后,我转而关注第二章提出的私有产权概念。前文已经讨论到,现今研究私有产权的主流或传统观点反映的是一种过时的、环境有害的人类中心主义范式。考虑到法哲学在法律概念发展方面所发挥的根本性作用,第五章提出私有产权的生态中心主义理论,这一理论与地球法理的哲学理论一脉相承。

# 第五章　再论私有产权

### 第一节　概要

地球法理是一种生态中心主义法律理论,致力于彰显现代存在论、形而上学和科学。不同于传统法律理论,地球法理形成的前提条件是,人类是更大的地球共同体的一个组成部分。地球法理认为,将人定法置于地球系统的物理结构之中,将有助于促进地球上整个共同体的健康和未来繁荣发展。因此,地球法理把人定法与"更高级的"伟大之法联系在一起。地球法理还认为,人定法具有目的性,其目的应当指向整个地球共同体的普遍福祉,而不仅仅是人类的或公司团体的利益。根据对地球法理的这一阐述,生态中心主义伦理观是法律的内在属性,因而并不是立法者以某种特别或限定的方式外在强加的东西。

在本章中,我提出了另一种符合地球法理哲学的私有产权观点。在本章第一部分,我讨论了部分地球法理的倡导者(和诸多生态社会学家)提出的批判性观点,他们认为私有产权与生态中心主义伦理观相冲突,因而是一种应当被取缔的社会制度。虽然对这一观点以及倡导者们为了拓展公共财产制度的范围而确立的宗旨较为赞同,但我还是认为,对私有产权更为细微的解读是必需的,因为私有产权清楚表达了它的价值,也承认从内部重建制度的可能性。

有鉴于此,我提出了一项改革方案,目的在于从根本上给私有产权赋予全新的内涵。我的研究进路借鉴了第二章中提出的私有产权的模糊性概念。前文已指出,私有产权不是一个静态的或确定的概念,而是一项处在演进过程之中的社会制度。现代自由主义观点认为私有产权是一个包含权利、责任、权力和职责在内的束状体系(奥诺雷,1961,第107页)。根据这种观点,私有产权不是一项单一的、确定的权利,且该束状体系中的不同"支系"部分因所服务目的的不同而可被增加或删除。这样一来,尽管目前由各"支系"构成的束状体系彰显着人类中心主义价值观,但我认为这一束状体系总能够与伟大之法之间得到和解。

为此,我把私有产权界定为地球共同体成员之间的一种通过看得见的东西和看不见的东西而形成的"关系"。为了与地球法理哲学相吻合,我认为,为了应对如下三个相互关联的因素,私有产权的概念应得到进一步厘清。

其一,私有产权是人类创建的一项社会制度,这一制度受到政府和共同体规范的制约。这一分析观点厘清了自治的概念,将自治从个体主义本位完全转向了社会本位,并认为私有产权的内容应当决定于其对共同体中其他要素成员的影响。其二,"单向性的义务和责任"是私有产权这一概念的固有内容。此类责任的存在是为了回应地球共同体这一概念,也是根源于人类所拥有的对自然造成巨大灾难的能力。其三,私有产权直接对应的是"物"本身,这种"物"就是私有产权关系中的客体物。换句话说,私有产权应当被解读为一种人与人的关系,这一关系形成于具有某些独特属性的某种特定物。按照这一思路思考,财产关系中的客体在与私有产权相关联的利用性权利和义务类型的形成过程中发挥着关键性作用。

综上所述,我认为以上三方面的概念转变将对土地所有权的属性作出新的定位,进而从当下权利本位架构(第二种中已有论述)转向对场所的适应以及将自然视为主体而非客体的丰富实践。我对本节的结论是:根据地球法理哲学,对以上三方面因素中的任何一方面有所忽略的私有产权理论都是有缺陷的,因而也不能在道德上对民众产生拘束力。

## 第二节 争议领域

倡导地球法理的一些学者认为,私有产权与生态中心主义范式的转向相抵触(卡利南,2003,第169—170页;菲茨-亨利,2011;林基,2005)。为了使这一转向能够成功,这些学者认为私有产权应当从社会制度中废除掉,而且也应当给自然赋予人格地位。就像美籍非裔奴隶逃脱枷锁并获得自由一样,废除私有产权制度将标志着自然的终极解放,也标志着自然脱离了既有的枷锁而获得自由。就连共有产权这种替代性制度安排和分享机制有时也被认为与这一目标*相冲突。比如说,托马斯·林基(2011)对"通过规范公共财产的使用而开展环境运动"的观点提出警告,转而认为人类应当"朝着能够实现生态系统自身独特利益的制度发展方向而

---

\* 即向生态中心主义范式的转向。——译者注

努力"。

在生态社会学家内部,对私有产权的论说又有不同。生态社会学家并不认为私有产权是生产方式(福斯特,2007;科韦利,2007)。这一观点的经典来源是无政府主义论者皮埃尔·约瑟夫·蒲鲁东(1970),他提出"产权是赃物"的论断,还认为正是产权自身才使物被滥用和开发。生态社会学家还从《经济学与哲学手稿》开始,援引了马克思的经典理论。在《经济学与哲学手稿》中,马克思论述了私有产权向"联合体"的转变。马克思(1975b,第320页)认为,废除私有产权对土地的垄断,经由土地管理中的"联合体"形式而实现:

> 联合体能够从经济学视角下保留大宗土地财产的利益,并首次认识到了平等分割土地的内在意义。同时,联合体保留了人类与大地之间的亲睦交互关系,这一关系是通过合理的方式,而不是通过农奴制、贵族权力以及财产这种愚蠢的神秘物等途径而得以维持。究其原因,地球不再是一个可供任意交换的物体,而是通过自由劳动和自由享有而成为一个对人类有益的真实的、人格化的物。

在马克思看来,共产主义的使命恰恰是以联合体的方式积极地废除私有产权。这种积极共产主义作为"全面发展的自然主义,就等同于人道主义,反过来这种积极共产主义也作为全面发展的人道主义,等同于自然主义;积极共产主义是真正能够解决人与自然之间、人与人之间冲突关系的途径,也是真正能够解决生存与生命之间、自由与需求之间、个体与种群之间冲突关系的途径"

(1975b,第348—349页)。这种途径只适用于相互联合的人类或全社会的人类。马克思进一步论述道,不再受到私有产权制度影响的共产主义社会"在本质上就是人与自然之间形成的完备整体,也是自然的真正复兴,还是人类真正的自然主义和自然的真正人道主义"(1975b,第349页)。

在马克思看来,废除私有产权的主张主要针对的是农用土地和生产方式,也就是工厂和工业。他论述道,"共产主义的显著特征不是废除一般意义的财产权,而是废除资产阶级的财产权。"(2008,第18页)资产阶级的财产权应当由相互关联的集体所享有,并且是为了人类共同体的普遍福祉而建立。[1] 而且,如第二章已经论述的,任何人都可以察觉到马克思在论述中存在的细微思路——马克思承认在私有产权和生态可持续性之间存在冲突和矛盾。马克思(1993,第911页)论述道:

> 从更高社会经济形态的立场出发,地球上特定个体享有的私有产权看似非常荒谬,就像某一个人针对其他多数人所享有的私有产权一样。纵然是整个社会、国家或所有同时存在的社会,也都不是地球的所有权人。他们只是地球的占有者和受惠者,而且必须把地球以更好的样貌留给子孙后代。

我非常赞同上述观点及其对共有财产的倡导。还有其他诸多

---

[1] 我使用"建立"(organised)一词的目的在于把共有财产制度与"开放使用"或加勒特·哈丁(1968)在他极具影响的论文"公地悲剧"中提出的不受规制的财产制度区别开来。关于哈丁的论述观点,可参见弗雷福格(2003a,第157—158页)、莱恩堡(2009,第27页)和帕特尔(2010,第91—110页)。

思想家同样也有力论证了共有财产,如诺贝尔经济学奖得主埃莉诺·奥斯特罗姆(1990)、历史学家彼得·莱恩堡(2009)、政治学家西尔维亚·弗德里希(2012)以及法学家伯恩斯·韦斯顿和大卫·博利耶(2013)。

然而,我虽然支持有关共有财产和多中心治理机制(伯登,2013a)的重要论述,但我还是认为私有产权制度绝不会被完全废除。即便是自然环境拥有的法律权利得到认可,私有产权也不会被完全废除。而且,我认为有些地球法理的倡导者拿奴隶解放来夸大地类比自然环境从财产制度中的解放。人类总是需要获取自然资源,因而就需要一种法律的概念化装置对利用自然的行为以及人类与生态共同体其他成员之间的关系予以阐明。换句话说,那些有助于实现私有产权(无论称为私有产权还是其他名称)功能的概念一直总是需要。

我反而认为,那些主张完全废除私有产权的人总是疏于表达私有产权制度的益处,或者未能在真正的混合型财产体系内对私有产权制度的作用作出理论概括(科尔,2002,第 45—46 页)。不仅如此,许多主张完全废除私有产权制度的人没有考虑到基于生态性目的而从法律上重构私有产权制度的可能性。这已经产生了一种关于废除私有产权的不成熟,甚或适得其反的观点。而我对这些观点一一作了思考。

## 一、私有产权与地域生态学

私有产权是构筑西方文明的纤维。约瑟夫·威廉·辛格(2000,第 1 页)认为:"站在 21 世纪的起点,私有产权依然被一如既往地尊奉为一种经济组织的典范。"在资本主义生产方式下,私有产权是反映生态环境商品化与促进环境利用和开发行为的核心法律制度。正如前文已经论述的那样,这一现状已使一些地球法理的倡导者们开始主张抛弃作为组织观念的私有产权制度。然而,在深入探究私有产权制度如何才能重构为体现伟大之法的概念之前,我想着重强调私有产权在改善区域性代际关系上的可能贡献。

或许,在财产与地域关系的论述上,最有影响力的作家当属一位农民——温德尔·贝里。贝里的短篇小说全部是以他的家乡——美国肯塔基州为原型而构思出来的。而最切题的当属他的小说《边界》一文(2005,第75页;弗赖塔格,1998,第79页)。贝里在该文中写到了农民马特·费特纳的生活。费特纳被刻画成一位受人尊敬的男士,他长期致力于农场的精耕细作和富有生机的生命共同体之间的良好关系。在故事的开始,瘦弱的费特纳很想去检查他的土地周围的带刺栅栏。他担心栅栏出现破损,而年轻人们将要投身于即将开始的庄稼收割而无力顾及栅栏的修缮。当费特纳走在他的土地周边时,他开始思考这数十年来农业耕作对他意味着什么。他还想到了他出生之前耕作的农民们,也想到了他去世后继续耕作的农民们。在故事中,费特纳回顾了在他父亲的陪伴下和维修队修缮栅栏的场景,还回顾了带领他的儿子和另一个维修队修缮栅栏的场景。这两个场景高度一致,不得不使人们思考这样一个问题,即农业耕作的生活在不同代的农民之间永恒地存在并极其相似。在检查破损的栅栏时,费特纳很快就发现栅栏已经做了修缮,而且修缮栅栏的人和他以及他的父亲一样非常细心。在这些想法的鞭策下,费特纳继续行走在土地的边缘,来到了一处很难通行的地方。他并没有放弃,"而是选择难以通行但又那么熟悉的路"(2005,第95页)。他并没有准备穿越另一条边界——通往死亡的边界。

随着时间的消逝,费特纳想到了他深爱的妻子玛格丽特,也想到了那些在田地里劳作的年轻人们。他们都熟悉自己的生活方式,他的社群成员的群体行动共同产生了比个体成员之和更大的意义。土地是他们的组成部分,他们也是土地的组成部分——他们共同构成了一个整体。尽管略显疲惫,费特纳还是坚持认为:

> 无形的爱感染了自己,而这并不是他自己内心产生的爱,而是他自己所归属的爱,正如他归属于特定的地域,归属于这一地域之上的阳光。他想到了玛格丽特,以及和她在一起的点点滴滴。他想到了他的整个生命(包括今后活着的时候和去世后)所属的地域范围内生活的所有共同体成员。他还想到了共同体中正在耕作的成员和之前世代中耕作过的成员。(2005,第96页)

爬上山梁,费特纳背靠在一棵老核桃树上。这棵核桃树孑然立于整片林子之外(2005,第98页)。我们不禁发现,费特纳已经俨然是这棵老核桃树的样子。费特纳和老核桃树有着共同的历史,并且此刻正停靠在同一地点。就像核桃树播撒种子一样,费特纳彻底地奉献了自己,去滋养大地并繁衍新的生命。和树木一样,费特纳在大地上扎下了深深的根。费特纳注定将会去世并化为泥土的一部分。从这一意义上来说,费特纳将会被重新发现并由那些刚刚结束一整天劳作的年轻人带回家中。

从根本上来说,《边界》讲述的是有关人类与土地或特定地域之间相互关联的故事。边界线上的栅栏其实就是一种装置,通过这一装置,贝里获得了有关财产伦理的经验,也找到了人类与土地融为一体的最佳路径。栅栏不仅仅是费特纳农场的边界,而且是他生命的边界。正是因为与这块农场的相互联系,才使得费特纳家族的数代人经由辛勤劳动而成为一个整体。他们共同成长,对这块土地上的所有细节了如指掌——坡度、脆弱的土壤以及几处泉眼。因而,费特纳放弃了耕种其他土地的想法,并学会了如何使人类与生态共同体在自己的土地上共同得到惠益。

在《边界》一书中,贝里给我们提供了一种在当下各种著作中很少见到的私有产权视角。对费特纳来说,边界还能够带来实实在在的好处。[2] 边界勾勒出了责任的界限。责任事关主人与土地之间特定的代际关系。边界滋养了共同体意识,哺育了历经数代人而依旧不变的土地,并增强了继承者对土地更加强烈的感情、提供了生活的基本保障(弗赖塔格,1998,第79页)。这一延续过程的关键要素在于保护有关某一特地土地的知识,让它不会因为所处位置的变化而变化——这也正是非物化的财产概念所揭示的意涵。事实上,数十年以来,费特纳学会了敬畏他的农场,并基于后代的发展而将关于土地的关键性知识投入到对农场的敬畏之中(弗赖塔格,1998,第79页)。

很显然,费特纳提出的非正式的私有产权概念非常不同于我在第二章论述到的自由主义范式下的"所有权模型"。实际上,因为私有产权制度的自由主义理论旨在寻求个人选择的最大化,因而财产所有人和共同体都有选择更具生态性意义的私有产权观念

---

2 那些主张将环境化约为私有产权的人曾提出这种观点(爱泼斯坦,1985)。

的自由。一旦被选择,这些非正式的或非官方的私有产权概念将成为"地方法"(韦斯顿、博利耶,2013,第104页)的类型之一,它们不仅强调财产的灵活性,而且强调财产对地球共同体发生实际影响的能力。接下来我要进一步论证这一观点,并思考私有产权如何才能够与伟大之法结合起来。

## 二、私有产权的不确定性

私有产权是一个由经济、法律、宗教以及哲学等要素构成的动态社会结构。正如 C. 爱德温·贝克(1986,第744页)所说:"财产权利是一种文化产物,也是一种法律推论。"从这个意义上来说,私有产权这一概念具有不确定性,而且还缺乏经由经验分析和逻辑演绎而得出的客观和稳定的单一结构(沃尔德伦,1988,第47—53页)。

财产的不确定性还可以通过第二章中的历史性梳理来揭示。立足于历史上的四个不同分期(古代、科学革命、工业革命和现代政治哲学),从中不难发现财产的概念是如何发生变化并逐步适应社会发展的。这一历史进程以霍菲尔德-奥诺尔的现代性和正统性财产概念的提出而告终。然而,关于财产概念最完美的论述仍然没有形成。尽管奥诺尔列举了11项所有权的标准要件(1961,第161页),但他从没有主张自己的观点就是最终结论。

即使在奥诺尔的框架下展开研究,私有产权仍然可以呈现出许多不同类型的权利和义务,甚至分化为相互孤立的个体权利。托尼·阿诺德(2002,第52页)认为:"各种有关私有产权观点的列举更像是一种论证过程,而不是特定财产权利形态的汇编,而且很容易对其进行实质解释。"此外,各种关于财产权利的形态本身又都是开放的,可以作出多种解释,这使得对私有产权概念作出客观准确的界定变得更加困难。

根据地球法理范畴中的法律理论,我拟想归纳出与伟大之法相一致的私有产权的内涵。著名法学家罗伯托·昂格尔(1986,第114页)认为这种思维方法等于给私有产权提供了"内在成长"或"革命形式",他还专门论述了这种方法能够产生深刻的结构性变革——不只是改革者的小修小补那样,而是赋予了一种政治意志(昂格尔,1986,第114页)。以此为基础,我提出了私有产权的生态性概念,认为私有产权制度是一个由地球共同体成员之间通过有形和无形的方式形成的关系网络。这一观点恰恰也是下述定义的一部分:

> 作为人类的一项制度,私有产权由地球共同体成员之间通过有形和无形的方式形成的一系列关系构成。对于人类而言,这一制度的特征是对个体或个体组成的群体就稀缺资源的利用、转让和独占行为的控制作出了安排,同时也就地球共同体所有成员在财产权利实践中的义务和责任手段作了制度性安排。[3]

的确,托马斯·贝里(1999,第62页)也有类似的观点。当论及在地球上要建立一个富于活力的人类存在应当需要什么样的法律变革时,他指出:"尽管所有权的观念可能在一定程度上限制了个体性财产权关系,但个体安全和个体财产权的基本要素应当得

---

[3] 这一论述并未主张非人类的自然世界对人类或地球共同体的其他成员负有某些义务和责任。关于这方面的具体论述,可参阅罗尔斯顿三世的论著(1993,第251页)。

到保护。因为对财产的利用应当符合财产本身的利益,还要符合共同体的利益,以及个体所有者的利益。"[4]

私有产权的这一研究视角对本章的研究有重要影响。囿于篇幅限制,相对于无形财产和个体财产,我限缩了对不动产和土地法的讨论。我认为,私有产权应当受到人类社会关系的限制,应当将内在的和非互惠性的义务和责任包含在内,还应当考虑到对特定财产关系的主体产生影响的一些问题。[5] 虽然因概念分析的目的而对私有产权作了拆解分析,但现实中关于私有产权的这些方面在本质上是相互关联的,而且与本章提出的私有产权的生态中心主义概念相一致。

## 第三节 私有产权和人类社会关系

> 从属性上而言,私有产权属于社会性权利;私有产权所反映的是人类社会的一种抉择,即对有些人就稀缺且重要的物品所主张的权利予以认可,但对其他人就该物品所主张的权利予以否认。但要极尽所能地把这种权利从选择、冲突和繁杂的社会问题中分离出来,却是难以实现的。(昂德库夫勒-弗洛伊德,1996,第1046页)

---

[4] 贝里(2006,第151页)还在他的《修正法理学的十项原则》中谈到了一些媒介性财产关系的重要性:"通过某一特定方式,人类不只是需要,而是有权从自然界汲取物质用以维系人类身体健康之需,以及维系人类精神的愉悦之需、人类美好的想象之需和人类自我实现中的亲情之需。"

[5] 这种划分的依据是弗赖塔格提出来的善意利用土地的论述(2006,第144—157页)。关于耕地利用的进一步论述,可参阅伯登的论著(2010a,第708页)。

私有产权是人类创造的一项制度，人们可以依据该制度的内容，以及该制度在实然法或地方法中的具体体现来作出决策。正因如此，私有产权重点关注的是其与人类社会和共同体之间的关系。为了与地球法理提出的法律概念相一致，我的观点是，私有产权不应只定性为个体性权利，而是体现为一种社会关系。用詹妮弗·内德尔斯基（2013，第25页）的话来说，这种观点体现了"个体主义思想范式"向"关系性思想范式"的转变。

美国法律现实主义论者首次就财产的社会属性和共同体属性作了精妙的阐述。比如说，莫里斯·科恩（1927，第16页）就认为，"那些主张政治权力的配置从来不需要改变的观点就如同说财产权的配置从来不需要法律的改变一样荒诞。"他进而认为，私有产权创设了私有产权享有者和其他人之间的法律关系（1927，第16页）。作为该观点的支持者，菲利克斯·科恩（1954，第373页）对主流的"权利束"隐喻作出了重大突破："私有产权反映的是一种人类社会关系，因此，所谓的所有权人才有权排除其他人的某些行为，或允许其他人从事某些行为。无论是哪种情形，所有权人的权利都是为了维护法律在决策作出过程中的持续性。"

在这一认识基础上，从事批判法学研究的学者们作出了有力的论证，认为私有产权的渊源和内在构造是社会关系本身（辛格、比尔曼，1993）。而且，私有产权无非是人类定义并创建的制度，绝不是神力所赐，也绝不是"像雅典娜遗传宙斯的智慧那样传承下来的……而是更接近于一首随着时间的流逝而慢慢响起的歌曲"（辛格，2000，第13页）。私有产权制度的稳定性和确定性是建立在一个对社会、伦理和环境等张力不断评估和适应的进程之中的。

作为对上述论述的支持，社会关系学家对自治或自由概念提出了另一种阐述。内德尔斯基(1993,第8页;2013)认为,"真正使自治成为可能的并不是分离,而是关系。"就这一点而言,从属于自由主义范式下私有产权概念的个体主义被人们曲解了。人类并不是"由人形成的一座孤岛",而是在"支撑人类自我发展能力的社会关系"脉络中不断实现自身目标的过程(辛格,2000,第131页)。个人的自治不是通过从共同体(包括人类共同体和环境共同体)中孤立出来而实现的,而是通过独立性和依赖性的融合而实现的(内德尔斯基,1989,第7页)。对于"自由"个体而言,独立性是一个必要的前提条件(弗雷福格,2003a,第206—207页)。恩盖尔·纳芬(2013,第1页)就这一论点及对法律产生的影响总结如下:

> 在关系当中,我们才能够变成作为人应该有的样子;因此我们必须要弄清楚生命的意义,同样,那些以我们人类为研究对象的学者们也需要弄清楚生命的意义。在人与人之间不存在绝对意义上的分离,反而,人们只有从相互之间的关系中才能获得自己的身份认同。关系不仅仅具有形成性(但这是不可避免的),而且还有益于人类自治,有益于每个人的发展。因此可以得出这样的结论:法律的作用在于规范关系,而不是避开关系。法律的任务也就在于确保关系能够平稳运行,从而不至于对我们造成压制或伤害。

充其量,财产权只不过是形成人类社会关系的强制力规范。如果共同体一致认为这类规范是公平的,而且包含着对财产社会属性的认可,那么这类规范就能够长期存在并形成一个有益于公共物品合理配置的制度框架。由法律调控的人类社会关系在本质

110 上不能与个体性权利相互冲突,只有以"关系模式"为路径,才能维系一个集体性的社会生活,并形成个人自治的空间(内德尔斯基,1993,第8页)。这是与财产的传统自由主义概念有本质区别的个体自由观点。这一点在注重自治的同时,还注重个体在与他者的关系中自我发展的需要(昂德库夫勒-弗洛伊德,1990,第129页)。

对私有产权的这一论述并没有影响自治或边界,而是简要地对自治和边界作了重新界定(辛格,2000,第4页)。财产权并不是"绝对地存在于自治和边界的范围之内"(肯尼迪,1980,第3页),而是决定于社会情势和对共同体其他成员产生的影响。也就是说,体现社会意义的私有产权理论产生了财产所有权人之间的共同义务。辛格(2000,第131页)论述道:"这种义务有时要求非所有权人不能干扰所有权人的行为,但有时这种义务又要求所有权人基于对他人(包括非所有权人)利益的尊重而应当行使财产权利。"这种观点认为,财产权利可能会产生冲突。当冲突发生时,应当(至少在一定程度上)按照财产权利呈现的具体关系形态来确定权利内容。

总体而言,将私有产权的核心从个体主义转向关系模式,有可能为人类社会提升公共物品的供给。如果立法者弄清楚了他们想要推进或抑制的人类社会关系类型,那么他们就更有能力制定提升公共物品供给水平的具体法律条款。因此,私有产权在改善和提升公共生活方面可以发挥更为重要的作用。在一定程度上,这种作用由"那些要求个体尊重他者合法利益(特别是在控制自然界某些要素方面的利益)的法律规范"和"那些为了确保财产制度能够符合相应的效益和正义原则而整体良性运行"的法律规范构成

（弗雷福格,2003a,第232页）。

从社会关系角度对私有产权的论述在一定意义上符合作为地球法理核心的地球共同体原则,认为财产权是根据社会要素的变化而不断发展演变的。此外,按照"关系"来思考财产权时,财产权的享有者以及他们作出的选择都被放置在一个广阔的关系网络之中。然而,尽管社会属性是生态中心主义范式下私有产权概念成立的必要条件,但它并不是充分条件。为了与伟大之法以及地球法理所阐发的法律理念相一致,私有产权的概念也应当包括权利人对地球共同体和特定财产关系中的其他主体承担的更为宽泛的伦理性义务在内。

## 第四节　私有产权和伦理

除了从人类社会关系角度思考私有产权之外,从伦理角度进行的更为宽泛的思考却没有被社会关系理论明确地捕捉到。关于这一问题,可能有很多因素需要考虑。其中最为重要的因素包括对后代人的责任（弗雷福格,2006,第149—150页）、宗教信仰（巴比,2015;恩格尔,2011）、对固有所有权规范的认同（布朗,1999）以及个体美德（亚历山大,2011;弗雷福格,2006,第152页;梭罗,1995）。除此之外还包括对人类无知的认识,以及对预防原则重要性的认知等重要方面（弗雷福格,2006,第153—157页）。

除了上述思考之外,我还力求对单向度义务和责任是私有产权概念不可或缺的内容提出自己的见解。我认为,这些义务应当基于人类和更为广泛的地球共同体的利益而得到认可。为了支持这一论点，我还对澳大利亚原住民在土地使用实践中形成的责任作了案例研究。

## 一、义务和责任

本章关于私有产权的论述认为，为了让私有产权制度与伟大之法相协调，就必须要对内在性的单向度义务和责任予以认可。正是基于我们与环境之间关联且相互依赖的关系，这种讨论将是建立与地球共同体之间的互惠关系，并实现整体性的惠益的核心问题。此外，通过将责任包括在私有产权的内涵之中，这种私有产权的生态性表述试图平衡现有以自由财产理论为核心的"权利"，并避免通过外在立法以一点一滴的累积性方法限制财产所有人的自由。

私有产权的这种表达部分地源自于加拿大学者大卫·莱梅迪（1998，2003，2010）的论著。不同于当代的其他学者，莱梅迪最为全面地提出了一个概念框架，认为义务和责任是私有产权概念的内在属性。

莱梅迪对私有产权的自由主义理论作了批判，因为这一理论只提出了一种孤立、碎裂、自私的人类景象。他还认为，私有产权不能仅仅依据个体自由和自治来作出道德性判断。尽管莱梅迪（1998，第669页）很清楚地知道自由的价值以及在西方文化中的流布，但他还是认为，自由理论无法对私有产权中无法用权利表达的面向作出充分阐述。更为具体地来说，莱梅迪（1998，第670页）私有产权的概念包含内在的"义务和责任"，而这一内在的"义务和责任"无法按照个体之间的相关权利和义务来作出充分阐释。

莱梅迪用"*deon-telos*"一词来描述表意不准确甚至未被表达的财产属性。*deon-telos* 指的是"私有产权的义务学说"(1998,第670页)。这一词汇源自古希腊——*deon* 的意思是义务或"受约束",是指起源多样且不明确的特定义务和责任;而 *telos* 一词的意思是"目标"或"终点"。与第四章提出的人定法目的性解释相一致,*deon-telos* 一词切中社会性目标的重要性,并抓住了财产权讨论中的价值问题。此外,这一词还为探索私有产权所固有的更为宽泛的伦理维度奠定了基础。莱梅迪(1998)对 *deon-telos* 的内在属性提出如下论述:

> "*deon-telos*"一词所指涉的私有产权的特征都是私有产权这一概念自身的内在构成要素;无论是理论层面还是实践层面,在没有这些要素的情况下,有关私有产权的探讨都是不完整的。以权利为基础的理论不仅不能涵摄私有产权制度的这些要素,而且还不能洞察到私有产权制度的这些构成要素之间更为广泛的关联性。如果没有这些构成要素,任何相关学说的解释力都是苍白的。(1998,第671页)

莱梅迪对私有产权的自由主义理论的批判以及对整体性伦理要素的提倡,符合本章提出的私有产权的人类中心主义原理。然而,由于莱梅迪旨在重构私有产权的规范性定义,因此他的论述并不是为了明确表达 *deon-telos* 的具体内涵,也不是为了明确表达与私有产权概念相一致的其他义务或责任。此外,莱梅迪也没有论证 *deon-telos* 这一概念是否成为以及如何能够成为从属于(人类)向其他非人类动物或更为广泛的地球共同体承担的义务或责任的范畴。因此,莱梅迪的论述对于否弃奥尔多·利奥波德(1986,第xviii页)提出的"亚伯拉罕式的大地定义"有很大作用,同时有助于形成土地是"我们人类所栖的共同体"的观念。

在这一方向上迈出重要一步的当属德国宪法(博塞尔曼,2011b;多泽,1976;拉夫,1998,2003)。德国宪法第14款第2项规定:"财产权产生相应的义务。财产权的行使应当同时有益于公共福利。"这一条款给立法机关设定了详细界定财产权的职责,当然,这一条款也能防止立法者创制没有义务的私有产权概念(拉夫,1998,第676页)。尽管这一规定只限于人类的责任和公共福利,[6]但对这一规定的进一步解释却包括环境责任在内(拉夫,2003,第172—179页)。

最能解释宪法第14款第2项规定的指导原则是"环境情势"或"环境状况"。与私有产权的社会关系理论相一致,德国联邦宪法法院也认为财产权应当受到社会利益的限制。最终,财产权受制于社会条件和环境状况(拉夫,1998,第677页)。要确定某一项特定财产权的行使是否与这一标准相抵触,法院则会判断受保护的财产权的范围。所运用的方法是:当评价一个没有法律规制的社会环境中将要行使的财产权时,看一个理性经济人会如何思考(拉夫,1998,第678页)。

宪法第14款第2项的一次有意义的应用当数德国高等法院在"山毛榉大教堂案"中的判决。[7] 在该案中,原告对一块农用地享有

---

6 更多的相关规定可参见"经济计划案",编号:(1954)4 BVerfGE 7,第15—16页,其中宪法第14(2)节被认为是着重强调了"在没有个人价值逐步渗入的前提下社会性关联和社会性联系"的重要性。

7 Cathedral of Beech Trees Case[1957]DVBT 856.

私有财产权利,而附着于这块农用地之上的是生长了数世纪之久的山毛榉(这被公认为山毛榉大教堂)。这些山毛榉得到了1925年通过的立法的专门保护,而财产权所有人多年来一直在申请许可,想要砍掉这些山毛榉。当申请被否决后,他想得到经济上的补偿,认为对山毛榉的保护相当于征用了自己的财产权。

作为回应,德国高等法院认为土地的本质特征使得所有人必须承担一项社会性义务,即为了共同体利益而保护树木。这种强制性义务并不等同于征用,反而更符合一个理性且经济的土地所有权人的认知。法院进一步指出,对土地所有人强加一项义务的立法或行政行为是承担社会性义务的具体表现形式,虽然这种社会性义务阻碍了财产权利的充分行使。法院的论证如下:"在具体情形中,对财产权所作的限制正好不影响对财产权进行保护而产生的益处,这就如同一个理性的经济人思考的那样,当按照效益目的得到某一有价值的资产或追逐相关利润时,法律也会对其加以限制。"

最后,德国法院依据宪法第14款第2项作出了判决,依据此条规定,所有权人应当对其他所有人承担义务或责任。"水砾石矿业案"更为明显地体现了这一点,联邦宪法法院对该案的认定是:"私有土地的使用受到公共性权利和利益的影响,某些对人们公共利益有重大影响的私有资产(比如水体)可基于公共利益的需要而被利用。"[8] 这一观点在1987年联邦行政法院的裁判中得到进一步肯定:"法律自身并不能为生态系统的健康运行提供保障,法律能做到的只不过是保护那些因生态系统的健康状况而受到影响的人们

---

8 BVerfGE 58,300,第342页。

的权利。"[9] 正如法院所认为的那样,根据宪法第 14 款,仅仅以生态性责任为理由限定财产权利有可能是不正当的。[10] 这些人类中心主义还原论与本章提出的私有产权的生态中心主义内涵还相去甚远。为了拓展财产权概念的范围,从而将(人类)对地球共同体的单向度义务和责任包括在内,接下来我将要讨论环境伦理观,以及这样一个问题——环境何以被界定为人域伦理意义上的主体?

## 二、伦理观和地球共同体

> 只有当我们以全球性思维、整体性思维和有责性思维开始思考时,才能明白一个星球上生态系统的实际状况,以及在这种状况下的生活方式。(博塞尔曼,2008a,第 ix 页)

按照地球法理,延展后的私有产权概念包括(人类)对整体地球共同体承担的单向度义务,而作出这一延展的动机首先在于应对当前由传统自由主义理念下私有产权制度造成的严重环境损害。人类对环境造成损害的能力不仅与科技发展水平成正相关关系,而且还与主流非自由增长的发展模式下自然的商品化水平成

---

9 BVerwG 4 C 56,第 58 页。

10 非常有趣的是,20 世纪 80 年代后期,德国政府顶着巨大的政治压力着手修订了宪法第 14 款第 2 项,把对财产权的生态性要求也包括在内。当时,政府的草案讨论稿写道:"财产权自身就有义务的成分。对财产权的行使应当有益于公共利益和生命所依赖的自然环境的可持续性。"(参见博塞尔曼,2011b,第 38 页)在草案讨论过程中,众议院在 1993 年的最终报告中呼吁成立专门的"宪法改革联合委员会",由该委员会对宪法改革进行"广泛的专家和公众对话"。然而,迄今为止,着手实施这种激进改革的政治意愿却一直是缺失的(博塞尔曼,2011b,第 38 页)。

正相关关系。尽管人类已经拥有"宏大的力量",但却在"责任和伦理辨识方面仅有一点点微弱的意识"(贝里,1999,第101页)。与此截然不同的有力论证却是,私有产权在引发当下环境危机方面的作用成为人类对自由行使的限制逐渐扩大并认识到(人类)对环境承担义务的合理性基础。关于这种限制的逐渐扩大,贝里(1991,第101页)论述如下:

> 我们对人类共同体的关照只有在关照到自然世界的整体性时才能够真正实现。地球已不能支持人类的存在,除非人类与地球生命系统之间相互支持,互惠互利。我们可以将这种非常综合的视角称为宏观伦理观。这远远超出了我们平常在个体行为、共同体行为乃至国家行为层面上的伦理性判断标准。当下,我们在一个完全不同的层次里看待伦理性判断问题。实际上,人类社会迄今还没有被迫作出这种伦理判断,因为我们一直没有能力应对其不利后果。

20世纪杰出的德国哲学家汉斯·乔纳斯就人域伦理观的拓展也提出了自己的论证观点。乔纳斯的论著《责任的命令》,是最早在国际层面提出人类必须要为生物圈的长期繁衍和原真的人类道德生活承担起相应责任这一议题的著作之一(1979,第7、136—137页)。乔纳斯是二战期间英国军队中犹太旅的一员,二战经历在他内心深处的刻骨铭心让他感恩地球生命的珍稀和脆弱,也让他倍感从本体论和伦理层面给予地球共同体以人道主义敬畏和呵护的重大使命。对此,乔纳斯(1980,第xii页)认为:"万物的末日灾难、威胁全球的灾难、人类文明面临的气候危机、死亡威胁、赤身裸体都是生命纠缠其中的情形,这些情形足以让我们以全新的视角审视人类存在的真正基础,并评价那些指导我们思考这一基础的原则。"

为了回应这一问题,乔纳斯提出了"责任的命令"。他的主要目的是构建一种关于道德责任的全新理论,而且这种责任既能运用于公共领域,也能运用于私人领域。和贝里一样,他认为新兴科技让人们获得了对其他人、未来世代以及人与自然之间的平衡状态造成巨大伤害和破坏的能力。在这种情形下,乔纳斯(1980,第130页)认为,"应当"或"有义务做某事",抑或"禁止做某事"是一种对故意行使的权力进行自我控制的形式:"总体而言,最初把意愿和义务联系在一起的是权力,而今,也恰恰是权力才使责任成为了道德的核心内容。"

在提出这一伦理性议题的过程中,贝里和乔纳斯两人都遭遇了传统伦理性议题中界定责任客体的限缩性标准问题。或许对这一议题的最大贡献者是伊曼努尔·康德。康德的思路具有明显的人类中心主义特征,就承担人域责任的客体作了限定。康德(1974,第124页)曾作出过如下推理:

> 人类因为有"我"意识而使自己在地球上所有其他生物中高高在上。正是这样,人才能称其为"人"……也就是说,人在地位和尊严上非常不同于非理性的动物等物,因为对于动物,我们可根据自己的喜好随意加以处置。就动物而言,人类不负有任何直接的责任。动物没有自我意识,只是实现目的的一种手段而已。而这种目的就是人类自己……我们对动物的

所谓责任只不过是对人类的间接责任而已。[11]

这一观点在《道德的形而上学基础》一书中有详细的论述。康德在该书中论述道，只有人类才能够成为道德的目标，因为只有人类才具有道德推理的能力(1998，第45页)。在康德看来，道德地位取决于理性的价值。道德性责任的基础是个人绝对服从道德律，而且正是道德律的命令才产生了对其他人的道德性义务。而且这种理性(康德界定为根据道德原则行动的能力)让人类有资格成为道德主体和道德的目标。

康德伦理学的涵义之一是：道德的首要任务不是幸福，而是个体对幸福的感受。道德的根本任务是个体，这关乎个体道德的形成与发展。康德伦理学的第二个涵义是：道德主体对非道德主体没有直接义务，我们对动物或环境的义务实际上是对人类的间接性义务。尽管康德认为人类不应当以麻木和冷漠的态度对待动物(1998，第x页)(因为此类行为其实是自我伤害的一种形式)，但这并不意味着动物本身具有道德性。当我们不这样对待动物(甚或友善地对待动物时)，也并不意味着我们在与地球共同体的关系中承担了道德义务，而是对人类承担了道德义务。因此，在康德看来，任何妄图给非人类对象赋以道德义务的做法都犯了道德性错误(奥特，2008，第47页)。

康德伦理学思想受到环境哲学家和道德哲学家的猛烈抨击。劳伦斯·约翰逊(1991，第63页)认为，康德"设定了一系列推论"

---

[11] 这段论述也可被理解为是人类拥有最高道德，因而比所有非人类生命体更有价值。然而，康德并没有用"尊严"一词表达这种价值。反而，"尊严"一词指的是人类作为能够进行道德推理的主体地位。

用以佐证自己的道德理论。他进一步认为,道德推论并不为人类所独有,高等级动物也能进行道德推论。约翰逊(1991,第63页)认为:"人们能够就动物的体恤、友善、忠诚等行为以及或多或少体现出来的基本正义感举出很多例子来。"[12]

汉斯·乔纳斯对康德的批判更为宽泛,认为康德的论述只是为了促进人域关系,不足以对当前人与自然关系的处理有启示意义。乔纳斯(1984,第1页)论述道,"迄今所有的伦理学……普遍都存在这种相互联系的潜在前提:由人为环境和自然环境共同构成的人类生存环境对人类而言是一劳永逸的;而且在这一生存环境基础之上的人类福祉很容易确定,人类行为的界限以及行为产生的责任也因此被严格限定。"在乔纳斯看来,这并不意味着康德式的人域伦理学是错误的,而是说它"没有涵盖人类机构的今后发展在内"(莱维,2002,第84页)。

可以说,当前最好地表达了人类机构的国际法文件当数《国际地球宪章》。[13] 至于本章讨论的财产概念,《地球宪章》规定的以下原则需要予以关注:

> 原则2:以理解、同情和爱心呵护生命共同体。
> a. 要认识到:人类有权拥有、管理和利用自然资源,因此也有义务防止环境损害并保护人们的权利。

---

[12] 康德一直在否定动物的道德性价值,原因在于它们不能按照原则本身的规定性作出某一行为。康德也尝试分别从本能或情感的角度和道德中立的角度判断一个人对另一个的施救行为。克里斯丁·科斯佳(2005)就(人类)对其他动物所负义务的康德式解读提出了自己别出心裁的支持性观点。

[13] 世界自然保护联盟起草的《环境与发展国际公约》草案也承认了"人类敬畏和呵护环境,并促进可持续发展的义务"。

b. 坚信随着自由、知识和力量的增加,促进公共福祉的责任也会随之增加。

原则 4:为当代人和后代人保护好地球的馈赠和美丽。

a. 要认识到每一代人的行动自由都受到后代人满足其需要的能力的限制。

原则 6:环境保护最好的手段就是防止环境损害发生,而且当知识有限时,要运用预防性的方法。

(……)

b. 让那些认为拟开展的活动不会造成严重环境损害的人承担举证责任,并让责任方对环境损害承担责任。

**上述原则通过赋予"共同但有区别"责任一定的法律意义,对已经存在的重要法定财产权利作出了明确的限定。通过把举证责任从财产开发和利用的反对者转到财产开发和利用的支持者,第 6 款重构了预防原则,因而值得重点研究**(恩格尔,2011,第 83 页)。

作为《地球宪章》的主要起草人,罗恩·恩格尔仔细考察了利奥波德和乔纳斯等思想家对《地球宪章》规范结构所产生的直接影响(恩格尔,2011,第 83 页)。而且,恩格尔还进一步指出,利奥波德的贡献还体现在:《地球宪章》第二章的全部内容都是关于"生态整体性"原则(我已经在本书第四章中作了大概介绍)的规定。与此相类似的是,乔纳斯的影响在《地球宪章》序言中有最直接的体现,具体如下:

我们必须要以全宇宙的责任感行事,将自己放置在与整个地球共同体和特定地域共同体相平等的地位。我们是不同国家的公民,但同时也是同一世界的公民,在这一世界里,地方性问题和全球性问题相互关联。每一个成员都为了当代和后代人类大家庭和更大的生命世界的福祉而分担责任。当人类崇敬生命体的神秘、感恩生命的馈赠并就人类在自然世界的作用保持谦逊时,人类的团结精神,以及与所有生命体之间的亲密关系将会得到进一步增强。[14]

118 《宪章》也确立了世界性的人权,当然这一人权被放置在人类对整个生命共同体承担责任的关系性视角下。恩格尔(2011,第83页)对此评论道,正是因为采纳了这一视角,《地球宪章》在"主要国际性宣言中是最为独特的"。

除了诸如《地球宪章》之类的"软法"性国际法文本外,环境哲学家们为了超越康德主义的框架还专门作了多次尝试,他们把自然世界视为人类承担责任的对象(阿加,2001;约翰逊,1991;乔纳斯,1984;罗尔斯顿三世,1988;泰勒,1986;韦斯特雷,1998)。在我看来,地球法理对《地球宪章》持类似的规范立场,因为地球法理承认地球共同体每一个成员的道德价值。从这一更加综合的共同体视角来看,义务和责任不能只由人类来承担。按照这一观点,人类不仅需要考虑自身的利益,还需要考虑受人类决策影响的所有主体的福祉和整体性。作为支持这种更为综合的伦理学的观点,艾伯特·爱因斯坦(转引自博塞尔曼,2008a,第319页)论述道:

---

[14] 参阅全文请访问:http://www. earthcharterinaction. org/invent/images/uploads/echarter_english. pd.

个人是我们所称的"宇宙"这一整体的一分子,也是局限在特定时空中的一分子。那些认为个人自身的体验、思想和情感等等都与自身之外的世界相互独立的说法,其实是个体意识所产生的一种视错觉。对人类而言,这种错觉是一种困局,不断限制了人类实现自己的愿望,还影响着人类与自己最亲密的人之间的感情。我们的任务是必须要将自己从这种困局中解放出来,而完成这一任务的方法就是拓宽人类情感的范围,将所有生命体和整个自然界包括在内。

与康德式的伦理学形成鲜明对照的是,地球法理倡导的伦理学方法具有整体性和包容性特征。而且,地球法理并没有预设某一类生命体为道德主体,而是假定了道德共同体中成员关系的重要性。这种观点实际上将论说的责任转嫁给了批评者,批评者进而需要对为何不采纳整体性观点提出论证。康拉德·奥特(2008,第45页)把这种论证方法形容为"外发型路径"。

需要指出的是,这一推论没有否认人类的道德地位,也没有主张非人类的自然体形态与人类具有道德意义上的等值性。进一步来讲,我认为那些主张细菌与一个人或一只黑猩猩具有道德等值性的观点是荒谬的。当然,我还认为,那些提出人类的道德诉求凌驾于其他生命体之上的观点也同样是荒谬的。在整个伦理体系中,需要有一些关于对抗性道德主张和"疑难案件"中道德冲突的解决机制。[15] 这种机制只能在具体个案中灵活运用,而不能作出抽

---

[15] 为了帮助疑难案件审理中的有效决策,洛和格里森(1998)在将人际伦理拓展到包括自然界在内的论证中提出了三个资格条件。二人认为,生命体比非生命体拥有优先性;个性化的生命体比共同体中的生命体形式拥有道德上的优先性;人类比其他的所有生命形式拥有优先性。

象规定。然而,正如贝里(1999,第105页)所说,"当下的紧迫性"在于要从整个地球的环境开始,思考"包括所有人类和非人类要素在内的地球共同体的整体性"问题。在这一意义上,人类伦理应当关注人类理性地治理地球这一更为综合的共同体的那些原则和价值。生态性不再从属于人类,而且生态重要性并非由人类伦理派生而来。反而,贝里(1995,第105页)认为,"人类伦理是由生态重要性派生而来的。"而基本的伦理规范就是地球共同体的福祉,以及地球共同体中人类获得的幸福。

地球法理所提倡的整体性视角将从根本上改变私有产权制度。财产权仍然在受到人类竞争性权利制约的同时,也受到人类对地球共同体承担的整体性责任的制约。因此,财产权制度将根据综合性共同体的共同福祉而得以形成、受到限制并被赋予正式内涵。如果适用于个体和群体的地方法,以及最终被国家正式制定的法律都采用这一观点,私有产权的功能将发生变化:从当下环境危机发生之根本原因变为减缓这种危机的媒介。

为了让西方法律采纳上述私有产权的论述观点,我认为讨论一个"财产制度"的案例是非常有益的,因为通过这个案例,单向性的义务和责任在实践中得到了认可。或许,最好的案例能在澳大利亚[16]的许多原住民文化中找到,他们使可持续的土地管理实践在长达四万年的时间里经久不衰(甘米奇,2013)。[17] 这一案例非常有意义,因为它代表着一种财产权观念:这种财产权控制着广袤土地之上的人类社会关系。直到今天,以自由主义的私有产权为特

---

[16] 哈里斯(1996)把这种土地管理的地方性制度称为"共产主义财产"。

[17] 在提出这一主张的过程中,我方才意识到蒂姆·弗兰诺雷(1994)在欧洲人入侵之前就已经开始在澳洲大陆调查濒危巨型生物,并取得了卓越的成就。

征的财产法律制度才采用了这种财产权的观念。尽管澳大利亚（和其他联邦）的原住民生活传统正在遭受猛烈挤压，但我很是坚信，原住民的智慧是真正实现向生态纪转型的必然构成要素之一。具体来说，主流文化需要与原住民智慧之间诚恳对话，并且要认识到地球共同体的解放也意味着全世界范围内原住民的解放。

## 三、实践中的责任

今天的澳大利亚，按照私有产权的自由主义理论制定的法律维系着人与土地之间的关系。但情况并不总是这样的。人类与平原、河流、山脉和荒漠之间的交互关系曾一度受到大于 500 个不同国家的文化规范的规制。为了有助于大家理解现代社会是如何建立起与地球之间睦邻互惠的关系，贝里（1999，第 176—177 页）指出，我们需要反思原住民的传统生活实践："随着时间的推移，人们越来越清楚地认识到，与全球范围内原住民之间的对话已成为一个非常紧迫的问题，因为这种对话能够为人类共同体提供一个更为综合的人地关系模式。"

尼科尔·格雷厄姆（2011，第 197—198 页）支持这一观点，认为原住民的法律和人地关系模式"是反思现代财产关系的明晰而合理的渊源，因为除了包括责任的概念以外，原住民土地法律在漫长的岁月里发挥的规范是成功的"。这种成功有诸多原因，其中一些原因与地理本身有关系，而其他一些原因与形成原住民法律的世界观和范式有关系。

尽管我知道，一个共同体或一个国家绝不会只将某种单一的原住民传统作为代表性价值观，但我发现原住民传统在人类情感上产生的持续影响力仍具有重要意义。西澳大利亚州鲁鲁哈利族的执法官和监护人培迪·罗专门表达了这种观点。在罗看来，土地和他本人是不可分割的，对土地的所有权"必须在关系和责任的视角下才能得以真正理解"。他进一步认为，认识和把握环境的西方路径就是在"毁灭自己的家园"，其中也包括"毁灭自己的人民"（辛纳特拉、墨菲，1999，第11页）。

唐尼加-美坦克族[18]长老艾琳·沃森表达了与罗相同的世界观。沃森（2002，第257页）还认为，他自己对财产的理解"无法与西方财产权法律制度相协调，因为它只适用于金字塔顶端的一小块范围"。为了全面表达这一观点，我引用了沃森的下面一段文字：

> 地球是人类的母亲：这是一种建立在呵护和共享基础之上的相互关系。从出生那刻起，我们就接受了世界万物神圣性和相互关联性的知识。从早期先民（Nunga）开始，人们都学会了轻轻踩踏大地。所有的生命形式都是相互关联的。法律与基本原则之间是相互协调的。任何生命个体都值得敬畏。这种敬畏是针对世间万物，而不仅仅是针对人，要敬畏整个生态环境，包括树木、鸟禽、动物在内的生命整体和每一个生命体。（2002，第38页）[19]

沃森（2002，第46页）进一步论述道，人类与土地之间的地方

---

18　唐尼加-美坦克族是现如今一处名为古仑的地方的看护人，分布在南澳大利亚州的东南低地。

19　"Nunga"一词指的是南澳大利亚州南部地区的原住民。

## 第五章 再论私有产权

性关系既包括义务,也包括权利。人类既是土地的传统所有权人,也是土地的监护人。两种属性同时存在。另外,这里的义务是动态的,而且只针对特定场景下的土地才有效:

> 所有权并不具有排他性。而且所有权也没有明确占有的客体是一件商品:反而,它明确了所占有的客体是某一特定人群最关心的事物。这一特定人群代表着与所有者之间的特定关系,他们的各种义务也依附于这种关系。比如说,他们既是管理者,也同时是老板。而且每一个人都有不同的义务和权利。我这里提到的义务是针对祖先们代代相传下来的法律谚语而言的。比如说,对于祖先"Tjirbruki"而言,义务就是在捕猎的时候不要杀死母鸸鹋,这样做是为了保护物种多样性。(沃森,2002,第46—47页)

沃森的核心观点是,关于大地和所有权观念的地方性知识是在特定的地方经由长期的学习和实践而形成的。作为原住民法律核心的地方性知识"源自于其真实的生活实践"(沃森,2002,第255页)。在本章的后续论述我还会提到这一观点,当然我想在这里重点论述地方性知识对于革新西方私有产权概念的重要性(杰克逊,1994;萨莱,1991)。

虽然澳大利亚的许多原住民社区还在非正式地践行着一套土地管理的伦理责任制度,但我还是想不负责任地提出自己的观点,那就是这些原住民社区的世界观并没有与澳大利亚财产权或地方立法之间取得协调一致。比如,在1999年联邦法院就"Yorta Yorta 原住民社区诉维多利亚和其他州"一案的判决中,判决结果表明

Yorta Yorta 族人[20]与他们的土地之间的联系在殖民时期已经结束了。对此,奥尔尼法官作出了一份有指导意义的声明,认为要"重新建立起"原住民与土地之间曾被中断过的关系是不大可能的。

该判决之后,联邦法院在"西澳大利亚州诉沃德"案的判决中尝试把所有权的地方性概念运用到霍菲尔德的权利束框架(第二章已论及)之中。[21] 本案多数法官(博蒙特和冯·道萨)认为,地方性所有权是一种"权利束",[22]这种权利可通过改变构成"权利束"的其他权利的方式而部分消失。法庭认为:

> 我们的观点是,共同构成地方权利法案的原住民权利和利益可被描述为一种"权利束"。这一"权利束"中的部分权利可能会因为与法律或行政法案中的相关权利不一致而被废

---

20 Yorta Yorta 族人长期生活在古尔本河和墨索河交汇处的区域内,位于今天维多利亚州的东北部。Members of the Yorta Yorta Aboriginal Community v State of Victoria and Others(2002)214 CLR 422.

21 见第37—38页。

22 这种理论设计遭到"西澳大利亚州诉沃德"([1998] 159 ALR 483)一案主审法官的反对。根据加拿大相关法律,"普通法中的地方权利法案是一个集体性的'土地权利',这种地方性权利源于原住民社区与土地之间按照习俗和文化而形成的密切关系。这种权利不仅仅是一个'权利束'。"参见"Delgamuukw 诉不列颠哥伦比亚"([1997] 153 DLR [4th] 193 per Lamer CJ)判决第240—241页。有趣的是,这种理解却遭到了最高法院在"R v Toohey, Ex parte Meneling Station Pty Ltd"([1982] HCA 69)一案判决的反对。对此,J. 布伦南认为:"原住民的所有权首先是一个精神性问题而不是一个权利束。"虽然不能反过来说,但地方立法所确立的"权利束"却在最高法院关于"Western Australia and o'rs v Ward and o'rs"([2002] HCA 28)一案的判决中受到质疑。格雷森首席法官、戈德龙、古墨以及海恩四位法官在判决书第14页中写道:"用权利和利益来表达共同体或原住民族群与土地之间的关系,显然存在一定的困难。然而,原住民地方立法却需要这样的表达。精神性或宗教性的内容被法律化了。这就需要把整体性事件碎片化为权利和利益,并使这些权利和利益与相关的义务和责任相互分离。"

止。在特殊情形之下,从所有者权益角度来看,"权利束"中的权利范围过于宽泛,随着部分权利的废止,剩下的权利也就不具有"权利束"的特征了。此外,不同授权的延续可能会产生累积性后果,从而导致地方法案确认的权利和利益(使其他权利部分消失)继而被其他授权所废止。

将土地的地方性观念融入权利束框架的做法,使沃森(2002,第260页)等传统所有权人开始反对正式的地方性法律制度。他们认为,这是对"族人传统身份的损害和颠覆"。沃森(2002,第260页)进一步认为,"地方立法无助于我们呵护传统家园",因而需要持续关注正式法律机制之外的族人们所惯行的法律。[23]

这一论述与那些主张采纳生态中心主义价值观,以及认为私有产权包括固有义务和责任的观点非常吻合。结果,法律从生态中心主义和地方性角度对私有产权有了正式的界定,而且从两方面的对话和分享中可以获得很多益处。只有当这两个方面都得到充分认知后,我们才能够更好地巡行原住民长老丹尼斯·瓦尔克(引自沃森,2000,第34页)的忠告(在1995年庆祝原住民临时大使馆仪式上的讲话):

> 真正的土地和法律问题并不存在。我想给你们说明的一点是,对于土地和法律,我们需要重新理解。正如我的母亲所说的,我们是这块土地的监护人。当人们说"哎呀,我弄丢了这块土地,或我弄丢了那块土地"的时候,其实我们根本没有

---

[23] 这一观点与韦斯顿和博利尔(2013,第104页)提出的"地方法"一词相同。

弄丢任何土地。土地仍然在那里，而我们依旧要对那块土地承担监护人的义务。问题在于我们没有能力在非原住民法律制度中实现监护权利。直到我们的长老们在地方会议上按照习惯法对这些实务作出决定并得到合理赞成之前，我们一直生活在恶法之中。

在下一节中，我将探讨私有产权是如何变得更加关注于"财物"这一财产关系的客体的。虽然关于私有产权的传统叙事热衷于人类对环境的征服以及人与环境的分离，但我还是认为，作为财产关系客体的"财物"，还应当在影响和限制财产权的选择方面发挥作用。这一观点得到了包括文学、财产理论、判例法以及原住民土地利用实践等一系列知识的支持。

## 第五节  财产权与财物

对私有产权的生态性解读最终会考虑到人类社会关系和伦理性问题。然而，为了让私有产权的概念符合于伟大之法，我认为私有产权也涵盖对象物这一财产关系中的主要问题。

正如第二章所论述的那样，对私有产权进行的传统霍菲尔德式的解读确立了一种有关物的人—人关系（彭纳，1996，第713—714页）。按照这种解读，权利可以对抗其他人，而其他人负有尊重权利的相关义务。杰米里·沃尔德伦（1988，第27页）对此论述道："人与物之间不可能存在法律上的关系，因为物没有受规范约束或认可的权利和义务。"本章提出的私有产权的生态学概念却通

## 第五章 再论私有产权

过将私有产权界定为由财产标的(有形的和无形的)而形成的关系,进而突破这一主流框架。这种转向虽然明确承认物本身是财产关系的重要组成部分,但依然认为私有产权是一项根本性的人类社会制度。莱梅迪(2003,第329页)对此认为:"私有产权既是一种关于社会财富客体的关系,也是一种由社会财富的客体而形成的关系。"

为了支持关于私有产权的上述观点,首先就要认识到纯粹的人—人关系的根本性缺陷。在对此进行论述之前,我再次用文学的手法,虚构了一场穿越整个阿德莱德平原的旅行,以便于探寻所有权在实践中到底意味着什么。稍作分析,我们便可发现私有产权无法用人—人关系来涵盖,也不难明白私有产权对范围广大的地球共同体所产生的影响。

> 阿德莱德平原从最西边的阿德莱德山区延伸到南部的海边。当一位旅行家踏入这片广阔无垠的土地,并穿过许多古老河谷时,映入眼帘的是大片郊区和原野的交错融合。我们从西部洛夫蒂山脉的分水岭开始,沿着布朗山溪向西北方向行进。小溪的现代名称来自于米查姆山脉后边叫作布朗山的主峰。在欧洲殖民阿德莱德的历史上,这里是最早的牧场。卡乌纳人把这条小溪命名为Wirraparinga,意思是"河湾或丛林之地",围绕溪水长年累月的流动而形成的口述历史已是司空见惯的事。然而,在不到两个世纪的殖民时代,布朗山溪已经萎缩为一条细流了。当我们沿着小溪的河床向西北方向走去的时候,水面急剧萎缩的原因马上就被找到了。
> 
> 在进入小溪的河床周围,是一排排的房屋,这些房屋的后

院直接通向小溪。每一座房屋都有各自独特的利用溪水资源的方式。有些房屋的花园伸入到小溪之中,沿着河堤一侧长满了装饰性的植物或各种蔬菜。而其他房屋又长满了苹果树,以及具有入侵性的仙人掌(通过欧洲蜜蜂的授粉才能生长)。另外还有许多临时性的灌溉水管非法抽取溪水,用以浇灌英格兰玫瑰花园、草坪以及热带植物。

一进入郊区修葺一新的公用绿地,周边自然风光马上就有了很大变化。这里是当地鸟类聚集的乐园,生活着阿德莱德玫瑰鹦鹉、班迪特玫瑰鹦鹉、普通画眉和燕八哥。古老岩石中间串起了一弯弯小水塘,为鱼类和幼小的两栖动物提供了生长的家园。等到冬天雨季来临的时候,河谷的水量增加不少。

在绿地的尽头,小溪底部岩土的颜色瞬间从稠密的黏土变为砂黏壤土。这种瞬间变化的砂黏壤土使柔软的河床看起来就像覆盖了绵延数公里的混凝土。沿着河床一直往前走,沿途没有居民居住点,在只有200米的河道最窄处,完全是黑暗一片,这里正好是一处购物广场的地下。通过这个通道,便可听见上方通过的汽车发出的微弱声音,也会偶尔听到踩到鱼骨的嘎吱嘎吱声,这些鱼骨是鱼类沿着河谷季节性洄游时被河床底部坚硬砂黏土刺死而留下的。

当返回到开阔地带时,要想再沿着这条熟路往前行进已不再可能,因为各种建筑设施堵塞了前进的路。然而,蹲伏下去的话,也能看到很小的河道缝隙,也能看到河水绵延流过黏土区域、栅栏区域和住宅区域。

从上述简要的叙述中,有几个要点需要注意。首先,我们清楚地认识到,不仅是人类,而且包括大地本身和非人类的动物们,都受到我们行使财产权利时所作选择的影响。无论我们是否关注人类在河道上建造定居点的影响,在私有土地上进行土地整治的影响,或生产汽车、书籍甚至一枚曲别针的影响,情形都是如此。这一点虽然看似明显,但有关私有产权的传统理论或社会关系理论都没有特别关注这一点。

以上叙述还表明,环境和非人类的动物世界在人与大地之间关系的形成中发挥着一定的作用。非人类世界在人类选择的构成上所发挥的作用一直被忽视,奥尔多·利奥波德(1986,第241页)对这一问题作了专门的阐述:

> 迄今为止,对许多历史事件的解释仅仅立足于人类发展的角度,然而在事实上,这些历史事件是人类与大地之间的生物学联系。正是大地的属性决定着栖居于其上的人类的属性。

关于私有产权的主流自由主义理论并没有(或许不可能)意识到这一点,反而关注的重点是人类的支配地位以及人类控制财产权客体的种种方式。然而,进一步来说,很显然人类与大地之间的关系远远不是单方面的。从我前文的叙述中或许可能发现,绕着布朗山溪定居并建造房屋的"决定"在很大程度上取决于水资源取用的难易、土壤的肥沃程度、周围山脉所起的保护作用大小、食物的多寡以及是否毗邻海岸线等因素。而且,财产所有权人就自己的大宗财产作出的选择深受生态性因素的影响。比如说,土壤类型、降水、风速在决定某一生态系统适合哪些种类的植物生长方面发挥着至关重要的作用。在河床上种植苹果林或梨果仙人掌的"选择"之所以能够最终实现，原因在于当地生态系统适合这两种植物生长。

如果跳出私有产权的现代自由主义理论所提出的所有权范畴，我们不难发现自然是如何造就人类的一些其他例证。这或许当人类在自己的后院里作出各种不同选择的时候最为明显。迈克尔·波伦(2002，第xiii—xiv页)论述道：

> 和我一样的园艺师们更倾向于认为人类的统治权力更占上风：在这片花园内，我告诉我自己，是我一人在孤独地决定对哪些植物作出修剪，而又对哪些植物作出清除。换句话说，我负责这里的一切事务，在我身后站着的其他人还担负着更大的责任：一长串的植物学家、植物保育员，以及最近几日的基因工程师们都在"摘选""培育"一类我决定要种植的稀有马铃薯。实际上，人类的语法对这类关系词作了非常完美的表达："我选择植物"，"我播撒种子"，"我收获庄稼"。我们把世界分为主体和客体两类，这个花园里的一切就像自然界中的一切一样，我们人类都是主体。
>
> 但是，有一天下午，我在花园里思索这样一个问题：如果人类的语法全是错误的，将会是怎样一番情景呢？如果这仅仅是人类的自私自利，那又会是什么样呢？大黄蜂或许也会认为它是花园的主人，而它正在吸取花蜜的花朵是客体。但我们知道，这仅仅是它的错误想象。而真相是，花朵聪明地利用大黄蜂把花粉从一个花骨朵搬到另一个花骨朵上。

在上文的叙述中,波伦触及了一个重要的生态学概念,这一概念就是协同进化(斯海弗,2001;威尔逊,1992)。协同进化是共同体进化的一种类型,这一进化过程包括两类重要物种之间按照紧密的生态关联而形成的"彼此之间的选择性关系"(奥德姆,1971,第273页)。在我前文的叙述中也反映了这一点,苹果树和欧洲蜜蜂之间达成了协同进化的"协议"。双方协同工作共同实现各自的利益,并实现双方的交易——为苹果传送基因,为蜜蜂提供食物。让我们远远想不到的是,这种交易使主体与客体之间的传统界分变得模糊不清(波伦,2002,第xiv页)。

此情此景与在小溪河床上种植一排排苹果树的财产所有权人有很大不同吗?毫无疑问的是,至少可以认为园艺师与苹果树是协同进化关系中的合作伙伴。苹果的大小、种类和味道在无数代的人类生活中被选定了下来。像蜜蜂一样,人类有自己的选择标准,包括匀称、甜味以及营养价值(波伦,2002,第xiv页)。人类逐步进化到能够断断续续意识到自己的欲望,这一事实其实与协同进化没有任何实质性区别(奥德姆,1971,第273页)。

仔细思考协同进化这一概念,可以发现私有产权的传统自由主义理论所简单认为的单向控制过程,实际上是一种复杂的互惠性和关联性的利益关系。当然,这并不是适用于私有产权的所有权能。但是,当存在这种利益关系时,我们的法律概念应当具有足够的包容性,从而认可这种关系。这对于我们思考私有产权的广延性和准确性非常重要,而且强调了"物"本身在财产所有人作出选择时的重要性。

明确认可"物"是私有产权概念的组成部分,其重要性已经得到许多财产权理论专家的关注。我要关注的是A. M. 奥雷诺和詹姆斯·E.彭纳对此做出的学术贡献。根据他们的学术研究,我将按照美国联邦最高法院的一份重要判决来研究"实践中的物"的案例,同时还研究农业用地的实践。

## 一、理论上的财物

在现代性分析范式下,奥雷诺(1961,第161页)最早阐述了根据"物"来研究私有产权的观点。奥雷诺在非常接近客体的意义上讨论所有权,并逐步把他的研究例证延伸到多种所有权类型上。重要的是,当远离有形的所有权后,他认为财产权利的属性随着财产权类型的变化而变化。他论述道:

> 我们的调查研究已经揭示了我们最初的猜想,所有权的概念和所属物的概念是相互依存的。我们要做的不是热衷于使用那些将所有权限定在物化客体范围内的名词,而是对所有权被应用于所属物的不同层级时产生的特定内涵的变化作出准确把握。(1961,第183页)

尽管奥雷诺没有对此作出更进一步的论述,但以上论述为后续讨论提供了重要依据,那就是:所有权的属性会根据财产关系中主体的不同而变化。在这里,客体虽然得到了一定程度的重视,但奥雷诺就客体在财产权利束(这是他极力提倡的)这一概念的重要性程度问题仍是不置可否。

在这个问题的讨论中,詹姆斯·E.彭纳(1996,1997)是一位重要的贡献者。彭纳对财产权的研究始于对人—人关系意义上私有产权概念的批判,他认为这一概念并不代表普通民众认识并实践私有产权的方式。为了论证这一点,彭纳以出售房屋为研究例证。虽然出售房屋的过程引起了合同双方法律关系的变化,但对于整个社区而言,所享有的权利和承担的义务并没有产生相应的丝毫影响。在这种情形下,彭纳(1997,第25—26页)认为把财产权规范界定为"对物权规范"(其含义是有关"物"或对抗"物"的权利)是更为准确的:

> 为了更好地理解对物权,我们不仅要摈弃霍菲尔德提出的权利总是体现为两个人之间的关系的陈见,还要摈弃那种认为对物权是某个人与许多不确定的其他人之间的简单关系的观点。
>
> 如果我们注意到对物权关系中的权利和义务并非指向人的话(这并不是从财产被人占有的意义上而言的,而是从对物权的权利和义务所提供的规范性指引无关乎任何特定个人的主体性这一意义上而言的),我们才会取得进步。

彭纳的论证区分了适用于各类规范的对物权与对人权之间的关系,也表明区分是人类与客体物产生相互关系的基础。对物权规范需要有针对某一特定物的关系存在,而且要按照客体物来构造。彭纳(1997,第29页)认为:

> 对物权上的义务是一种不妨害其他人财产权行使的义务,抑或说对物权是一种所有其他主体都享有平等权利的状态。因此,个人是对物权的所有人,可以从一般性义务中受

益。对物权的所有人之所以能够受益是因为权利存在排他性,而不是因为这种权利只适用于所有人。应当明确的一点是,这里的相关性在一定意义上并不是对称的\*。义务(即所有人的义务)的适用不限于个体性权利所有人,而是在更多的情形下都可适用。

128　彭纳的论述在于说明,规范可以通过客体物而以某种特定的、非人称性的方式而适用,并能够对其他人产生影响。因此,人与人之间因为物的媒介作用而产生了相关性,并产生了特定的权利和义务类型。彭纳和传统霍菲尔德式财产权理论家们的区别在于,前者认为相关性是不对称的,而后者认为相关性是对称的。霍菲尔德式的双向对称性法律关系模型可被理解为是一种简单的对称关系,或一对一的关系。按照这一理解,每一个权利人都有相对应的义务人。然而,彭纳(1997,第34页)却认为,现实中并不存在这种对称性的财产权关系。财产权所有人认为他们的权利足以对抗一切,而不是仅限于某一个体。

同样地,义务人负有不妨害私有产权所有权能的义务。不妨害其他财产权行使的义务的核心在于客体物本身,因此从这一意义上来说,义务并不关涉人类主体。最后,彭纳(1997,第35页)认为,对财产关系预先设定的双向性特性因为非对称性的存在而遭到否定,因为事实上就某一客体物存在单一的义务人和不特定的权利人。虽然霍菲尔德的理论框架对某些私法关系具有价值意义,但在适用于私有产权时显然被异化了。可以认为,对上述非对

---

\* 即相互对应的。——译者注

称性概念的提出代表了彭纳对"作为物的财产权"命题的最大贡献(莱梅迪,2003,第343页)。

非对称性的概念可以用于支持本章对生态学意义上私有产权的论述。彭纳的论证框架也表明,霍菲尔德对私有产权的人—人双向特征的描述具有局限性。如前文所述,私有产权的大部分权能都源自于自然界,而且这些权能的创设和(或)行使在一定程度上对环境有影响。在财产权利选择的形成过程中,自然界也发挥了一定的作用。关于私有产权的此类观点和论证仅仅在承认物的作用和重要性的非对称性理论框架下才能够站得住脚。因此,我将私有产权界定为既是人与人之间的一种关系,也是人与物之间的一种关系。这与传统理论提出的自然界(物)与人类之间的人类中心主义划分是完全相反的。

如果承认"物"自身与我们提出的私有产权概念相一致,那么将会产生这样的影响:客体物成为关注的核心问题,也有助于形成与私有产权相关的特定权利与义务。正如莱梅迪(2003,第328页)所论述的那样,"与权利导向性范式不同,对私有产权的重新定义会使具体的财产权客体派生出管理义务或以某种特定方式使用的义务。"莱梅迪(2003,第344页)进一步认为,内在义务与"特定资源的所有权"相关联,而且"对物权规范也可能会形成于作为社会财富的特定对象物所具有的独特属性"。比如说,"某一特定地块或建筑物的所有权的实现需要对非所有人承担具体的、非相关性的以及非对称性的义务,如管理某一环境敏感型的区域或某一栋古建筑。"(2003,第344页)在这个例子中,非对称性表现为特定的客体物。这种精到的论述无法真正契合于私有产权的传统自由主义概念。然而奇怪的是,无论是彭纳还是莱梅迪,都没有尝试对其意义提出明确的观点。如果他们作出这种尝试的话,那么就会发现在许多例子中,对物义务本身是与特定物的所有权相伴而生的。

关于对物义务与客体物的所有权相伴而生的最具代表性的案例就是威斯康星高等法院于1972年作出的"贾斯特诉马利翁奈特县"[24]一案的判决。在这一案件中,原告购置了36.4英亩的土地,土地位于马利翁奈特县境内诺奇贝贝湖浅滩区。1967年,该县为了保护浅滩区的土地而制定出台了一部法令,从此禁止人们在未经许可的情况下向湿地倾倒垃圾和污染物。之后,原告违反了该法令,在未经许可的情况下向湿地倾倒了许多沙土。马利翁奈特县反对原告的倾倒行为,原告由此提起诉讼,请求法院宣告该项法令对其财产权的侵害是违宪的,具体违反了美国宪法第五次修正案。

威斯康星高等法院对争议焦点作了如下归纳:"本案的核心是停止掠夺自然资源(直到现在为止,公众仍然认为这种掠夺是理所当然的)所体现的公共利益与所有权人所称的按其意愿利用自己财产的权利之间的冲突。"法庭进一步认为,该项法令的立法意图不是通过强迫原告"终止其财产权行为"的方式而"保护公共利益"。反而,其意图在于阻止有害于原告财产权自然属性的行为。为了判断该项法令对原告产生的影响,法庭必须要准确认定其财产权的属性。如果原告没有权利向湿地倾倒沙土,那么该项法令将会变得一文不值。

仔细思考这一问题,法庭提出了如下疑问:"一大块土地上的

---

[24] Just v Marietee County, 56 Wisconsin 2d 7 (1972).

所有权真的如此绝对以至于所有权人为了满足其用途目的而可以改变其属性吗?"法庭的回答是否定的。法庭认为:

> 土地所有人并没有绝对的和不受限制的权利去改变他的土地的重要自然属性,从而用于与土地的自然状态不相适应的目的以及侵害其他人权利的目的。警察权力在各自范围内的行使必须要符合合理性要求,而且我们认为,运用警察权力将私有产权的行使限定在符合其自然用途的范围内,从而阻止那些侵害公共权利的行为并不构成权力的不当行使。

与私有产权的自由主义理论正好相反,法庭认为原告基于"自然的和本土的使用目的"而享有利用其土地的权利,法庭还强调,这种利用必须"要与土地的属性相一致"。也就是说,前文讨论的湿地的特定属性在决定土地所有者能够从事的利用活动范围上发挥着重要的作用。换句话说,所有权人的财产权利在行使上受到了一定的限制,这种限制就是要与湿地的永续健康相一致,土地所有权人行使权利的底线就是土地本身的属性(弗雷福格,2003a,第96页)。用地球法理的术语来表达,法庭认为环境扮演着基本标准的作用,抑或说是人类土地利用实践的评测标准。

虽然环境保护主义者(罗马,2001,第234页)盛赞法院的观点,但贾斯特案的判决结论却在美国最高法院审理的"卢卡斯诉南卡罗来纳州海岸监测站"一案[25]中被否定了。在该案中,斯卡利亚法官认为各州以要求土地所有权人将其财产维持在自然状态(有

---

25　Lucas v South Carolina Coastal Watch 05 US Supreme Court 1003(1992).

效运行的生态系统)的方式对土地利用行为的规制是非法的(萨克斯,1992—1993,第1438页)。弗雷福格(1988,第108页)认为这种做法是最高法院公然表现出来的保守主义。对此,弗雷福格从环境对人类决策的指导意义的角度批判了最高法院的做法。弗雷福格(1988,第108页)认为:"将自然本身视为规则的源泉,对立法者作出约束并不能因为人类的曲解而变通,对私有财产法律作出大幅度修改完善,这方面的变化将改变国家权力和公共权力的整体理念。"为了与民主主义价值相适应,弗雷福格认为司法也要作出相应调整。在一次体现地球法理所提倡的伟大之法的经典报告中,弗雷福格(1988,第108页)说:"虽然自然界的一体性是人类行动的价值底线和行为限度,但人类必须要控制好立法进程,基于科学并符合伦理地理解土地的价值,并将形成的结论和作出的选择转化为土地所有权法律规范。"

尽管财产权的人—人概念在传统财产权研究中居于主流地位,但对"物"的重要性的认可以及对土地使用权优先性的承认等新观念在世界范围内得到了越来越多的个人、社群和组织的非正式采纳。在下一节中,我将从农地耕种实践出发进行举例说明。我的观点是,农地利用实践蕴含着一些有价值的理念,可供那些从生态中心主义角度研究财产权的学者借鉴,这些有价值的理念就是:认识到"物"在形成并衔接财产权关系中的重要性。

## 二、实践中的财物

正如已经论述的那样,农地耕种是促进人与土地联系,以及按照有利于保护人类和非人共同体健康的原则重构所有权规范的重要实践。对此,温德尔·贝里认为:"土地的健康是支撑起整个生命之网的唯一的价值所在……也是唯一绝对的善。"(1972,第186页)在关于私有产权的论述中,贝里引用了英国植物学家阿尔伯特·霍华德爵士的观点。霍华德(1947,第11页)劝导人类应当采纳整体观,并且从泥土、植物、动物和人是一个更大的主体角度思考土地的健康问题。与地球共同体概念相一致,贝里(1993,第14页)在更为宽泛的意义上对"共同体"定义如下:

> 当我们谈及某一健康的共同体时,一般不会认为这个共同体中只有人类(而没有其他非人类的动植物)。当我们谈论起某个地方人们生活的周遭环境时,总会关联到这个地方的水土、河流、空气、所有住户以及当地非人类生命体。如果当地得到了很好的保护,如果当地的自然界成员和人类群体相互和谐与共,如果人类的经济活动与当地的自然属性相协调,那么这个共同体就是健康的。

就如何对私有产权作出限制,贝里还援引了自然权利论证中的重要内容。"我不是一个坚信私有财产权利的人,"贝里认为,"因为我深知这种权利意味着拥有对自然世界和现有世界进行破坏的权利。"(1995,第50页)他继而论述道:"虽然事实上已经对大量的土地造成了破坏,但我还是不认为应当存在这种权利。"(1995,第50页)因此,在贝里看来,私有产权的整个制度机制包含着有关土地的伦理学考量。贝里(1984,第30页)进一步认为,当所有权人之间的行为相互关联,且所有权人的行为与土地相互关联的时候,私有产权的运行才是良好的:

财产本来是一组词语的表达,如果我们能够把这些词语从庸俗的政治和社会时尚强加给它们的偏见中解放出来,那么统治我们与世界之间以及我们相互之间关系的词语和概念将是"属性""适当的""适宜的""适当"。如果我们在广义上使用财产一词(即适当地尊重这一词延伸出来的意义),那么它的内涵总是与财产权利思维而不是与所有权的占有思维紧密相关,因为财产一词源自于工业经济的发展,而有关知识、情感和技能的(财产权利)思维更适宜于权利人合理占有并使用其财产。

贝里的论述深深影响了韦斯·杰克逊等其他利用农地耕种的农民朋友们,也对土地研究所产生了一定影响。从1976年开始,杰克逊和他的伙伴们开始实施一项"天然系统农业"项目(杰克逊,2010,2011)。项目遇到的挑战是所有权的传统观念,他们的新型农业生产方式是利用并尊重特定地块的自然生态进程,并且尽可能少地对既有生态系统产生干扰。杰克逊(2002,第44页)认为,"我们把未被开垦的原生草场奉为我们的老师。"对杰克逊的工作来说,草场的确是他的优秀老师,因为这些草场维持了丰富且绵延不绝的物种多样性。此外,不像每年生长一茬的植物的根茎那样,生长在草场上的植物根茎一直不会腐烂。这样就能在不同季节里保持水土,而且会每年持续下去。不仅如此,长生植物还起到供给土壤肥力并回馈整个生态系统的作用。生态系统就是这样维持自身的健康状态的,太阳和可循环的营养物质为其提供了能量和养分。而这不需要任何成本,不会给人类利益造成任何侵害,也不会损及地球共同体的利益。杰克逊(2002,第44页)阐述道:

第五章　再论私有产权

　　草场在功能上可分为四种典型的类型,即夏季草场型、冬季草场型、豆科植物型以及菊科植物型。虽然可能会有其他形态,但这几种是最有特点的。不同的植物种类发挥着不同的功能。有些植物在干旱的年份中繁荣生长,而有些植物却适宜在湿润的年份中生长。有些植物通过捕捉大气中的氮元素而获得养分。有些植物喜阴,而有些植物需要阳光的照射。有些植物能够抵御捕食类昆虫。有些植物适宜贫瘠和多岩石的土壤环境,而有些植物却需要肥沃和深厚的土壤环境。植物的多样化形成了富有弹性的系统,从而可以根据气候、水文、昆虫、害虫、食草动物以及其他自然干扰因素的变化而变化,并形成循环往复的功能系统。

　　杰克逊和他的团队面临的挑战就是如何把物种多样性与长生性结合起来。为了满足草场的需要,他们把四种草场类型混合在一起,力求满足不同类型的草场能够大获丰收,从而供给人类的消费需要。然后,他们模仿草场的自然生产过程来生产作物。这项工作的结果非常独特,杰克逊(2002,第44页)认为:"通过合理的设计,这一系统完全可以消除传统农业带来的生态退化,而且还能够使人类的干扰活动降到最轻微。"

　　这种土地利用方法促进了经常性的土地再评估过程,从而经过不断的调整而满足了土地的生态需要。当土地所有者与自己的土地之间的关系变得非常紧密的时候,他的权利和义务就会在不同的季节里有不同的变化。不再是对土地作出预先设定,所有权行使的实践慢慢地形成了一种"共同平等的主体而不是唯一的(人类)主体"(弗雷福格,1998,第135页)。按照自然法则,私有产权

219

便可体现出"共同体对自然界的不断关注",也可反映出共同体成员"尊重自然界自身限度的愿望"(弗雷福格,1998,第135页)。这也为应对执拗的土地所有者(他们还想着为了满足自己的利益继续去开发土地)提供了途径。除此之外,从生态学意义上对私有产权的解读将有助于形成一个富于美感和愉悦感的环境,并实现与自然和谐共生这一人类的共同愿望。当然,"如果不学习自然界的秩序法则,我们没有一个人可以满足地生活,而且也没有一个人希望人类与自然界在一个非和平的状态下存在下去。"(罗斯顿三世,1998,第44页)

## 第六节 小结

数个世纪以来,西方主流文化和立法者们从来没有对放弃私有产权制度或弱化该制度的重要地位作过认真的考虑。然而,对于私有产权的含义却有过非常严密的理论论证。我认为,这就是地球法理理论能够发挥最大影响力的地方,特别是地球法理把私有产权界定为地球共同体成员相互之间通过有形的和无形的途径形成的一种关系的观点。根据这一论述,私有产权不仅仅是一种个体性权利,而是包括人类个体与共同体和土地的关系,以及伦理性考量在内。与地球法理的法哲学观一致,那些忽视了这些考量因素的私有产权理论是有缺陷的,而且也应当被贴上有缺陷的标签。

在进行分析论证的过程中,我认为私有产权概念向生态中心主义的转向需要对财产权制度进行广泛的结构性变革。我也意识到本章中提到的变革会因为"低效率"或"乌托邦主义"而遭受别人的抨击,原因在于我提到的财产权制度的变革更接近于"干涉主义"或"管制主义"的结构性变革(爱泼斯坦,1985,第970页)。当然,我认为别人的这种反对显然是不足的,因为他们是根据私有产权在加速环境破坏方面所起的作用来思考的。在人类理性地认同对自己的高效率和环境影响作出限制方面,已经形成了一些有说服力的观点。从这一意义上来说,乌托邦并不是地球法理或私有产权的生态中心主义理论。而真正的乌托邦是人类法律和法律概念不需要变革,以及人类为了自己的利益可以继续掠夺环境等误导性的观念。因此,我们应当接受别人所指责的"低效率"或"乌托邦主义",其实这不是指责,而是为了满足生态性需要。

重要的一点是,私有产权概念发展演变的关键在其概念自身。如前文所述,私有产权是一个可以作出多种理解的概念,因此,私有产权形态的过去和现在不可能使该制度丧失可能的制度功能。私有产权的模糊性为财产权制度提供了迥异于当下各种解释的理论空间。

此外,就其缺陷而言,私有产权的自由主义理论提供了个体或集体根据各自需要而选择性地理解私有产权的机会。这在地方性所有权观念和农地耕作实践中体现得最为淋漓尽致。因此,尽管当下权利导向型的理论能够促进个人偏好的最大满足,但我们仍然可以选择不去按照这样的所有权规范行事,而是从责任和伦理的考量出发去与土地建立联系。地方法的最佳例子就是选择这样去做,而且选择这样做是个人与共同体能够变革私有产权概念,从而让其符合于伟大之法的最直接方式。正如保罗·巴伯认为的那样,作出这样的选择对于重构私有产权制度非常重要(2010a,第

527页)。如果在更大范围内进行这种选择并获得政治意愿的支持,那么生态中心主义视角下的财产所有权实践将有助于实现私有产权制度的革命。如果我们能够沿着从个体性权利到地球共同体概念的方向,对人类与土地的关系作出重新界定,那么我们在不远的未来将有机会以可持续的方式与环境之间形成良性的互动关系。

# 结语:伟大事业

## 结论

> 历史进程受到那些伟大行动的支配。那些伟大行动把人类的冒险之旅与宇宙的命运紧密联系在一起,并由此来型塑并赋予生命以意义。因此可以说,开创这些伟大行动就是人类的"伟大事业"。(贝里,1999,第1页)

在去世(2009)前完成的最后一部著作中,托马斯·贝里提出了人类应当面对的"伟大事业"。他认为,"人类当下的伟大事业就是去着手进行从人类破坏地球的阶段向人类与地球互惠共存的阶段的转换。"(1999,第3页)贝里绝非虚构了这一任务的伟大,也绝非没有意识到这一任务的紧迫性。实际上,基于对当下环境危机的思考,他认为我们留给后代人"最有价值的遗产"或许就是关于这一伟大事业能有效实现的一些启示(1999,第7页)。这并不是为了我们自己的利益而作出的选择。然而,贝里(1999,第7页)却认为,"我们生活的高尚程度……决定于我们对自己应有角色的把握和实现程度。"本书便是对"伟大事业"的些许贡献,也是面向人与地球可持续共存关系的思想和行动之网的一个组成部分。

当走进人类面前的这一伟大任务时，我们能够很好地遵循贝里的教诲，并积极应对C.赖特·米尔斯（1956，第346页）提出的那些主宰当下社会和法律的"高级不道德"。也就是说，正是这些不合理的科层式价值和结构，最应当对开发地球的行为和人类的苦难负最终的责任。其中的罪魁祸首当属人类中心主义观念和残酷的经济性权力。这些"高级不道德"的实例在当下社会中被广泛地制度化，从而使它们很难被认为是不道德的。而且所有其他各种道德标准和共同体存在的根基被迫为这些"高级不道德"让路。因此，如果说土地（人与地球之间最为本质的联系之所在）被沦为只供买卖或开发的财产，那么只能说在这些"高级不道德"对其他各种道德标准和共同体存在的根基的挤压下，使世间只存在人本位的价值观和以经济利益为核心的价值观。在如今的资本主义社会，这种价值观构成了真正的社会，并成为各种价值的测度标准。

保护地球共同体并没有一成不变的路径，除非我们直面这种高级不道德性。正因如此，我们今天才看到全球范围内正在上演的对法律和治理机制日益激烈的生态性批判。如前文所述，这种批判建立在两个前置性命题之上：

其一是，法律体现的是不合理的人类中心主义价值观，而且还是掌权者用以开发人类和生态共同体环境的工具；

其二是，私有产权的概念切断了人们对具体地域的归属感，而且其生态学基础不符合生态稳定性要求。

最终，如果我们要实现人与地球之间以地球共同体为范式的密切互动关系，那么很显然这两个命题的内容需要作出调整。尽管在这方面已经开展了一些重要工作，但走向生态纪的伟大转型征程才是一个初步开始。基于西方文化对法律和私有产权制度产生的重要影响,面向生态中心主义的范式转换尚需对各项制度及其目的作出根本性的反思。更为重要的是,市民社会各领域应当为社会和环境的正义而积极抗争。本书的主旨在于,为一项最伟大的任务——社会变革理论和生态中心主义法律概念的形成——奠定些许基础。

# 参考文献

## 一、图书

Agar, Nicholas(尼古拉斯·阿加), *Life's Intrinsic Value*(《生命的内在价值》), Columbia University Press, 2001.

Alexander, Frank(弗兰克·亚历山大), 'Property and Christian theology'("财产权与基督教神学") in John Witte Jr(小约翰·威特) and Frank Alexander(eds), *Christianity and Law: An Introduction*(《基督教与法律导论》), Cambridge University Press, 2008.

Alexander, Gregory(格雷戈里·亚历山大), *Commodity and Propriety: Competing Visions of Property in American Legal Thought*(《商品与礼仪:竞争视角下美国法律思想中的财产权》), University of Chicago Press, 1999.

Alexander, Samuel(塞缪尔·亚历山大), *Voluntary Simplicity: The Poetic Alternative to Consumer Culture*(《自求简朴:消费文化的诗性选择》), Stead and Daughters, 2009.

Alexander, Samuel, 'Property beyond Growth: Toward a Politics of Voluntary Simplicity'("超越增长的财产权:迈向自求简朴的政治观") in David Grinlinton(大卫·格林林顿) and Prue Taylor(普鲁·泰勒), *Property Rights and Sustainability: The Evolution of Property Rights to Meet Ecological Challenges*(《财产权与可持续性:遭遇生态危机的财产权演化》), Martinus Nijhoff, 2011.

Alexy, Robert(罗伯特·阿列克西), *The Argument for Injustice: A Reply to Legal Positivism*(《论非正义:对法律实证主义的回应》), Oxford

# 参考文献

University Press, 2002.

Allot, Phillip(飞利浦·阿洛特), *Eunomia: New Order for a New World*(《欧诺弥亚:新世界的新秩序》), Oxford University Press, 1990.

Anderson, Anthony(安东尼·安德森) and Clinton Jenkins(克林顿·詹金斯), *Applying Nature's Design: Corridors as a Strategy for Biodiversity Conservation*(《运用自然的设计:走廊作为生物多样性保护的策略》), Columbia University Press, 2006.

Angermeier, Paul L. (保罗·L. 昂尔梅尔), and James R. Karr(詹姆斯·R. 卡尔), 'Protecting Biotic Resources: Biological Integrity versus Biological Diversity as Policy Directives' ("保护生命资源:生物一体性对峙作为政策指令的生物多样性"), (1994) *Bio Science*(《生物科学》) 44(10): 690-697.

Aquinas, Thomas(托马斯·阿奎那), *Summa Theologica*(《神学大全》), Christian Classics, 1981[first published 1274].

Aquina, Thomas, *Summa Contra Gentiles*(《反异教大全》), University of Notre Dame Press, 1991[first published 1264].

Aquina, Thomas, *Treatise on Law: Summa Theologica, Questions 90-97*(《论法律:神学大全(第90—97个问题)》), Gateway Editions, 1996.

Arendt, Hannah(汉娜·阿伦特), *The Human Condition*(《人类的境况》), University of Chicago Press, 1958.

Aristotle(亚里士多德), 'History of Animals' ("动物的历史") in Barnes, Jonathan(乔纳森·巴尔内斯)(ed.), *The Complete Works of Aristotle, Vol. 1*[《亚里士多德全集》(第一卷)], Princeton University Press, 1984.

Armstrong, David(大卫·阿姆斯特朗), *What is a Law of Nature?* (《什么是自然之法?》), Cambridge University Press, 1983.

Attfield, Robin(罗宾·阿特菲尔德), *Environmental philosophy: Principles and Prospects*(《环境哲学:原则与愿景》), Ashgate Publishing, 1994.

Augustine, St(圣奥古斯丁), *City of God*(《上帝之城》), Penguin Classics, 2003.

Babie, Paul(保罗·芭比), 'Climate Change and the Concept of Private Property' ("气候变化与私有产权概念") in Rosemary Lyster(罗斯玛丽·利斯特)(ed.), *In the Wilds of Climate Law*(《在气候法的原野上》), Australian Academic Press, 2010.

227

Babie, Paul,'Private Property and Human Consequence'("私有产权及其对人类的影响")in Peter Burdon(彼得·伯登)(ed.),*An Invitation to Wild Law*(《荒野法的邀请》),Wakefield Press,2011.

Babie, Paul, *Private Property, Climate Change and The Children of Abraham*(《私有产权、气候变化和亚伯拉罕的孩子》),University of British Columbia Press,2015.

Bacon,Francis(弗朗西斯·培根),*The Essays*(《论说集》),Penguin Classics,1986.

Bacon,Francis,*Francis Bacon:The Major Works*(《弗朗西斯·培根:主要著作集》),Oxford University Press,1985.

Bacon, Francis, *The New Atlantis*(《新亚特兰蒂斯》),Cambridge University Press,1990[first published 1626].

Barnes,Jonathan(乔纳森·巴尔内斯)(ed.),*The Complete Works of Aristotle*(《亚里士多德全集》),Princeton University Press,1984.

Bates,Gerry(格里·贝茨),*Environmental Law in Australia*,6th edn[《澳大利亚环境法》(第六版)],Butterworths,2002.

Bateson,Gregory(格雷戈里·贝特森),*Mind and Nature:A Necessary Unity*(《意识与自然:一种必然的统一体》),Hampton Press,2002.

Baxi,Upendra(乌彭德拉·巴克西),*The Future of Human Rights*(《人权的未来发展》),Oxford University Press,2006.

Becker,Lawrence C.(劳伦斯·C.贝克尔),*Property Rights:Philosophical Foundations*(《财产权:哲学基础》),Routledge & Kegan Paul,1977.

Bedau,Hugo(雨果·贝道)(ed.),*Civil Disobedience in focus*(《聚焦公民非暴力不合作》),Routledge,1991.

Begon,Michael(迈克尔·贝贡),*Ecology:Individuals,Populations and Communities*(《生态学:个体、群体与共同体》),Sinauer Associates,1996.

Bennett,Jane(简·贝内特),*Vibrant Matter:A Political Ecology of Things*(《具有生机的问题:关于物的政治生态学》),Duke University Press Books,2010.

Bentham,Jeremy(杰里米·边沁),*A Theory of Legislation*(《立法原理》),Elibron Classics,1931[first published 1789].

Bentham,Jeremy,*A Bentham Reader*(《边沁读本》),Pegasus,1969.

Bentham,Jeremy,*Commentary on the Commentaries*(《对评论的评论》),Oxford University Press,1978[first published 1823].

Bentham, Jeremy, 'Deontology' ("义务论") in Ammon Goldworth (阿蒙·戈德沃斯) (ed.), *The Collected Works of Jeremy Bentham*(《杰里米·边沁作品集》), Oxford University Press, 1985.

Benyus, Janine M. (詹妮·M. 班亚斯), *Biomimicry: Innovation Inspired by Nature*(《仿生学：源自自然界的创新》), Harper Perennial, 2007.

Berger, Peter (彼得·伯杰) and Thomas Luckmann(托马斯·罗克曼), *The Social Construction of Reality: A Treatise in the Sociology of Knowledge* (《社会结构的实现：论社会学知识》), Anchor, 1966.

Bergin, Thomas(托马斯·伯金) and Max Fisch(马克斯·菲什), *The New Science of Giambattista Vico*(《詹巴蒂斯塔·维柯的新科学》), Cornell University Press, 1970.

Berlin, Isaiah(以赛亚·柏林), *Liberty: Incorporating Four Essays on Liberty* (《自由：关于自由的四篇论文合集》), Oxford University Press, 2002.

Berman, Harold J. (哈罗德·J. 伯尔曼), *Law and Revolution: The Formation of the Western Legal Tradition*(《法律与革命——西方法律传统的形成》), Harvard University Press, 1983.

Berman, Harold J., *Law and Revolution, II: The Impact of the Protestant Reformations on the Western Legal Tradition*(《法律与革命——宗教改革对西方法律传统的影响》), Harvard University Press, 2006.

Berman, Morris(莫里斯·伯尔曼), *The Re-enchantment of the World*(《世界的复魅》), Cornell University Press, 1981.

Berry, Thomas(托马斯·贝里), *The Historical Theory of Giambattista Vico* (《詹巴蒂斯塔·维柯的历史理论》), PhD thesis, American Catholic University, 1949.

Berry, Thomas, 'The New Story' ("新的故事") in *Teilhard Studies*(《德日进研究》), Anima Books, 1977.

Berry, Thomas, 'Perspectives on Creativity: Openness to a Free Future' ("创造性视角：开启一个自由的未来") in Francis A. Eigo(弗朗西斯·A. 艾格)(ed.), *Whither Creativity, Freedom, Suffering? Humanity, Cosmos, God* (《创造性、自由与苦难在何地？人、宇宙和上帝》), Villanova University Theology Institute Publishers, 1981.

Berry, Thomas, *The Dream of the Earth*(《地球之梦》), Sierra Club Books, 1988.

Berry, Thomas, *Human Presence in the Earth Community: Tape Five*(《人类在地球共同体中的角色：表演者》), (1989) Audiotape.

Berry, Thomas, *Befriending the Earth: A Theology of Reconciliation Between Humans and the Earth*(《支援地球：人与地球和谐与共的神学观》), Twenty-Third Publications, 1991.

Berry, Thomas, *Thomas Berry and the New Cosmology*(《托马斯·贝里与新宇宙观》), Twenty-Third Publications, 1991.

Berry, Thomas, *The Great Work: Our Way into the Future*(《伟大事业：人类的未来之路》), Bell Tower, 1999.

Berry, Thomas, 'The Story and the Dream: The Next Step in the Evolutionary Epic'("故事与梦想：进化史的下一个阶段") in J. B. Miller (J. B. 米勒)(ed.), *The Epic of Evolution: Science and Religion in Dialogue*(《进化史：科学与宗教的对话》), Prentice Hall, 2003.

Berry, Thomas, 'Legal Conditions for Earth Survival'("维持地球存续的法律基础") in Mary-Evelyn Tucker(玛丽-伊芙琳·塔克)(ed.), *Evening Thoughts: Reflections on Earth as Sacred Community*(《静夜思：地球作为神圣的共同体》), Sierra Club Books, 2006.

Berry, Thomas, 'The Spirituality of the Earth'("地球的灵魂") in Charles Birch et al(查理斯·伯奇)(eds), *Liberating Life: Contemporary Approaches in Ecological Theology*(《生命解放：生态神学的现代路径》), Wipf & Stock, 1990.

Berry Thomas, *The Sacred Universe: Earth, Spirituality and Religion in the Twenty-First Century*(《神圣的宇宙：二十一世纪的地球、灵魂与宗教》), Columbia University Press, 2009.

Berry, Wendell(温德尔·贝里), *A Continuous Harmony: Essays Cultural and Agricultural*(《持续性和谐》), Harcourt Brace Jovanovich, 1972.

Berry, Wendell, 'Whose Head is the Farmer Using? Whose Head is Using the Farmer?'("谁被农民利用？谁又在利用农民？") in Wes Jackson(韦斯·杰克逊), Wendell Berry and Bruce Coleman(布鲁斯·科尔曼)(eds), *Meeting the Expectations of the Land*(《实现对土地的预期》), North Point Press, 1984.

Berry, Wendell, *Sex, Economy Freedom and Community*(《性别、经济、自由与共同体》), Pantheon Books, 1993.

Berry, Wendell, *Another Turn of the Crank*(《可兰克的一次转机》), Counterpoint, 1995.

Berry, Wendell, *The Unsettling of America: Culture and Agriculture*(《混乱的美

国:文化与农业》),Sierra Club Books,1996.

Berry, Wendell, *The Art of the Commonplace: The Agrarian Essays of Wendell Berry*(《生活琐事中的艺术:温德尔·贝里关于土地研究的论文集》), Counterpoint,2003.

Berry, Wendell, *That Distant Land: The Collected Stories*(《遥远的土地:故事集锦》), Counterpoint,2005.

Bertalanffy, Ludwig von(路德维希·冯·贝塔朗菲), *General Systems Theory*(《一般系统论》), George Braziller,1968.

Best, Steven(斯蒂芬·贝斯特), 'The Commodification of Reality and the Reality of Commodification'("现实的商品化和商品的现实化") in Douglas kellner(道格拉斯·克尔勒)(ed.), *Baudrillard: A Critical Reader*(《鲍德里亚:批判性读本》), Oxford University Press,1994.

Best, Steven, *Igniting a Revolution: Voices in Defense of the Earth*(《引爆革命:保卫地球的声音》), AK Press,2006.

Birch, Charles(查理斯·伯奇), *Biology and the Riddle of Life*(《生物学与生命之谜》), University of New South Wales Press,1999.

Bix, Brian H.(布莱恩·H.比克斯), *A Dictionary of Legal Theory*(《法学理论辞典》), Oxford University Press,2004.

Bix, Brian H., 'The Natural Law Tradition'("自然法的传统") in Joel Fienberg(乔尔·费恩伯格) and Jules Coleman(朱尔斯·科尔曼)(eds), *Philosophy of Law*(《法律哲学》), Wadsworth Publishing,2004.

Bix, Brian H., *Jurisprudence: Theory and Context*(《法理学:理论与脉络》), Carolina Academic Press,2009.

Blackshield, Tony(托尼·布莱克希尔德) and George Williams(乔治·威廉姆斯), *Australian Constitutional Law and Theory*, 3rd edn(《澳大利亚宪法及其理论》(第三版)), Federation Press,2002.

Blackstone, Sir William(西尔·威廉·布莱克斯顿), *The Commentaries on the Laws of England*(《英格兰法律评注》), Oxford University Press, 1966 [first published 1796].

Blomley, Nicholas(尼古拉斯·布隆里), *Laws, Space and the Geographies of Power*(《法律、空间和权力地理学》), Guilford Press,1994.

Blomley, Nicholas, D. Delaney(D. 德兰尼) and R. Ford(R. 福特), *The Legal Geographies Reader: Law, Power and Space*(《法律地理学读本:法律、权力和空间》), Wiley-Blackwell,2001.

Bohm, David(大卫·博姆), 'Postmodern Science and a Postmodern World' ("后现代科学与后现代世界") in Carolyn Merchant(卡洛琳·麦钱特)(ed.), *Ecology*(《生态学》), Humanity Books, 1994.

Bonyhady, T. (T. 博尼哈迪) and T. Griffiths (T. 格里菲思), *Words for Country: Landscape and Language*(《国家的文字：自然环境与语言》), University of New South Wales Press, 2002.

Bookchin, Murray(墨里·布克金), *The Ecology of Freedom: The Emergence and Dissolution of Hierarchy*(《以自由看待生态学：科层的产生与消亡》), Cheshire Books, 1982.

Bookchin, Murray, *The Rise of Urbanization and the Decline of Citizenship*(《城市化的兴起与公民社会的式微》), Sierra Club Books, 1987.

Bookchin, Murray, *Remaking Society: Pathways to a Green Future*(《重建社会：通向绿色未来之路》), South End Press, 1990.

Bookchin, Murray, *Toward an Ecological Society*(《走进生态社会》), Black Rose Books, 1996.

Bookchin, Murray and Dave Forman(戴夫·福尔曼), *Defending the Earth: A Dialogue Between Murray Bookchin and Dave Foreman*(《地球再认识：墨里·布克金和戴夫·福尔曼的对话》), South End Press, 1999.

Bosselmann, Klaus(克劳斯·博塞尔曼), *When Two Worlds Collide: Society and Ecology*(《人类社会与生态的冲突》), RSVP, 1995.

Bosselmann, Klaus, *The Principle of Sustainability: Transforming Law and Governance*(《可持续性的原则：法律与治理的变革》), Ashgate, 2008.

Bosselmann, Klaus, 'The Way Forward: Governance and Ecological Integrity' ("前方的路：治理与生态整体性"), in Laura Westra(劳拉·威斯特拉), Klaus Bosselmann and Richard Westra(理查德·威斯特拉), *Reconciling Human Existence with Ecological Integrity*(《人类存续与生态整体性的协同》), Earthscan, 2008.

Bosselmann, Klaus, 'Earth Democracy: Institutionalizing Sustainability and Ecological Integrity' ("地球民主：可持续性和生态整体性的制度化") in J. Ronald Engel(J. 罗纳德·恩格尔), Laura Westra(劳拉·威斯特拉) and Klaus Bosselmann (eds), *Democracy, Ecological Integrity and International Law*(《民主、生态整体性与国际法》), Cambridge Scholars Press, 2010.

Bosselmann, Klaus, 'From Reductionist Environmental Law to Sustainability

Law'("从还原主义的环境法到可持续法") in Peter Burdon(彼得·伯登)(ed.), *Wild Law: An Invitation*(《荒野法的邀请》), Wakefield Press,2011a.

Bosselmann, Klaus, 'Property Rights and Sustainability: Can They Be Reconciled?'("财产权与可持续性:二者何以协调?") in David Grinlinton(大卫·格林林顿)and Prue Taylor(普鲁·泰勒)(eds), *Property Rights and Sustainability: The Evolution of Property Rights to Meet Ecological Challenges*(《财产权与可持续性:面对生态性挑战的财产权演化》), Martinus Nijhoff,2011b.

Bosselmann, Klaus and David Grinlinton(eds), *Environmental Law for a Sustainable Society*(《可持续社会的环境法》), NZCEL Monograph Series,2002.

Boughey,Arthur(阿瑟·博伊), *Man and the Environment: Introduction to Human Ecology and Evolution*(《人类与环境:人类生态学与进化导读》), Macmillan,1975.

Boyd,Brian(布莱恩·博伊德), *On the Origin of Stories: Evolution, Cognition, and Fiction*(《起源的故事:进化、认知与传说》), Belknap Press of Harvard University Press,2010.

Bressler,J. B. (J. B.布莱斯勒), *Human Ecology*(《人类生态学》), Addison-Wesley,1966.

Brooks,Richard O. (理查德·O.布鲁克斯), Ross Jones(罗斯·琼斯)and Ross A. Virginia(罗斯·A.弗吉尼亚), *Law and Ecology: The Rise of the Ecosystem Regime*(《法律与生态学:生态系统管理制度的兴起》), Ashgate,2002.

Brown,Andrew(安德鲁·布朗), J. D. Bernal(J. D.伯纳尔), *The Sage of Science*(《科学之圣》), Oxford University Press,2007.

Brown,Brian Edward(布莱恩·爱德华·布朗), *Religion, Law and the Land: Native Americans and the Judicial Interpretation of Sacred Land*(《宗教、法律与土地:美国原住民及其对神圣土地的司法解读》), Greenwood Press,1999.

Brown,Lester R. (莱斯特·R.布朗), *Plan 4: 0 Mobilizing to Save Civilization*(《拯救公民社会动员计划4:0》), World Watch Institute,2009.

Buckland,William(威廉·巴克兰), *Roman Law of Slavery: The Condition of The Slave In Private Law from Augustus To Justinian*, Kessinger Publishing

(《罗马法上的奴隶制度：从奥古斯都到查士丁尼看私法中奴隶的地位》),2010[first published 1908].

Bullard,Robert D.(罗伯特·D.布拉德),*Dumping in Dixie：Race,Class,and Environmental Quality*(《美国南部的垃圾倾倒：种族、阶层和环境质量》),Westview Press,2000.

Burdon,Peter(彼得·伯登),'The Ecozoic Paradigm'("生态时代范式") in Peter Burdon (ed.),*An Invitation to Wild law*(《荒野法的邀请》),Wakefield Press,2011.

Burdon,Peter,'The Great Law'("伟大之法") in Peter Burdon(ed.),*An Invitation to Wild Law*,Wakefield Press,2011.

Burdon,Peter,'The Project of Earth Democracy'("地球民主计划") in *Confronting Collapse：What Agencies,Institutions and Strategies are Needed for a Better World? How to Achieve Environmental Justice?* (《直面崩塌：一个更好的世界需要哪些机构、制度和策略？如何实现环境正义？》),Routledge,2013.

Burdon,Peter,'Environmental Human Rights：A Constructive Critique'("环境人权：建构性批判")in Anna Grear(安娜·格利尔) and Louis Kotz(路易斯·克茨)(eds),*Research Handbook on Human Rights and the Environment*(《人权与环境研究手册》),Edward Elgar,2014.

Burns Thomas(托马斯·伯恩斯),'Hierarchical Evolution in Ecological Networks'("生态网络系统的科层进化")in Masahiko Higashi(东野·青木昌彦) and Thomas Burns,*Theoretical Studies of Ecosystems：The Network Perspective*(《生态系统理论研究：网络的视角》),Cambridge University Press,1991.

Butt,Peter(彼得·巴特),*Land Law*(《土地法》),Law Book Company,2001.

Campbell,Joseph(约瑟夫·坎贝尔),*The Inner Reaches of Outer Space：Metaphor as Myth and as Religion*(《外在空间的内在尺度：神话和宗教的隐喻》),New World Library,2002.

Capra,Fritjof(菲杰弗·卡普拉),*The Turning Point：Science,Society and the Rising Culture*(《拐点：科学、社会和勃兴的文化》),Bantam,1983.

Capra,Fritiof,'Systems Theory and the New Paradigm'("系统论与新范式") in Carolyn Merchant (卡洛琳·麦钱特)(ed.),*Ecology*(《生态学》),Humanity Books,1994.

Capra, Fritjof, *The Web of Life*: *A New Scientific Understanding of Living Systems*(《生命之网：对生命系统的全新科学解读》), Anchor Books, 1996.

Capra, Fritjof, *The Tao of Physics*: *An Exploration of the Parallels between Modern Physics and Eastern Mysticism*(《物理学之道：对现代物理学与东方神秘主义的对比性探究》), Shambhala, 2010.

Carson, Rachel(蕾切尔·卡逊), *Silent Spring*(《寂静的春天》), Mariner Books, 1962.

Cater, Paul(保罗·卡特), *The Life of the Land*(《大地的生命》), Faber & Faber, 1996.

Carlyle, A. J. (A. J. 卡莱尔), *Property, its Rights and Duties*(《财产，及其权利与义务》), Macmillan, 1922.

Cashford, Jules(朱尔斯·卡什福德), 'Dedication to Thomas Berry'("托马斯·贝里的贡献") in Peter Burdon(ed.), *An Invitation to Wild Law*(《荒野法的邀请》), Wakefield Press, 2011.

Chardin, Teilhard de(德日进), *The Phenomenon of Man*(《人的现象》), Collins Sons & Co. Ltd, 1959.

Chardin, Pierre Teilhard de, *The Divine Milieu*(《神圣的环境》), Harper & Row, 1960.

Chardin, Pierre Teilhard de, *Science and Christ*(《科学与基督教》), Harper & Row, 1968.

Chardin, Pierre Teilhard de, *The Future of Man*(《人类的未来》), Harper & Row, 1977.

Chardin, Pierre Teilhard de, *The Phenomenon of Man*(《人的现象》), Harper Perennial, 2008.

Christ, Carol(卡罗尔·克里斯特), 'Why Women Need the Goddess'("女性为什么需要女神") in Carol Christ and Judith Plaskow(朱迪斯·普拉斯科)(eds), *Woman spirit Rising*: *A Feminist Reader in Religion*(《女性精神的兴起：宗教视角下的女权主义读本》), Harper and Row, 1979.

Churchill, Ward(沃德·丘吉尔), *Pacifism as Pathology*(《病态的和平主义》), AK Press, 2007.

Cicero(西塞罗), *The Nature of the Gods*(《上帝的属性》), Oxford University Press, 2008.

Cicero, *The Republic and the Laws*(《共和与法律》), Oxford University Press, 2008.

Clark, Ronald W.(罗纳多·W. 克拉克), *Einstein: The Life and Times*(《爱因斯坦:生命与时间》), Harper Perennial, 2007.

Clay, Jason(詹森·克莱), *World Agriculture and the Environment*(《世界农业与环境》), Island Press, 2004.

Code, Lorraine(洛林·柯德), *Ecological Thinking: The Politics of Epistemic Location*(《生态学思维:政治学与学术场景》), Oxford University Press, 2006.

Cohen, G. A.(G. A. 科恩), *Karl Marx's Theory of History: A Defence*(《对卡尔·马克思历史理论的辩护》), Oxford University Press, 1978.

Cole, Daniel(丹尼尔·科尔), *Pollution and Property: Comparing Ownership Institutions for Environmental Protection*(《污染与财产权:比较环境保护的所有权制度》), Cambridge University Press, 2002.

Comte, Auguste(奥古斯特伯爵), *Introduction to Positive Philosophy*(《实证主义哲学导论》), Hackett Publishing Company, 1988.

Cooper, John M.(约翰·M. 库珀)(ed.), *Plato: Complete Works*(《柏拉图:完美事业》), Hackett Publishing Company, 1997.

Cotterell, Roger(荣格·科特罗), *Law, Culture and Society: Legal Ideas in the Mirror of Social Theory*(《法律、文化与社会:社会学理论下的法律理念》), Ashgate Publishing, 2006.

Coyle, Sean(肖恩·科勒)and Karen Morrow(凯伦·莫罗), *The Philosophical Foundations of Environmental Law: Property, Rights and Nature*(《环境法的哲学基础:财产、权利与自然》), Hart Publishing, 2004.

Craig, Edward(爱德华·克雷格)(ed.), *The Shorter Routledge Encyclopedia of Philosophy*(《劳特里奇大百科全书的缺憾》), Routledge, 2005.

Cronon, William(威廉·克罗农)(ed.), *Uncommon Ground: Rethinking the Human Place in Nature*(《不同寻常的地方:反思人类在自然界中的场所》), WW Norton and Company, 1996.

Crooks, Kevin(凯文·克鲁克斯)and M. Sanjayan(M. 桑伽严)(eds), *Connectivity Conservation*(《保护连贯性》), Cambridge University Press, 2006.

Cullinan, Cormac(科马克·卡利南), *Wild Law: A Manifesto for Earth Justice*(《地球正义宣言:荒野法》), Green Books, 2003.

Cullinan, Cormac, *Wild Law: A Manifesto for Earth Justice*, Chelsea Green Publishing, 2011a.

Cullinan, Cormac,'A History of Wild Law'("荒野法的历史") in Peter Burdon(ed.), *An Invitation to Wild law*(《荒野法的邀请》), Wakefield Press,2011b.

Cullis,Tara(塔拉·卡里斯)and David Suzuki(大卫·铃木), *The Declaration of Interdependence: A Pledge to Planet Earth*(《独立宣言:对地球的承诺》),Greystone Books,2010.

Curd,Martin(马丁·柯德),'The Laws of Nature'("自然之法")in Martin Curd and J. A. Cover(J. A.科弗), *Philosophy of Science: The Central Isues* (《科学哲学:核心问题》),WW Norton and Company,1998.

Dalton,Anne Marie(安妮·玛丽·道尔顿), *A Theology for the Earth: The Contributions of Thomas Berry and Benard Lonergan*(《地球神学:托马斯·贝里和伯纳德·朗纳根的贡献》),University of Ottawa Press,1999.

Darwin,Charles(查理斯·达尔文), *The Origin of Species: 150th Anniversary Edition*(《物种起源:150周年纪念版》),Signet Classics,2003.

Davies,Margaret(玛格丽特·戴维斯), *Property, Meanings, Histories, Theories* (《财产、意义、历史、理论》),Routledge,2007.

Davies,Margaret, *Asking the Law Question*(《法律问题咨询》),Thomson Reuters,2008.

Derrida,Jacques(雅格·德里达),'Before the Law'("法律之前的景象")in David Attridge(大卫·阿特里奇)(ed.), *Acts of Literature*(《语言的行动》),Routledge,1992.

Descartes,René(勒奈·笛卡尔)in John Cottingham(约翰·哥廷根)(ed.), *The Philosophical Writings of Descartes*(《笛卡尔的哲学论著》), Cambridge University Press,1985.

Descartes,René, *Discourse on Method for Conducting One's Reason Well and for Seeking Truth in the Sciences*(《论思考的方法和科学中探求真理的方法》),Hackett Publishing Company,1998.

Descartes,René, *Meditations, Objections, and Replies*(《沉思、异议与回应》), Hackett Publishing Company,2006.

DesJardin,Joseph(约瑟夫·德雅尔丹), *Environmental Ethics: Concepts, Policy and Theory*(《环境伦理学:概念、政策与理论》),McGraw-Hill,1998.

Dessler,Andrew(安德鲁·戴斯勒)and Edward Parson(爱德华·帕森), *The*

Science and Politics of Global Climate Change: A Guide to the Debate(《全球气候变化的科学与政治：讨论指南》), Cambridge University Press, 2010.
Devall. Bill(比尔·德瓦尔) and George Sessions(乔治·塞申斯)(eds), Deep Ecology: Living as if Nature Mattered(《深生态学：像自然一样生活》), Gibbs Smith, 1985.
Diamond, Jared(杰瑞德·戴蒙德), Guns, Germs, and Steel: The Fates of Human Societies(《枪支、细菌与钢铁：人类社会的宿命》), WW Norton and Company, 2005.
Dokuchaev, Vasilievich(瓦西里耶维奇·多库恰耶夫), Cartography of Russian Soils(《俄罗斯土壤制图学》), St. Petersburg, 1879.
Downton, Paul(保罗·道顿), Ecopolis: Architecture and Cities for a Changing Climate(《生态城市：应对气候变化的建筑和城市》), Springer Press, 2009.
Dozer, Rudolf(鲁道夫·多泽), Property and Environment: The Social Obligation Inherent to Ownership—A Study of German Constitutional Setting(《财产权与环境：内在于所有权中的社会责任——关于德国宪法制定问题的研究》), International Union for Conservation of Nature and Natural Resources, 1976.
Dubos, René(勒奈·杜博斯), 'A Theology of the Earth'("地球神学") in Ian Barbour(伊恩·巴博尔)(ed.), Western Man and Environmental Ethics(《西方人和环境伦理学》), Longman Higher Education, 1973.
Dunn, Stephen(斯蒂芬·杜恩), Thomas Clarke(托马斯·克拉克) and Anne Lonergan(安娜·罗纳根), Befriending the Earth: A Theology of Reconciliation Between Humans and the Earth: Thomas Berry and Thomas Clark(《善待地球——人与地球和谐共处的神学：托马斯·贝里和托马斯·克拉克》), Twenty-Third Publications, 1991.
Dworkin, Ronald(罗纳德·德沃金), Taking Rights Seriously(《认真对待权利》), Harvard University Press, 1978.

Eagleton, Terry(特里·伊格尔顿), Why Marx was Right(《为什么马克思是正确的》), Yale University Press, 2012.
Eckersley, Robyn(罗宾·艾利克斯), Environmentalism and Political Theory: Toward an Ecocentric Approach(《环境保护主义与政治理论：迈向生态

中心主义路径》),State University of New York Press,1992.

Eckersley,Robyn,*The Green State*:*Rethinking Democracy and Sovereignty*(《绿色之州:反思民主与主权》),MIT Press,2004.

Ehrenfeld,David(大卫·埃伦费尔德),*The Arrogance of Humanism*(《人本主义的傲慢》),Oxford University Press,1978.

Ehrlich,Paul(保罗·埃里希),*The population Bomb*(《人口大爆炸》),MacMillan,1972.

Eiseley,Loren(洛伦·艾斯里),*The Immense Journey*(《无尽的旅程》),Vintage,1946.

Eiseley,Loren,*The Firmament of Time*(《时光的苍穹》),Bison Books,1960.

Embree,Lester(莱斯特·恩布里),*Environmental Philosophy and Environmental Activism*(《环境哲学与环境运动》),Rowman & Littlefield Publishers,1995.

Engel,J.(J.恩格尔)'Contesting Democracy'("辩论式民主")in J. Ronald Engel(J.罗纳德·恩格尔),Laura Westra(劳拉·威斯特拉)and Klaus Bosselmann(eds),*Democracy,Ecological Integrity and International Law*(《民主、生态整体性与国际法》),Cambridge Scholars Press,2010.

Engel,Ron(罗恩·恩格尔),*Sacred Sands*:*The Struggle for Community in the Indiana Dunes*(《神圣的沙漠:印第安纳州沙丘区域的共同体抗争》),Wesleyan Press,1986.

Engel,J. Ronald(J.罗纳德·恩格尔),'Property:Faustian Pact or New Covenant with Earth?'("财产权:与地球之间浮士德式的约定还是新契约?")in David Grinlington and Prue Taylor(普鲁·泰勒)(eds),*Property Rights and Sustainability*:*The Evolution of Property Rights to Meet Ecological Challenges*(《财产权与可持续性:遭遇生态危机的财产权演化》),Martinus Nijhoff,2011.

Engel,J. Ronald,'The Summons to a New Axial Age:The Promise,Limits and Future of the Earth Charter'("新轴心时代的召唤:地球宪章的希冀、范围和未来")in Laura Westra(劳拉·威斯特拉)and Mirian Vilela(麦瑞安·维莱拉)(eds),*The Earth Charter,Ecological integrity and Social Movements*(《地球宪章、生态整体性和社会运动》),Routledge,2014.

Engel,J. Ronald and Brendan Mackey(布兰登·麦基),'The Earth Charter, Covenants,and Earth Jurisprudence'("地球宪章、地球契约和地球法理")in Peter Burdon(ed.),*An Invitation to Wild Law*(《荒野法的邀

239

请》),Wakefield Press,2011.

Epstein,Richard(理查德·爱泼斯坦),*Takings*:*Private Property and the Power of Eminent Domain*(《私有产权与国家征用权》),Harvard University Press,1985.

Esjörn-Hargens,Sean(肖恩·哈金斯),'Ecological Interiority:Thomas Berry's Integral Ecology Legacy'("生态的内在属性:托马斯·贝里整体生态学的遗产")in Ervin Laszlo(欧文·拉兹洛)and Allan Combs(安南·库姆斯)(eds),*Thomas Berry Dreamer of the Earth*:*The Spiritual Ecology of the Father of Environmentalism*(《托马斯·贝里的〈地球之梦〉:环境保护主义之父的精神生态学》),Inner Traditions,2011.

Esjörn-Hargens,Sean and Michael E. Zimmerman(迈克尔·E.齐默尔曼),*Integral Ecology*:*Uniting Multiple Perspectives on the Natural World*(《整体生态学:观察自然世界的多元视角》),Integral Books,2009.

Etzioni,Amitai(阿米塔伊·艾齐厄尼),*The Essential Communitarian Reader*(《重要社群主义读本》),Rowman & Littlefield Publishers,1998.

Evernden,Neil(尼尔·埃文登),*The Social Creation of Nature*(《自然界的社会性创造》),Johns Hopkins University Press,1992.

Evernden,Neil,*The Natural Alien*:*Human Kind and the Environment*(《自然界的异化:人类与环境》),University of Toronto Press,1999.

Fairweather. N.(N.费尔韦瑟),'The Future of Environmental Direct Action:A Case for Tolerating Disobedience'("环境导向型行为的未来:容忍不服从行为的案例")in N. Fairweather,Sue Elworthy(苏·埃尔沃西),Matt Stroh(马特·斯特罗)and Piers Stephens(皮尔斯·斯蒂芬斯)(eds),*Environmental Futures*(《环境的未来》),Palgrave Macmillan,1999.

Farrington,Benjamin(本杰明·法林顿),*Francis Bacon*:*Philosopher of Industrial Science*(《弗朗西斯·培根:工业科学时代的哲学家》),Schumann,1949.

Fiere,Ronald(罗纳德·菲勒),'The Skeptical Perspective:Science Without Laws of Nature'("怀疑主义视角:没有自然之法的科学"),in Friedel Weinert(弗里德尔·韦纳特)(ed.),*Laws of Nature*:*Essays on the Philosophical*,*Scientific and Historical Dimensions*(《自然之法:哲学、科学和历史维度的论说集》),Walter de Gruyter,1995.

Finnis,John(约翰·菲尼斯),*Natural Law and Natural Rights*(《自然法和自

然权利》),Oxford University Press,1980.

Finnis,John,'Law,Problems in Philosophy'("法律——哲学中的问题") in Ted Honderich(泰德·洪德里奇)(ed.), *Oxford Companion to Philosophy*(《牛津哲学指南》),Oxford University Press,1995.

Finnis,John,'The Truth in Legal Positivism'("法律实证主义中的真理") in Robert P. George(罗伯特·P.乔治)(ed.), *The Autonomy of law: Essays in Legal Positivism*(《法律的自治:法律实证主义论文集》),Oxford University Press,1996.

Finnis,John, *Aquinas: Moral, Political, and Legal Theory*(《阿奎那:道德、政治和法律理论》),Oxford University Press,1998.

Finocchiaro,Maurice A.(莫里斯·菲诺基亚罗)(ed.), *The Essential Galieo*(《必不可少的伽利略》),Hackett Publishing Company,2008.

Fish,Stanley(斯坦利·菲什), *Doing What Comes Naturally: Change, Rhetoric, and the Practice of Theory in Literary and Legal Studies, Post-contemporary Interventions*(《顺其自然:变革、修辞、文学和法学研究中的理论实践、后现代的介入》),Duke University Press Books,1990.

Fitzpatrick,Peter(彼得·菲茨帕特里克), *The Mythology of Modern Law*(《现代法学的神话》),Routledge,1992.

Flader,Susan(苏珊·福莱德),and J. Baird Callicott(J.贝尔德·卡里克), *The River of the Mother of God and Other Essays by Aldo Leopold*(《上帝母亲的河流以及奥尔多·利奥波德的其他论文集》),University of Wisconsin Press,1991.

Flannery,Tim(蒂姆·弗兰纳里), *The Future Eaters*(《未来的大胃王》),Grove Press,1994.

Folse,Henry(亨利·弗尔斯), *The Philosophy of Niels Bobr: The Framework of Complementarily*(《尼尔斯·玻尔的哲学:互补性的框架》),North Holland,1985.

Forbes,Stephen(斯蒂芬·福布斯), *The Lake as a Microcosm*(《湖泊是一个微观世界》),Bobbs-Merrill,1925.

Foster,John Bellamy(约翰·贝拉米·福斯特), *Marx's Ecology: Materialism and Nature*(《马克思生态学:唯物主义与自然》),Monthly Review Press,2000.

Foster,John Bellamy, *Ecology Against Capitalism*(《对抗资本主义的生态学》),Monthly Review Press,2002.

Foster, John Bellamy, *The Ecological Revolution: Making Peace with the Planet*(《生态革命:与地球和谐共处》), Monthly Review Press, 2009.

Foster, John Bellamy, *The Ecological Rift: Capitalism's war on the Earth*(《生态危机:资本主义对地球的征伐》), Monthly Review Press, 2010.

Fourier, Charles(查理斯·傅里叶), Gareth Jones(加雷斯·琼斯) and Ian Patterson(伊恩·帕特森), *Fourier: The Theory of the Four Movements*(《傅里叶:四项运动的理论》), Cambridge University Press, 1996.

Fox, Matthew(马修·福克斯), 'Some Thoughts on Thomas Berry's Contributions to the Western Spiritual Tradition'("反思托马斯·贝里对西方思想传统的贡献") in Ervin Laszlo(欧文·拉兹洛) and Allan Combs(安南·库姆斯)(eds), *Thomas Berry, Dream of the Earth: The Spiritual Ecology of the Father of Environmentalism*(《托马斯·贝里的〈地球之梦〉:环境保护主义之父的精神生态学》), Inner Traditions, 2011.

Freeman, M. D. A. (M. D. A. 弗里曼), *Current Legal Problems*(《当前的法律问题》), Oxford University Press, 1982.

Freeman, M. D. A., *Lloyd's Introduction to Jurisprudence*(《劳埃德的法理学导读》), Thomson Reuters, 2008.

Freud, Sigmund(西格蒙德·弗洛伊德), *Civilization and Its Discontents*(《文明及其焦虑》), WW Norton and Company, 1989.

Freyfogle, Eric T. (埃里克·T. 弗雷福格), *Justice and Earth: Images of Our Planetary Survival*(《正义与地球:人类星球的生存愿景》), Free Press, 1993.

Freyfogle, Eric T., *Bounded People, Boundless Lands: Envisioning A New Land Ethic*(《有界的人群和无界的土地:新大地伦理学展望》), Island Press, 1998.

Freyfogle, Eric T., *The New Agrarianism: Land, Culture, and the Community of Life*(《地权新论:土地、文化和生命共同体》), Island Press, 2001.

Freyfogle, Eric T., *The land We Share: Private Property and the Common Good*(《我们共有的土地:私有产权与共同福祉》), Shearwater Books, 2003.

Freyfogle, Eric T., 'Private Property in Land: An Agrarian View'("土地的私有产权:农业视角") in Norman Wirzba(诺曼·维茨巴)(ed.), *The Essential Agrarian Reader: The Future of Culture, Community and the Land*(《重要地权导读:文化、共同体和土地的未来》), Counterpoint, 2003.

Freyfogle, Eric T., *Why Conservation is Failing and How it Can Regain Ground*

(《自然保存何以失败,如何才能重获生机》),Yale University Press,2006.

Freyfogle,Eric T. ,*Agrarianism and the Good Society：Land,Culture,Conflict, and Hope*(《地权主义和善治社会:土地、文化、冲突和希冀》), University Press of Kentucky,2007.

Freyfogle, Eric T. , *On Private Property：Finding Common Ground on the Ownership of Land*(《论私有产权:寻找土地所有权的共同基础》), Beacon Press,2007.

Freyfogle, Eric T. , *On Private Property：Finding Common Ground on the Ownership of Land*(《论私有产权:寻找土地所有权的共同基础》), Beacon Press,2009.

Freyfogle,Eric T. ,Dale D. Goble(戴尔·D. 戈布尔),*Wildlife Law：A Primer* (《野生法:案例与资料》),Island Press,2009.

Francione,Gary(加里·弗兰西恩),*Animals Property and the Law*(《动物财产权与法律》),Temple University Press,2005.

Fuller,Lon(朗·富勒),*The Law in Quest of Itself*(《法律对自身的探求》), Beacon Press,1940.

Fuller, Lon, *The Morality of Law*(《法律的道德性》),Yale University Press,1964.

Fuller, Lon, *The Principles of Social Order*(《社会秩序的原则》),Duke University Press,1981.

Gardner,Garry(加里·加德纳),*Inspiring Progress：Religion's Contribution to Sustainable Development*(《令人鼓舞的进步:宗教对可持续发展的贡献》),World watch Institute,2006.

Gammage,Bill(比尔·甘米奇),*The Biggest Estate on Earth：How Aborigines Made Australia*(《地球上最大的不动产:原住居民如何造就了澳大利亚》),Allen & Unwin,2013.

Garber,Danie(丹尼尔·加伯),'René Descartes'("勒奈·笛卡尔")in Edward Craig (爱德华·克雷格)(ed. ),*The Shorter Routledge Encyclopedia of Philosophy*(《劳特利奇大百科全书的缺憾》), Routledge,2005.

Gelderloos,Peter(彼得·戈尔德隆),*How Nonviolence Protects the State*(《如何用非暴力手段保卫国家》),Southend Press,2007.

Getzler, Joshua(约书亚·盖茨勒), 'Roman Ideas of Landownership'("土地所有权的罗马法理念") in Susan Bright(苏珊·布莱特) and John Dewar(约翰·迪尤尔)(eds), *Land Law: Themes and Perspectives*(《土地法:主体与展望》), Oxford University Press, 1998.

Godden, Lee(李·戈登) and Jacqueline Peel(皮尔·杰奎琳), *Environmental Law: Scientific, Policy and Regulatory Dimensions*(《环境法:科学、政策与规制维度》), Oxford University Press, 2010.

Goldstein, Robert(罗伯特·戈德斯坦), *Ecology and Environmental Ethics: Green Wood in the Bundle of Sticks*(《生态学与环境伦理:淘汰盘上的新木材》), Ashgate Publishing, 2004.

Goldworth, A.(A. 戈德沃斯)(ed.), *The Collected Works of Jeremy Bentham*(《杰里米·边沁著作集》), Oxford University Press, 1983.

Golan, Tal(塔尔·格兰), *Laws of Men and Laws of Nature: The History of Scientific Expert Testimony in England and America*(《人定法与自然法:英国和美国科学专家证言的历史》), Harvard University Press, 2007.

Gordon, Robert(罗伯特·戈登), 'Paradoxical Property'("诡异的财产权") in John Brewer(约翰·布鲁尔) and Susan Staves(苏珊·丝塔芙斯)(eds), *Early Modern Conceptions of Property*(《前现代财产权的概念》), Routledge, 1995.

Gottlieb, Roger S.(罗杰·S. 戈特利布)(ed.), *The Ecological Community*(《生态共同体》), Routledge, 1996.

Gottlieb, Roger S., *This Sacred Earth: Religion, Nature, Environment*(《神圣的地球:宗教、自然与环境》), Routledge, 1996.

Gottlieb, Roger S., *The Oxford Handbook of Religion and Ecology*(《宗教与生态学牛津手册》), Oxford University Press, 2010.

Graham, Nicole(尼克尔·格拉哈姆), *Lawscape: Paradigm and Place in Australian Property Law*(《法律的景象:澳大利亚财产法中的范式与场所》), PhD thesis, University of Sydney, 2003.

Graham, Nicole, 'Restoring the "Real" to Real Property Law'("恢复不动产法的'不动产'属性") in Wilfred Press(威尔弗莱德·普雷斯)(ed.), *Blackstone and His Commentaries: Biography, Law, History*(《布莱克斯通和他的论著:自传、法律与历史》), Hart Publishing, 2009.

Graham, Nicole, *Lawscape: Property, Environment, Law*(《法律的景象:财产、环境与法律》), Routledge, 2011.

Gray, Janice(贾尼斯·格雷),'Watered Down Legal Constructs, Tradable Entitlement and the Regulation of Water'("淡化对水的法律建构、权利交易和规制")in Devleena Ghosh(德芙利娜·高希), Heather Goodall(希瑟·古道尔)and Stephanie Hemelryk Donald(斯蒂芬妮·H.唐纳德)(eds), *Water, Sovereignty and Borders in Asia and Oceania*(《亚洲和大洋洲的水、主权、边界》), Routledge, 2008.

Green, T. H. (T. H. 格林), *Lectures on the Principles of Political Obligation*(《"政治责任的原则"讲义稿》), Cambridge University Press, 1907.

Grundmann, Reiner(莱内尔·格伦德曼), *Marxism and Ecology*(《马克思主义与生态学》), Oxford University Press, 1991.

Guttman, Amy(艾米·戈特曼)and Dennis Thompson(丹尼斯·汤普森), *Democracy and Disagreement*(《民主与异见》), Harvard University Press, 1996.

Hall, Kermit(可米特·哈勒), Paul Finkelman(保罗·芬克尔曼)and James Ely(詹姆斯·伊利), *American Legal History: Cases and Materials*(《美国法律史:案例与资料》), Oxford University Pres, 2004.

Hall, Kermit and Peter Karsten(彼得·卡斯滕), *The Magic Mirror: Law in American History*(《墨镜:美国历史上的法律》), Oxford University Press, 2009.

Hanna, Susan(苏珊·汉纳), Carl Folke(卡尔·福尔克), Karl-Goran Maler(卡尔—戈兰·梅勒尔)and Kenneth Arrow(肯尼斯·阿诺), *Rights to Nature*(《对自然的权利》), Island Press, 1996.

Harris, J. W. (J. W. 哈里斯), *Property and Justice*(《财产权与正义》), Oxford University Press, 1996.

Harris, J. W., *Legal Philosophies*(《法律哲学》), Oxford University Press, 2004.

Hart, H. L. A. (H. L. A. 哈特), *The Concept of Law*(《法律的概念》), Oxford University Press, 1961.

Hart, H. L. A., *Essays in Jurisprudence and Philosophy*(《法理学与哲学论集》), Oxford University Press, 1983.

Harvey, David(大卫·哈维), *Justice, Nature and the Geography of Difference*(《差异化的正义、自然与地理》), Blackwell Publishers, 1996.

Harvey, David, *A Brief History of Neoliberalism*(《新自由主义简史》), Oxford

University Press, 2007.

Harvey, David, *A Companion to Marxs*(《马克思资本论指南》), Verso, 2010.

Harvey, David, *The Enigma of Capital*(《神秘莫测的资本》), Oxford University Press, 2011.

Harvey, David, *Rebel Cities: From the Right to the City to the Urban Revolution*(《对抗城市:从城市权利到城市改革》), Verso, 2012.

Hauerwas, Stanley(斯坦利·哈弗罗斯) and L. Gregory Jones(L. 格雷戈里·琼斯), *Why Narrative? Readings in Narrative Theology*(《为什么要叙事?神学叙事读本》), Wipf & Stock Publishers, 1997.

Havel, Norman(诺曼·哈弗尔), *Ecology and Bible—Green & Grey*(《生态学和圣经:绿色和灰色》), ATF Press, 2008.

Hawken, Paul(保罗·霍肯), *The Ecology of Commerce*(《贸易中的生态学》), Harper Paperbacks, 1994.

Hawken, Paul, *Blessed Unrest: How the Largest Movement in the World Came into Being and Why No One Saw it Coming*(《神圣的动荡:世界上最大规模的运动为什么发生了,而且没有人意识到它的到来》), Viking Press, 2007.

Hawken, Paul, *Natural Capitalism: Creating the Next Industrial Revolution*(《自然资本主义:创造下一个工业革命》), Back Bay Books, 2008.

Hay, Peter(彼得·海), *Main Currents in Western Environmental Thought*(《西方环境保护思想的主流》), Indiana University Press, 2002.

Haywood, Bill(比尔·海伍德), Dave Foreman(戴夫·福尔曼) and Edward Abbey(爱德华·阿贝), *Ecodefense: A Field Guide to Monkeywrenching*(《保卫生态:野外扳手使用指南》), Abzug Press, 1993.

Hegel, G. W. F. (G. W. F. 黑格尔), *Early Theological Writings*(《早期的神学论著》), University of Pennsylvania Press, 1971.

Hegel, G. W. F., *Lectures on the Philosophy of History*(《哲学史讲义》), Cambridge University Press, 1981[first published 1840].

Heidegger, Martin(马丁·海德格尔), *The Question Concerning Technology and Other Esays*(《有关技术的问题及其他论文集》), Harper Torchbooks, 1982.

Heisenberg, Werner(维尔纳·海森堡), *Philosophy and Physics*(《哲学与物理学》), Harper Row, 1967.

Heisenberg, Werner, *Physics and Philosophy: The Revolution in Modern Science*

(《物理学与哲学:现代科学的革命》),Harper Perennial,2007.

Heisenberg,Werner and Arnold Pomerans(阿诺·波美兰),*The Physicists Conception of Nature*(《关于自然的物理学概念》),Greenwood Press,1970.

Hettinger,Ned(内德·海廷格尔),'Environmental Disobedience'("环境保护领域的不服从行为")in Dale Jamieson(戴尔·贾米森)(ed.),*A Companion to Environmental Philosophy*(《环境哲学指南》),Wiley-Blackwell,2003.

Hittinger,Russell(拉塞尔·海廷格尔),*A Critique of the New Natural Law Theory*(《新自然法理论批判》),University of Notre Dame Press,1989.

Hobbes,Thomas(托马斯·霍布斯),*Leviathan*(《利维坦》),Oxford University Press,2009[first published 1651].

Hohfeld,Wesley Newcomb(韦斯利·纽科姆·霍菲尔德),*Fundamental Legal Conceptions as Applied in Judicial Reasoning*(《应用于司法推理中的基本法律概念》),Lawbook Exchange,2010.

Holloway John(约翰·霍洛韦),*Change the World Without Taking Power:The Meaning of Revolution Today*(《没有权力的世界变迁:当今革命的意义》),Pluto Press,2002.

Holmes Jr,Oliver Wendell(奥利弗·温德尔·霍尔莫斯),*The Speeches of Oliver Wendell Holmes*(《奥利弗·温德尔·霍尔莫斯演讲录》),Cambridge University press,1981.

Honore,Tony(托尼·奥诺雷),'Ownership'("所有权")in Anthony Guest(安东尼·格斯特),*Oxford Essays in Jurisprudence*(《牛津法理学论文集》),Oxford University Press,1961.

Hooker,C. A.(C. A. 胡克),'Laws,Natural'("法律与自然")in Edward Craig(爱德华·克雷格)(ed.),*The Shorter Routledge Encyclopedia of philosophy*,Routledge,2005.

Horwitz,Morton(莫顿·霍维茨),*The Transformation of American Laws 1780-1860*(《美国法律改革:1780—1860》),Harvard University Press,1977.

Howard,Albert(阿尔伯特·霍华德),*The Soil and Health:A Study of organic Agriculture*(《土壤与健康:有机农业研究》),Devin-Adair,1947.

Hughes,R. I. G.(R. I. G. 休斯),*Philosophical Perspectives on Newtonian Science*(《牛顿科学的哲学审视》),MIT Press,1990.

Hume,David(大卫·休姆),*A Treatise of Human Nature*(《论人类的本

质》),Oxford University Press,2002[first published 1740].

Humfress,Caroline(凯若琳·汉弗瑞斯),'Law and Legal Practice in the Age of Justinian'("查士丁尼时代的法律与实践")in Michael Maas(迈克尔·马斯)(ed.),*The Cambridge Companion to the Age of Justinian*(《关于查士丁尼时代的剑桥读本》),Cambridge University Press,2005.

Humphreys,W. Lee(W.李·汉弗莱斯),'Pitfalls and Promises of the Biblical Texts as a Basis for a Theology of Nature'("圣经的缺憾与希冀：自然神学的基石")in Glenn C. Stone(格雷·C. 斯通)(ed.),*A New Ethic for a New Earth*(《新地球的新伦理》),Andover,1971.

Hurd,Heidi(海蒂·赫德),*Moral Combat*(《道德论争》),Cambridge University Press,2008.

Hutchinson,Terry(特里·哈钦森),*Researching and Writing in Law*(《法学研究与写作》),Lawbook Co.,2010.

Isaacson,Walter,(沃尔特·艾萨克森),*Einstein：His Life and Universe*(《爱因斯坦：他的一生和宇宙》),Simon & Schuster,2008.

Jackson,Wes(韦斯·杰克逊),*New Roots for Agriculture*(《农业发展的新基础》),University of Nebraska Press,1980.

Jackson,Wes,'Farming in Nature's Image：Natural Systems of Agriculture'("自然景象中的农业：农业的自然系统")in Andrew Kimbrell(安德鲁·坎布雷尔)(ed.),*Fatal Harvest：The Tragedy of Industrial Agriculture*(《毁灭性的大丰收：农业工业化的悲剧》),Island Press,2002.

Jackson,Wes,*Nature as Measure：The Selected Essays of Wes Jackson*(《自然即尺度：韦斯·杰克逊自选集》),Counterpoint,2011.

Jackson,Wes,*Consulting the Genius of the Place：An Ecological Approach to a New Agriculture*(《向场地之神学习：现实新农业的生态化路径》),Counterpoint,2010.

Jackson,Wes,*Becoming Native to This Place*(《与特定的场地合而为一》),Counterpoint,199.

Jacob,Margaret(玛格丽特·雅各布),*The Scientific Revolution：A Brief History with Documents*(《科学革命：档案简史》),Bedford/St. Martin's,2009.

Jamieson,Dale(戴尔·贾米森),*Ethics and the Environment：An Introduction*

(《伦理学与环境导读》), Cambridge University Press, 2008.

Jensen, Derrick（德里克·杰森）, *Listening to the Land: Conversations about Nature, Culture and Eros*(《聆听大地的声音:保护自然、文化与爱欲》), Chelsea Green, 2004.

Jensen, Derrick, *Endgame Vol 2: Resistance*(《星云彼端 2:反抗》), Seven Stories Press, 2006.

Jensen, Derrick, *Thought to Exist in the Wild: Awakening From the Nightmare of Zoos*(《荒野生存之思:从动物园的梦魇中苏醒过来》), No Voice Unheard, 2007.

Jonas, Hans（汉斯·乔纳斯）, *The Phenomenon of Life*(《生命的现象》), Delta, 1966.

Jonas, Hans, *Philosophical Essays: From Ancient Creed to Technological Man*(《哲学论文集:从古希腊到技术人类时代》), University of Chicago Press, 1980.

Jonas, Hans, *The Imperative of Responsibility: In Search of an Ethics for the Technological Age*(《责任的重要性:探寻技术时代的伦理学》), University of Chicago Press, 1979.

Johnson, Lawrence E.（劳伦斯·E. 约翰逊）, *A Morally Deep World: An Essay on Moral Significance and Environmental Ethics*(《极度道德性的世界:有关道德性和环境伦理学的论文集》), Cambridge University Press, 1991.

Kairys, David（大卫·卡莉丝）, *The Politics of Law: A Progressive Critique*(《法律政治学:渐进性批判》), Basic Books, 1998.

Kant, Immanuel（伊曼努尔·康德）, *Lectures on Ethics*(《伦理学讲义》), Harper & Row, 1963.

Kant, Immanuel, *Anthropology from a Pragmatic Point of View*(《实用主义视角下的人类学》), Martinus Nijhoff, 1974[first published 1798].

Kant, Immanuel, *Groundwork of the Metaphysic(s) of Morals*(《道德的形而上学基础》), Cambridge University Press, 1998[first published 1785].

Katz, Eric（埃里克·卡茨）and Andrew Light（安德鲁·莱特）(eds), *Environmental Pragmatism*(《环境实用主义》), Routledge, 1996.

Karr, James（詹姆斯·卡尔）, 'Health, Integrity and Biological Assessment: The Importance of Whole Things'("健康、整体性与生态评估:'整体之物'的重要性") in David Pimentel（大卫·皮门特尔）, Laura Westra（劳

拉·威斯特拉) and Reed Noss(里德·诺斯),*Ecological Integrity*: *Integrating Environment*,*Conservation and Health*(《生态整体性:环境、保护与健康的融合》),Island Press,2000.

Karr,James,R.(詹姆斯·R.卡尔),and Ellen W. Chu(艾伦·W.朱),*Restoring Life in Running Waters*(《在流动的水体中储存生命》),Island Press,1999.

Karr,James,R.,'Ecological Integrity and Ecological Health Are Not the Same'("生态整体性与生态健康是不同的")in Peter C.(彼得·C.),Keith,Lierre(吉斯·雷勒),*The Vegetarian Myth*:*Food*,*Justice and Sustainability*(《素食主义的神话:食物、正义与可持续性》),PM Press,2009.

Kelman,Mark(马克·科尔曼),*A Guide to Critical Legal Studies*(《批判法学研究指南》),Harvard University Press,1990.

Kelsen,Hans(汉斯·凯尔斯),*General Theory of Law and State*(《法律与国家的一般理论》),Harvard University Press,1949.

Klein,Naomi(内奥米·克莱因),*The Shock Doctrine*:*The Rise of Disaster Capitalism*(《混乱的学说:灾难性的资本主义之兴起》),Picador,2008.

Knudtson,Peter(彼得·努森) and David Suzuki(大卫·铃木),*Wisdom of the Elders*:*Native and Scientific Ways of Knowing about Nature*(《长者的智慧:了解自然的本土路径和科学路径》),Douglas and McIntyre,2006.

Koestler,Arthur(阿瑟·凯斯特勒),*The Ghost in the Machine*(《机器中的幽灵》),Macmillan,1967.

Korsgaard,Christine(克里斯汀·科斯佳),'Fellow Creatures:Kantian Ethics and Our Duties to Animals'("低等级生物:康德伦理学和我们对动物的义务")in Grethe B. Peterson(格雷特·B.彼得森)(ed.),*Tanner Lectures on Human Values*(《坦纳关于人类价值的讲义》),University of Utah Press,2005.

Korten,David C.(大卫·C.柯尔顿),*The Great Tuning*:*From Empire to Earth Community*(《伟大的转折:从帝国统治走向地球共同体》),Berrett-Koehler Publishers,2007.

Kovel,Joel(乔尔·克韦尔),*The Enemy of Nature*:*The End of Capitalism or the End of the World*?(《自然之敌:资本主义的终结还是世界的终结?》),Zed Books,2007.

Krech,Shepard(谢泼德·克雷奇),*The Ecological Indian*:*Myth and History*

(《生态印第安:神话与历史》),WW Norton and Company,1999.

Kuhn,Thomas(托马斯·库恩),*The Structure of Scientific Revolutions*(《科学革命的结构》),University of Chicago Press,1996.

Kunnie Julian E.(朱利安·E.库宁)and Nomalungelo Goduka(N.葛杜卡),*Indigenous Peoples' Wisdom and Power:Affirming Our Knowledge Through Narratives*(《原住民的智慧和力量:通过叙事来展现我们的知识》),Ashgate Publishing,2006.

Lametti,David(大卫·莱梅迪),*The Deon-Telos of Private Property*(《私有产权的道德目的》),PhD thesis,Oxford University,1999.

Lametti,David,'The Morality of James Harriss Theory of Property'("詹姆斯·哈里斯财产权理论的道德性")in T. Endicott(T.恩迪科特),J. Getzler(J.盖茨勒)and E. Peel(E.皮尔)(eds),*The Properties of Law:Essays in Honour of James Harris*(《法律的属性:詹姆斯·哈里斯纪念文集》),Oxford University Press,2006.

Lametti,David,'The Objects of Virtue'("善的对象")in G. Alexander(G.亚历山大)and E. Penalver(E.佩纳尔弗)(eds),*Property and Community*(《财产权与共同体》),Oxford University Press,2010.

Lapo,Andrey(安德烈·拉波),*Traces of Bygone Biospheres*(《生物圈的陈迹》),Synergetic Press,1979.

Laster,Kathy(凯西·拉斯特),*Law as Culture*(《以文化看待法律》),Federation Press,2001.

Laszlo,Ervin(欧文·拉斯洛)and Allan Combs(安南·科布斯),*Thomas Berry Dreamer of the Earth:The Spiritual Ecology of the Father of Environmentalism*(《托马斯·贝里的〈地球之梦〉:环境保护主义之父的精神生态学》),Inner Traditions,2011.

Latour,Bruno(布鲁诺·拉图尔),*We Have Never Been Modern*(《我们从未现代过》),Harvard University Press,1993.

Latour,Bruno,*Pandoras Hope:Essays on the Reality of Science Studies*(《潘德拉的愿望:科学研究论文集》),Harvard University Press,1999.

Latour,Bruno,*Politics of Nature:How to bring the Sciences into Democracy*(《自然政治学:如何将科学引入民主之中》),Harvard University Press,2004.

Leiss,William(威廉姆·莱斯),*The Domination of Nature*(《自然的主宰》),

McGill-Queen's University Press,1994.

Lemert,Edwin（爱德温·赖默特）,*The Juvenile Court System：Social Action and Legal Change*（《少年法庭制度：社会行动与法律变革》）,Transaction Publishers,2009.

Lennox James G.（詹姆斯·G.伦诺克斯）,*Aristotle's Philosophy of Biology Studies in the Origins of Life Science*（《亚里士多德生态哲学：生命科学起源研究》）,Cambridge University Press,2000.

Boff Leonardo（莱昂纳多·博福）,*Cry of the Earth，Cry of the poor*（《地球的哭泣,穷人的哭喊》）,Orbis Books,1997.

Leopold,Aldo（奥尔多·利奥波德）,*A Sand County Almanac：Essays on Conservation from Round River*（《沙乡年鉴：圆河保护论文集》）,Ballantine Books,1986.

Leopold,Aldo,*The River of the Mother of God：and Other Essays by Aldo Leopold*（《圣母的河流：及奥尔多·利奥波德其他论文集》）,University of Wisconsin Press,1992.

Leopold,Aldo,*For the Health of the Land：Previously Unpublished Essays and Other Writings*（《为了大地的健康：未发表的旧文和其他论文》）,Island Press,2001.

Levy David（大卫·莱维）,*Hans Jonas：The Integrity of Thinking*（《汉斯·乔纳斯：思维的一体性》）,University of Missouri Press,2002.

Lindenmayer,David（大卫·林登麦伊尔）and Joern Fischer（约恩·费舍尔）,*Habitat Fragmentation and Landscape Change：An Ecological and Conservation Synthesis*（《栖息地碎片化和自然景观的变迁：生态与保护的综合》）,Island Press,2006.

Linebaugh,Peter（彼得·莱恩堡）,*The Magna Carta Manifesto：Liberties and Commons for All*（《英国大宪章宣言：自由和共同福祉》）,University of California Press,2009.

Linzey,Thomas（托马斯·林基）,*Be the Change：How to Get What You Want in Your Community*（《变化正在发生：如何在所处的共同体中实现自己的目的》）,Gibbs Smith,2010.

Livingston,John（约翰·利文斯通）,*Arctic Oil*（《北极石油》）,Canadian Broadcasting Corporation,1981.

Livingston,John,*Rogue Primate：An Exploration of Human Domestication*（《流浪的灵长类：探究人类的驯化》）,Roberts Rinehart Publishers,1994.

Llewellyn, Karl(卡尔·卢埃林), *Jurisprudence: Realism in Theory and Practice*(《法理学:理论与实践中的现实主义》), Transaction Publishers, 1962.

Lloyd, Dennis (丹尼斯·劳埃德), *Idea of Law*(《法的理念》), Penguin UK, 1991[first published 1964].

Locke, John (约翰·洛克), *Two Treatise of Government*(《政府论两篇》), Cambridge University Press, 1970[first published 1689].

Long, A. A.(A. A. 隆), *Hellenistic Philosophy: Stoics, Epicureans, Sceptics*(《希腊哲学:斯多葛学派、伊壁鸠鲁学派、怀疑主义学派》), University of California Press, 1986.

Lopez, Barry(巴里·洛佩斯)(ed.), *The Future of Nature: Writing on Human Ecology from Orion Magazine*(《自然界的未来:〈猎户座〉杂志中的人类生态学论文》), Milkweed Editions, 2007.

Louv, Richard (理查德·勒夫), *Last Child in the Woods: Saving Our Children From Nature-Deficit Disorder*(《林中的最后一个孩子:从自然界亏损的无序中拯救我们的孩子》), Algonquin Books, 2008.

Lovejoy, Arthur O.(阿瑟·O.拉夫乔伊), *The Great Chain of Being*(《伟大的存在之链》), Harper Torchbooks, 1960.

Lovelock, James (詹姆斯·拉夫洛克), *Gaia: A New Look at Life on Earth*(《盖亚:观察地球生命的新视角》), Oxford University Press, 1979.

Lovelock, James, 'Gaia'("盖亚") in Carolyn Merchant (卡诺琳·麦钱特)(ed.), *Ecology*(《生态学》), Humanity Books, 1994.

Low, Nicholas(尼古拉斯·洛) and Gleeson, Brendan(格里森·布兰登), *Justice, Society and Nature*(《正义、社会与自然》), Routledge, 1998.

Luxemburg, Rosa (罗莎·卢森堡), *The Accumulation of Capital*(《资本的积累》), Routledge, 2003.

Lovelock, James, *Gaia: The Practical Science of Planetary Medicine*(《盖亚:医治星球的实践科学》), Gaia Books, 2000.

Lyell, Charles(查理斯·莱伊尔) and James Secord(詹姆斯·西科德), *Principles of Geology*(《地质学原则》), Penguin Classics, 1998.

Lyon, Pamela (帕梅拉·里昂), 'Extracting Norms From Nature: A Biogenic Approach to Ethics' ("从自然汲取规则:满足生物所需的伦理学方法") in Peter Burdon (ed.), *An Invitation to Wild Law*, Wakefield Press, 2011.

Lyons, Oren (奥伦·里昂), 'The Leadership Imperative: An Interview with

Oren Lyons'("重要的领导力:对奥伦・里昂的采访")in Barry Lopez (巴里・洛佩斯), *The Future of Nature*(《自然界的未来》), Milkweed Editions, 2007.

McCann, Michael(迈克尔・麦肯), *Law and Social Movements*(《法律和社会运动》), Ashgate, 2006a.

McClellan, James(詹姆斯・麦克莱伦) and Harold Dorn(哈罗德・多恩), *Science and Technology in world History: An Introduction*(《世界史上的科学与技术导读》), Johns Hopkins University Press, 2006.

MacCormick, Neil(尼尔・麦考密克), 'Natural Law and the Separation of Law and Moral'("自然法以及法与道德的分化")in Robert P. George(罗伯特・P. 乔治)(ed.), *Natural Law Theory: Contemporary Essays*(《自然法理论:最新论文集》), Oxford University Press, 1992.

McCusker, Brian(布莱恩・麦卡斯克), *The Quest for Quarks*(《探寻夸克》), Cambridge University Press, 1983.

McDonough, William(威廉姆・麦克多诺) and Michael Braungart(迈克尔・布劳恩加特), *Cradle to Cradle: Remaking the Way We Make Things*(《从摇篮到摇篮:重塑我们的行事方式》), North Point Press, 2002.

McInery, Ralph(拉夫・麦金纳里), *St. Thomas Aquinas*(《圣托马斯・阿奎那》), University of Notre Dame Press, 1977.

Macpherson, C. B(C. B. 麦克弗森), *The Political Theory of Possessive Individualism: Hobbes to Locke*(《个体主义所有权的政治理论:从霍布斯到洛克》), Oxford University Press, 1962.

Macpherson, C. B, 'Capitalism and the Changing Concept of Property'("资本主义与变化的财产权概念")in Eugene Kamenka(尤金・卡门卡) and R. S. Neal(R. S. 尼尔)(eds), *Feudalism, Capitalism and Beyond*(《封建主义、资本主义及其超越》), Hodder & Stoughton Educational, 1975.

Macpherson, C. B., *Property: Mainstream and Critical Positions*(《财产权:主流理论和批判立场》), University of Toronto Press, 1978.

McRae, Heather(希瑟・麦克雷), Garth Nettheim(加思・内太姆), Laura Beacroft and Luke McNamara(劳拉・比克罗夫、卢克・麦克拉马拉)(eds), *Indigenous Legal sues: Commentary and Materials*(《本土性法律问题:评注与素材》), Lawbook Co., 2003.

Macy, Joanna(乔安娜・梅西) and Molly Young Brown(莫利・扬・布朗),

*Coming Back to Life*:*Practices to Reconnect Out Lives*,*Our World*(《重获新生:重建人类生活和世界的实践》),New Society Publishers,1998.

Maloney Michelle(米歇尔·马洛尼),'Ecological Limits,planetary Boundaries and Earth Jurisprudence'("生态的限度、地球的边缘和地球法理")in Maloney Michelle(米歇尔·马洛尼)and Peter Burdon(eds), *Wild Law*:*In Practice*(《荒野法的实践》),Routledge,2014.

Manning,David(大卫·曼宁),*Liberalism*(《自由主义》),Dent,1976.

Margulis,Lyn(林恩·马古利斯)and Dorion Sagan(多里昂·萨根),*What is Life?*(《生命是什么?》),University of California Press,1995.

Margulis,Lyn and Dorion Sagan,*Dazzle Gradually*:*Reflections on the Nature of Nature*(《反思自然的属性》),Chelsea Green Publishing,2007.

Marietta,Don(唐·玛丽艾塔),*People and the Planet*:*Holism and Humanism in Environmental Ethics*(《人类与星球:环境伦理学中的整体主义与人本主义》),Temple University Press,1994.

Marshall,Peter(彼得·马歇尔),*Nature's Web*:*Rethinking Our Place on Earth*(《自然之网:反思人类在地球上所处的位置》),Paragon,1994.

Marx,Karl(卡尔·马克思),The Poverty of Philosophy(《哲学的贫困》),Progress Publishers,1975a[first published 1847].

Marx,Karl,'Economic and Philosophic Manuscripts'("经济学与哲学手稿")in *Early Writings*(《早期著作集》),Vintage,1975b.

Marx,Karl,'For the Ruthless Criticism of Everything Existing'("对任何存在的严厉批判")in Robert C. Tucker(罗伯特·C. 塔克)(ed.),*Marx-Engels Reader*(《马克思-恩格斯读本》),WW Norton and Company,1978.

Marx,Karl,*Capital*:*Vol. One*:*A Critique of Political Economy*(《资本论第一卷:政治经济学批判》),Penguin Books,1992[first published 1867].

Marx,Karl,*Capital*:*Vol. Three*(《资本论第三卷》),Penguin Classics,1993[first published 1894].

Marx,Karl,'Proletarians and Communists'("无产者和共产主义者")and Jeremy Bentham(杰里米·边沁),'Security and Equality of Property'("财产的安全与平等")in C. B. Macpherson(C. B. 麦克弗森)(ed.),*Property*:*Mainstream and Critical Positions*(《财产权:主流理论和批判立场》),University of Toronto Press,1999.

Marx,Karl,*The Communist Manifesto*(《共产主义宣言》),Oxford University

Press, 2008.

Matthews, Freya(弗蕾亚·马修斯), *The Ecological Self*(《生态的本质》), Routledge, 1994.

Mathews, Freya, *Ecology and Democracy*(《生态与民主》), Routledge, 1996.

Maturana, Humberto(温贝托·马图拉纳), *Biology of Cognition*(《认知生物学》), D. Reidel Publishing Co. , 1970.

Maturana Humberto and Francisco Varela(弗兰西斯科·瓦雷拉), *Autopoiesis and Cognition: The Realization of the Living*(《自创生与认知：生命的实现》), D Reidel Publishing Co. , 1980.

Mclnerny, Ralph(拉夫·麦金纳尼), 'Forward'("前进") to Aquinas, Thomas(托马斯·阿奎那), *Treatise on Law: Summa Theologica, Questions 90-97*(《法学论文：神学大全，第90—97个问题》), Gateway Editions, 1996.

Mclnerny, Ralph, 'Forward'("前进") to Aquinas, Thomas(托马斯·阿奎那), *Thomas Aquinas: Selected Writings*(《托马斯·阿奎那著作选》), Penguin Classics, 1999.

Meadows, Donella H. (多内拉·H. 梅多斯), *Thinking in Systems: A Primer*(《系统思维：初级读本》), Chelsea Green, 2008.

Merchant, Carolyn(卡洛琳·麦钱特), *The Death of Nature: Women, Ecology and the Scientific Revolution*(《自然之死：妇女、生态及科学革命》), Harper & Row, 1980.

Merleau-Ponty, Maurice(莫里斯·梅洛-庞蒂), *Phenomenology of Perception*(《观念的现象》), Routledge, 2002[first published 1945].

Metzner, Ralph(拉夫·梅茨纳), *Green Psychology*(《绿色心理学》), Park Street Press, 1999.

Meyerson, Denise(丹尼斯·麦耶森), *Jurisprudence*(《法理学》), Oxford University Press, 2011.

Milsom, S. F. C. (S. F. C. 米尔索姆), *Historical Foundations of the Common*(《公地的历史基础》), Lexis Law Publishing, 1981.

Milton, John(约翰·密尔顿), 'Francis Bacon'("弗朗西斯·培根"), in Edward Craig(爱德华·克雷格)(ed.), *The Shorter Routledge Encyclopedia of Philosophy*, Routledge, 2005.

Mill, John Stuart(约翰·斯图尔特·密尔), *On Liberty*(《论自由》), Penguin Books, 1974.

Mill, John Stuart, *On Liberty and Other Writings*(《论自由及其他著作》),

Cambridge University Press,1989.

Miller,Donald(唐纳德·米勒)(ed.), *Liberty*(《自由》), Oxford University Press,1991.

Mills, C. W. (C. W. 米尔斯), *The Power Elite*(《权力精英》), Oxford University Press,1956.

Molles,Manuel(曼纽尔·莫里斯), *Ecology: Concepts and Applications*(《生态学:概念及其应用》), McGraw-Hill,2009.

Moore,George Edward(乔治·爱德华·摩尔), *Principia Ethics*(《伦理学原则》), Dover Publications,2004[first published 1903].

Morton,Timothy(蒂莫西·莫顿), *Ecology without Nature: Rethinking Environment Aesthetics*(《没有自然的生态学:反思环境美学》), Harvard University Press,2009.

Morton,Timothy, *The Ecological Thought*(《生态学思想》), Harvard University Press,2012.

Morton,Timothy, *Hyperobjects: Philosophy and Ecology after the End of the World*(《超级物:世界终结后的哲学与生态学》), University of Minnesota Press,2013.

Moyers,Bill(比尔·莫耶斯), *Genesis: A Living Conservation*(《创世记:真实的对话》), Anchor,1997.

Mumford,Lewis(路易斯·芒福德), *The Transformation of Man*(《人类变形记》), Harper Torchbooks,1956.

Mumford,Lewis, *Technics and Human Development*(《技术与人类的发展》), Harcourt,1967.

Munzer,Stephen(斯蒂芬·芒泽), *A Theory of Property*(《财产权理论》), Cambridge University Press,2006.

Munzer,Stephen, 'Property as Social Relations' ("作为社会关系的财产权"), in Stephen Munzer(ed.), *New Essays in the Legal and Political Theory of Property*(《财产权的法律与政治理论最新论文集》), Cambridge University Press,2001.

Murphy,Mark C.(马克·C.墨菲), *Natural Law in Jurisprudence and Politics*(《法律理论和政治学中的自然法》), Cambridge University Press,2006.

Murphy,Mark C., *Philosophies of Law*(《法律哲学》), Wiley-Blackwell,2007.

Naess,Arne(阿恩·纳斯), Jens Chrisophersen(克里斯芬森·延斯) and

Kjell Kvalo(谢尔·克洛), *Democracy, Ideology and Objectivity*(《民主、观念和客观性》), Oxford University Press, 1993.

Naess, Arne, *Freedom, Emotion and Self-Subsistence: The Structure of a Central Part of Spinoza's Ethics*(《自由、情感和自我生存:斯宾诺莎伦理学的核心结构》), Universitetsforl, 1975.

Naess, Arne, *Ecology, Community and Lifestyle: Outline of an Ecosophy*(《生态学、共同体和生活方式:生态智慧的框架》), Cambridge University Press, 1993.

Naess, Arne, *The Ecology of Wisdom: Writings by Arne Naess*(《生态学智慧:阿恩·纳斯论文集》), Counterpoint, 2010.

Nagel, Thomas(托马斯·纳格尔), *Mortal Questions*(《命运的问题》), Cambridge University Press, 1992.

Nash, Roderick(罗德里克·纳什), *The rights of Nature: A History of Environment Ethics*(《自然的权利:环境伦理学的历史》), University of Wisconsin Press, 1989.

Nash, Roderick, *Wilderness and the American Mind*(《荒野和美国思维》), Yale University Press, 2001.

Neeson, Jennifer(詹妮弗·尼森), *Commoners: Common Right, Enclosure and Social Change in England, 1700-1820*(《普通民众:英国的共有权利、圈地运动和社会变革, 1700—1820》), Cambridge University Press, 1996.

Nedelsky, Jennifer(詹妮弗·内德尔斯基), *Law's Relations: A Relational Theory of Self, Autonomy, and Law*(《法律关系:关于自我、自治和法律的关系理论》), Oxford University Press, 2013.

Nicholas, Barry(巴里·尼古拉斯), *An Introduction to Roman Law*(《罗马法导论》), Oxford University Press, 1962.

Norton, Bryan(布莱恩·诺顿), *Toward Unity Among Environmentalists*(《逐渐走向环境保护主义者之间的联合》), Oxford University Press, 1991.

Novak, David(大卫·诺瓦克), 'Natural Law in a Theological Context'("神学脉络中的自然法"), in John Goyette(约翰·戈耶特), Mark S. Latkovis(马克·S. 拉克维科), and Richard S. Myers(理查德·S. 梅耶斯), *St. Thomas Aquinas and the Natural Law Tradition: Contemporary Perspectives*(《圣托马斯阿奎那和自然法传统:现代视角》), Catholic University of American Press, 2004.

Nozick, Robert(罗伯特·诺奇克), *Anarchy, State and Utopia*(《无政府、国家

与乌托邦》),Basic Books,1974.

Odahl, Charles M.(查理斯·M.奥达尔),*Constantine and the Christian Empire*(《君士坦丁和基督教帝国》),Routledge,2006.

Odum, Eugene(尤金·奥德姆),*Fundamental of Ecology*(《生态学的基础》),WB Saunders Company,1971.

Odum, Eugene,*Ecology: A Bridge Between Science and Society*(《生态学:科学与社会之间的连接之桥》),Sinauer Associates,1997.

Onions, C. T.(C. T. 奥尼恩斯),*The Oxford Dictionary of English Etymology*(《牛津英语语源学辞典》),Oxford University Press,1996.

Orr, David(大卫·奥尔),'Love It or Lose It: The Coming Biophilia Revolution'("热衷抑或放弃:正在发生的生物本能革命"),in Edward O. Wilson(爱德华·O. 威尔森),*The Biophilia Hypothesis*(《生物本能假设》),Island Press,1993.

Ostrom, Elinor(埃莉诺·奥斯特罗姆),*Governing the Commons: The Evolution of Institutions for Collective Action*(《公共物品的管理:集体行动制度的革命》),Cambridge University Press,1990.

Ott, Konrad(康拉德·奥特),'A Model Proposal about How to Proceed in Order to Solve the Problem of Internet Moral Value in Nature'("为了解决自然的内在道德性价值问题而提出的中肯建议"),in Laura Westra(劳拉·威斯特拉),Klaus Bosselmann, and Richard Westra(理查德·威斯特拉)(eds),*Reconciling Human Existence with Ecological Integrity*(《人类存续与生态整体性的协同》),Earthscan,2008.

Pashukanis, Evgeny(叶夫根尼·帕舒卡尼斯),*Law and Marxism: A General Theory*(《法律与马克思主义的一般理论》),Pluto Press,1989.

Patel, Raj(拉杰·帕特尔),*The Value of Nothing: How to Reshape Market Society and Redefine Democracy*(《无为而治的价值:何以重塑市场社会并重新界定民主》),Picador,2010.

Patten, Bernard(伯纳德·帕滕),'Network Ecology'("网络生态学"),in M. Higashi(M. 东里),and T. B. Burns(T. B. 伯恩斯),*Theoretical Studies of Ecosystem: The Network Perspective*(《生态系统理论研究:网络的视角》),Cambridge University Press,1991.

Pearce, Fred(弗雷德·皮尔斯),*With Speed and Violence: Why Scientists Fear*

Tipping in Climate Chang(《速度与寂静：为何科学家们惧怕气候变化大争论》), Beacon Press, 2007.

Pelzynski, Z. A. (Z. A. 佩尔英斯基), and J. N. Gray (J. N. 格雷) (eds), *Conceptions of Liberty in Political Philosophy*(《政治哲学中自由的概念》), Athlone Press, 1984.

Penner, James(詹姆斯·彭纳), *The Idea of Property in Law*(《法律中财产权的理念》), Oxford University Press, 1997.

Pipes, Richard(理查德·派普斯), *Property and Freedom*(《财产权与自由》), Alfred Knopf, 1999.

Plato(柏拉图), 'Theatetus' ("泰阿泰德篇"), in Cooper, John M. (约翰·M. 库珀) (ed.), *Plato*: *Complete Works*(《柏拉图全集》), Hackett Publishing Company, 1997.

Plato, 'Timaeus' ("蒂迈欧篇"), in Cooper, John M. (ed.), *Plato*: *Complete Works*, Hackett Publishing Company, 1997.

Plato, 'Parmenides' ("巴门尼德篇"), in Cooper, John M. (ed.), *Plato*: *Complete Works*, Hackett Publishing Company, 1997.

Plumwood, Val(瓦尔·普鲁姆德), *Feminism and the Mastery of Nature*(《女权运动与自然的控制》), Routledge, 1993.

Pollan, Michael(迈克尔·波兰), *The Botany of Desire*: *A Plant's-Eye View of the World*(《植物的愿望：一株植物眼中的世界》), Random House Trade Paperbacks, 2002.

Pollan, Michael, *The Omnivore's Dilemma*(《杂食动物的尴尬》), Penguin, 2006.

Posner, Richard(理查德·波斯纳), *Taking*: *Private and the Power of Eminent Domain*(《私有产权与国家土地征用权》), Harvard University Press, 1985.

Posner, Richard, *Economic Analysis of Law*(《法律的经济分析》), Aspen, 1986.

Postema, Gerald(杰拉尔德·波坦玛), *Bentham and the Common Law Tradition*(《边沁与普通法的传统》), Clarendon Press, 1986.

Pottage, Alain(阿兰·波泰吉) and Martha Mundy(芒迪·玛莎), *Law, Anthropology and the Constitution of the Social*: *Making Persons and Things*(《法律、人类学与社会的构成：人和万物的形成》), Cambridge University Press, 2004.

Prentice, Jessica(杰西卡·普伦蒂斯), *Full Moon Feast: Food and the Hunger for Connection*(《满月宴：食物以及对关系的渴望》), Chelsea Green, 2006.

Price, Andy(安迪·普赖斯), *Recovering Bookchin: Social Ecology and the Crises of Our Time*(《重新找到布克金：社会生态学和当下人类的危机》), New Compass Press, 2012.

Proudhon, P. J. (P. J. 蒲鲁东), *What is Property: An Inquire into the Principle of Right and of Government*(《财产权是什么：探求权利和政府的原则》), Dover, 1970[first published 1840].

Quinn, Daniel(丹尼尔·奎因), *Ishmael: An Adventure of the Mind and Spirit*(《伊赛玛丽：心灵与精神大冒险》), Bantam, 1992.

Quinn, Daniel, *Ishmael: An Adventure of the Mind and Spirit*, Bantam, 1995.

Radin, Margaret Jane(玛格丽特·简·拉丁), *Reinterpreting Property*(《再论财产权》), University of Chicago Press, 1993.

Raff, Murray(墨里·拉夫), *Private Property and Environment Responsibility*(《私有产权与环境责任》), Kluwer Law International, 2003.

Raff, Murray, 'Toward an Ecologically Sustainable Property Concept' ("迈向生态可持续的财产权概念"), in Elizabeth Cooke(伊丽莎白·库克) (ed.), *Modern Studies in Property Law*(《财产法的现代研究》), Hart Publishing, 2005.

Rasmussen, Larry L. (拉里·L. 拉斯马森), *Earth Community, Earth Ethics*(《地球共同体和地球伦理学》), Orbis Books, 1997.

Rawls, John(约翰·罗尔斯), *A Theory of Justice*(《正义论》), Oxford University Press, 1999.

Raz, Joseph(约瑟夫·拉兹), *The Authority of Law*(《法律的权威》), Oxford University Press, 1986.

Reid, Peter(彼得·里德), *Belonging: Australians, Place and Aboriginal Ownership*(《归属：澳大利亚人、场所和固有所有权》), Cambridge University Press, 2000.

Resimann, Michael W. (迈克尔·W. 黎曼), *Law in Brief Encounters*(《看不见的法律》), Yale University Press, 1999.

Reisner, Marc(马克·莱斯纳), *Cadillac Desert: The American West and Its*

Disappearing Water(《卡迪拉克沙漠：美国西部正在消失的水资源》)，Penguin Books,2003.

Register,Richard(理查德·雷吉斯特)，Rebuilding Cities in Balance with Nature(《生态城市：重建自然平衡的城市》)，Berkley Hills Books,2006.

Renteln,Alison Dundes(艾莉森·邓兹·伦特恩)，Folk Law: Essays in the Theory and Practice of Lex NonScripta(《民间法：习惯法理论与实践系列论文》)，University of Wisconsin Press,1995.

Revetz,Jerome(杰罗姆·里夫兹)，Scientific Knowledge and its Social Problems(《科学知识及其社会问题》)，Transaction Publishers,1971.

Rickaby,Joseph(约瑟夫·里克比)，Of God and His Creatures: An Annotated Translation of the Summa Contra Gentiles of Saint Thomas Aquinas(《关于上帝及其创造物：对圣阿奎纳〈反异教大全〉的评注性解读》)，Kessinger Publishing,2006.

Rindos,David(大卫·林多斯)，Origins of Agriculture: An Evolutionary Perspective(《农业的起源：进化的视角》)，Academic Press,1984.

Robbins,Paul(保罗·罗宾斯)，Political Ecology: A Critical Introduction(《政治生态学：批判性导读》)，Wiley-Blackwell,2004.

Rodgers,Alan(艾伦·罗格斯)，Owners and Neighbors in Roman Law(《罗马法中的所有权人和相邻权人》)，Oxford University Press,1972.

Rolston Ⅲ,Holmes(福尔摩斯·罗尔斯顿三世)，Philosophy Gone Wild: Environment Ethics(《哲学走向荒野：环境伦理学》)，Prometheus,1986.

Rolston Ⅲ,Holmes,Environmental Ethics: Duties to and Values in the Natural World(《环境伦理学：对自然世界的义务及自然世界的价值》)，Temple,1988.

Rome,Adam(亚当·罗马)，The Bulldozer in the Countryside: Suburban Sprawl and the Rise of American Environmentalism(《乡下的推土机：杂乱的郊区和美国环境保护主义的兴起》)，Cambridge University Press,2001.

Rose,Carol(卡罗尔·罗斯)，Property and Persuasion: Essays on the History, Theory and Rhetoric of Ownership(《财产权与信念：所有权的历史、理论与修辞论文集》)，Westview Press,1994.

Rosen,Lawrence(劳伦斯·罗森)，Law ad Culture: An Invitation(《作为文化法律之邀》)，Princeton University Press,2006.

Russell,Bertrand(波特兰·拉塞尔)，A History of Western Philosophy(《西方

哲学史》),Simon&Schuster,1967.
Russell,Bertrand,*The Autobiography of Bertrand Russell*(《波特兰·拉塞尔自传》),Routledge,1969.
Ryan,Alan(艾伦·赖安),*Property and Political Theory*(《财产与政治理论》),Basil Blackwell,1984.

Sagan,Dorion(多里昂·萨根),*Biospheres：Metamorphosis of Planet Earth*(《生物圈：地球变形记》),McGraw-Hill,1990.
Sale,Kirkpatrick(柯克帕特里克·萨莱),*Dwellers in the Land：The Bioregional Vision*(《生物区视角下的沙漠居民》),University of Georgia Press,1991.
Said,Edward(爱德华·赛义德),*Representations of the Intellectual：The 1993 Reith Lectures*(《精神的表达：1993 年里思演讲》),Vintage,1996.
Sandel,Michael J.(迈克尔·J.桑德尔),*Liberalism and its Critics*(《自由主义及其批判》),New York University Press,1984.
Sandel,Michael J.,*What Money Can't Buy：The Moral Limits of Markets*(《千金难买：市场的道德限制》),Farrar,Stratus & Giroux,2012.
Sax,Joseph(约瑟夫·萨克斯),'Environmental Law Forty Years Later：Looking Back and Looking Ahead'("四十年后的环境法：向前看,向后看"),in M. Jeffery(M.杰弗里)(ed.),*IUCN Academy of Environmental Law Research Studies：Biodiversity,Conservation,Law and Livelihoods*[《世界自然保护同盟(IUCN)环境法学院学术研究：生物多样性、保护、法律以及生境》],Cambridge University Press,2008.
Scarman,Leslie(莱斯利·斯卡曼),*English Law：The New Dimension*(《英国法：新的维度》),Stevens Publishing,1975.
Schaab,Gloria(格洛丽亚·沙巴),'Beyond Dominion and Stewardship'(《超越主权和管理人》),in Peter Burdon(ed.),*An Invitation to Wild Law*,Wakefield Press,2011.
Scheffer,Victor(维克托·谢菲尔),*Spire of Form：Glimpses f Evolution*(《结构的顶端：对演化的窥探》),Harcourt,2001.
Schlatter,Richard(理查德·施拉特),*Private Property：The History of an Idea*(《私有产权的思想史》),Allen & Unwin,1951.
Schneider,Stephen(斯蒂芬·施耐德)and Boston,Penelope(佩内洛普·波士顿),*Scientists on Gaia*(《科学家对盖亚的研究》),MIT Press,1991.

Schneider, Stephen, *Scientists Debate Gaia*: *The Next Century*(《科学家对盖亚的讨论：下个世纪》), MIT Press, 2004.

Schrödinger, Erwin(欧文·薛定谔), *Nature and the Greeks and Science and Humanism*(《自然界与希腊人，以及科学和人文主义》), Cambridge University Press, 1996.

Schröter, Michael(迈克尔·施罗特), *Mensch, Erde, Recht*: *Grundfragen ökologischer Rechtsheorie*(《人、大地和法律：生态法学理论的基本问题》), Nomos Publishers, 1999.

Sedly, David(大卫·塞德利), 'Stoicism'("斯多葛学派"), in Edward Craig(爱德华·克雷格), *The Shorter Routledge Encyclopedia of Philosophy*, Routledge, 2005.

Seneca(塞内卡), *Letters from a Stoic*(《一位斯多葛学者的来信》), Penguin Books, 1969.

Sessions, George(乔治·塞申斯)(eg.), *Deep Ecology for the 21 Century*: *Reading on the Philosophy of the New Environmentalism*(《21世纪的深生态学：新环境保护主义哲学读本》), Shambhala, 1995.

Sessions, George and Bill Devall(比尔·德瓦尔)(eds), *Deep Ecology*: *Living as if Nature Mattered*(《深生态学：重视自然的生活方式》), Gibbs Smith, 2001.

Shabecoff, Philip(菲利普·沙别科夫), *A Fierce Green Fire*: *The American Environmental Movement*(《熊熊绿焰：美国环境运动》), Island Press, 2003.

Shapin, Steven(斯蒂文·沙宾), *The Scientific Revolution*(《科学革命》), University of Chicago Press, 1998.

Shapiro, J. (J. 夏皮罗), 'Authority'("权威"), in Jules Coleman(朱尔斯·克尔曼), Scott Shapiro(司格特·夏皮罗), and Kenneth Einar Himma(肯尼斯·爱纳·西玛)(eds), *The Oxford Handbook of Jurisprudence and Philosophy of Law*(《牛津法理学和法哲学手册》), Oxford University Press, 2002.

Shiva, Vandana(范达娜·席瓦), *Earth Democracy*: *Justice, Sustainability, and Peace*(《地球民主：正义、可持续以及和平》), Seven Stories Press, 2005.

Siddali, Silvana(西尔瓦娜·西达利), *From Property To Person*: *Slavery and The Confiscation Acts*, *1861-1862*(《从财产到个人：奴隶制和征用法案

(1861—1862)》),Louisiana State University Press,2005.

Federici,Silvia(费德里奇·西尔维娅),*Revolution at Point Zero: Housework, Reproduction, and Feminist Struggle*(《零点革命:家务、生育和女权主义的抗争》),PM Press,2012.

Sinatra,J.(J. 辛纳特拉) and P. Murphy(P. 墨菲),*Listen to People Listen to the Land*(《倾听民众的声音,倾听大地的声音》),Melbourne University Publishing,1999.

Singer,Peter(彼得·辛格),*Democracy and Disobedience*(《民主与不服从》),Oxford University Press,1973.

Singer,Peter,*Animal Liberation*(《动物解放》),Jonathon Cape,1975.

Singer,Peter,*The Expanding Circle: Ethics and Sociobiology*(《日益拓展的圈层:伦理学与社会生态学》),Oxford University Press,1981.

Singer,Joseph William(约瑟夫·威廉·辛格),*The Edges of the Field: Lessons on the Obligations of Ownership*(《边缘地带:所有权人履行义务的经验》),Beacon Press,2000.

Singer,Joseph William,*The Paradoxes of Property*(《权利:财产权的悖论》),Yale University Press,2000.

Singer, Joseph William,'Property and Social Relations: From Title to Entitlement'("财产权与社会关系:从权利法案到权利") in Charles Geisler(查理斯·盖斯勒) and Gail Daneker(盖尔·代莱克)(eds),*Property and Values: Alternatives to Public and Private Ownership*(《财产权与价值:公私所有权的选择》),Island Press,2000.

Singer,Joseph William,*Introduction to Property*(《财产权导论》),Aspen Publishers,2005.

Skyrms,Brian(布莱恩·史盖姆斯),*Evolution of the Social Contract*(《社会契约的革命》),Cambridge University Press,1996.

Smith,J. C.(J. C. 史密斯) and David Weisstub(大卫·韦斯塔布),*The Western Idea of Law*(《西方法律理念》),Butterworths,1983.

Simth,M. B. E.(M. B. E. 史密斯),'The Duty to Obey the Law'("服从法律的义务") in D. Patterson(D. 帕特森)(ed.),*A Companion to Philosophy of Law and Legal Theory*(《法哲学与法律理论指南》),Wiley-Blackwell,1996.

Snyder,Gary(格雷·斯奈德),*Turtle Island*(《龟岛》),New Directions Publishing Corporation,1969.

Sontheimer, Sally(莎莉·桑泰莫), *Women and the Environment: A Reader Crisis and Development in the Third World*(《女性与环境：第三世界的危机与发展读本》), Monthly Review Press, 1991.

Sorokin, Pitirim(彼蒂里姆·索罗金), *Social and Cultural Dynamics* (《社会和文化动力学》), Extending Horizons Books, 1970.

Sorrell, Roger(罗杰·索雷尔), *St. Francis and Assisi and Nature: Tradition and Innovation in Wester Christian Attitudes toward the Environment*(《阿西西圣法兰西斯和自然界：西方基督教环境观的传统与创新》), Oxford University Press, 2009.

Spinoza, Baruch(巴鲁克·斯宾诺莎), 'The Ethics'("伦理学"), in Michael L. Morgan(迈克尔·L. 摩根)( ed. ), *Spinoza: Complete Works*(《斯宾诺莎全集》), Hackett Publishing Company, 2002.

Starhawl(斯塔霍克), *The Fifth Sacred Thing*(《第五神圣之物》), Bantam, 1994.

Stein, Peter(彼得·斯坦因), *Character and Influence of the Roman Civil Law*(《罗马民法的特征及其影响》), Bloomsbury Academic, 2003.

Steinberg, Therodore(西奥多·斯坦伯格), *Slide Mountain: Or, The Folly of Owning Nature*(《略过山峦，还是愚蠢地占有自然》), University of California Press, 1996.

Steinberg, Therodore, *Nature Incorporated: Industrialization and the Waters of New England*(《自然的一体化：工业化和新英格兰地区的水资源》), Cambridge University Press, 2004.

Steinberg, Therodore, *Down to Earth: Nature's Role in American History* (《脚踏实地：自然在美国历史中扮演的角色》), Oxford University Press, 2008.

Steiner, Dean Grederick(迪恩·弗雷德里克·斯坦纳), *Human Ecology: Following Nature's Lead*(《人本伦理学：遵循自然指令行事》), Oxford University Press, 2002.

Tarnas, Richard(理查德·塔纳斯), *The Passion of the Western Mind: Understanding the Ideas that Have Shaped Our World View*(《西方思想的激情：理解那些型塑了我们世界观的思想》), Ballantine, 1993.

Stone, Christopher D. (克里斯托弗·D. 斯通), *Should Tress Have Standing Law Morality and the Environment*(《树木应当享有主体资格吗——法律的道德性与环境》), Oxford University Press, 2010.

Suess, Edward(爱德华·苏斯), *The Face of the Earth*(《地球的外观》), Oxford University Press, 1924.

Suzuki, Daisetz T. (铃木大拙), 'The Role of Nature in Zen Buddhism' ("禅宗佛教中大自然的角色"), in Olga Frobe Kapteyn(奥尔加·弗罗比·卡普坦)(ed.), *Mensch und Erde*(《人类与大地》), Rhein-Verlag, 1954.

Suzuki, David(大卫·铃木), *The Sacred Balance: Rediscovering Our Place in Nature*(《神圣的平衡:在此探求地球的本质》), Allen & Unwin, 1997.

Suzuki, David, *The Legacy: An Elder's Vision of our Sustainable Future*(《遗产:长者对人类未来可持续发展的认识》), Allen & Unwin, 2010.

Sveiby, Karl-Erik(卡尔-埃里克·斯维比) and Tex Skuthorpe(特克斯·斯库特), *Treading Lightly: The Hidden Wisdom of the World's Oldest People*(《轻轻踩过:现民们留下的隐形智慧》), Allen & Unwin, 2006.

Swimme, Brian(布莱恩·斯温), *The Universe is a Green Dragon: A Cosmic Creation Story*(《宇宙是一条绿巨龙:宇宙形成的故事》), Bear & Company, 1984.

Swimme, Brian, *The Hidden Heart of the Cosmos: Humanity and the new Story*(《宇宙的隐形心脏:人本主义与新叙事》), Orbis Books, 1998.

Swimme, Brian and Matthew Fox, *Manifesto! For A Global Civilization*(《旨在实现全球文明的宣言!》), Bear & Company, 1982.

Swimme, Brian, Berry and Thomas, *The Universe Story: From the Primordial Flaring Forth to the Ecozoic Era, A Celebration of the Unfolding of the Cosmos*(《宇宙的故事:从原始社会刀耕火种到生态纪(庆贺宇宙的演变)》), Harper San Francisco, 1992.

Swimme, Brian and Mary-Evelyn Tucker(玛丽-伊芙琳·塔克), *Journey of the Universe*(《宇宙之旅》), Yale University Press, 2011.

Tarrow, Sidney(西德尼·塔罗), *Struggling to Reform: Social Movements and Policy Change During Cycles of Protest*(《为了改革而抗争:抗议期的社会运动和政治变革》), Cornell University Press, 1983.

Taylor, Bron(布龙·泰勒)(ed.), *Ecological Resistance Movements: The Global Emergence of Radical and Popular Environmentalism*(《生态抗议运动:大范围激进环境保护主义的全球涌现》), State University of New York Press, 1995.

Taylor, Paul(保罗·泰勒), *Respect of Nature: A Theory of Environmental Ethics*

(《敬畏自然:环境伦理学的理论》),Princeton University Press,1986.
Tayler, Prue(普鲁·泰勒),'The Imperative of Responsibility in a Legal Context: Reconciling Responsibilities and Rights'("法的脉络中责任的重要性:权利与责任的协同"),in J. Ronald Engel(J. 罗纳德·恩格尔),Laura Westra(劳拉·威斯特拉),Klaus Bosselmann(eds), *Democracy,Ecological Integrity and International Law*(《民主、生态整体性与国际法》),Cambridge Scholars Publishing,2010.
Thoreau,Henry David(亨利·大卫·梭罗),*Walden or Life in the Woods*(《瓦尔登,抑或林中的生命》),Dover Publications,1995[first published 1854].
Thoreau,Henry David,*The Higher Law:Thoreau on Civil Disobedience and Reform*(《更高级别的法:梭罗论民众不服从和改革》),Princeton University Press,2004.
Tilly,Charles(查理斯·蒂莉),'Social Movement and National Politics'("社会运动与国家政治"),in Charles Bright(查理斯·布莱特),Susan Harding(苏珊·哈丁)(eds),*State-making and Social Movements:Essays in History and Theory*(《建国与社会运动:历史和理论研究论文集》),University of Michigan Press,1984.
Tomlinson, John(约翰·汤姆林森),*Cultural Imperialism: A Critical Introduction*(《文化帝国主义:批判性导读》),ACLS Humanities E-Book,2008.
Tucker,Mary-Evelyn(玛丽—伊芙琳·塔克),*Worldly Wonder:Religions Enter Their Ecological Phase*(《世界性奇迹:宗教步入到生态阶段》),Open Court,2003.
Tucker,Mary-Evelyn,'Editor's Afterword:An Intellectual Biography of Thomas Berry'("编后记:托马斯·贝里的精神传记"),in Mary-Evelyn Tucker(ed.),*Evening Thoughts:Reflecting on Earth as Scared Community*(《静夜思:反思作为神圣共同体的地球》),Sierra Club Books,2006.
Tucker,Robert C.(罗伯特·C. 塔克)(ed.),*The Marx-Engels Reader*(《马克思—恩格斯读本》),Norton,1978.
Tyson,Lois(罗伊斯·泰森),*Critical Theory Today:A User-Friendly Guide*(《现代批判理论:友好型使用指南》),Routledge,2006.
Uexkull,Jakob(雅各布·于克斯屈尔),'A Stroll Through the Worlds of

Animals and Men: A Picture Book of Invisible Worlds'("在动物和人的世界里闲庭信步:无形世界的画卷"),in Claire H. Schiller(克莱尔·H. 席勒)(ed.),*Instinctive Behavior: The Development of a Modern Concept*(《本能行为:一个现代性概念的提出》),International University Press,1957.

UKELA(英国环境法协会)and Gaia Foundation(盖亚基金会),*Wild Law: Is There Any Evidence of Earth Jurisprudence in Existing Law and Practice*(《荒野法:现有立法及其实践中存在地球法理吗?》),UKELA,2009.

Underkuffler,Laura S.(劳拉·S. 昂德库夫勒),*The Idea of Property: Its Meaning and Power*(《财产权的理念:含义及影响力》),Oxford University Press,2003.

Unger,Robert(罗伯托·昂格尔),*The Critical Legal Studies Movement*(《批判法学研究》),Harvard University Press,1986.

Unger,Robert,*False Necessity: Anti-Necessitarian Social Theory in the Radical Democracy*(《虚假的必要性:支持激进民主的反宿命论社会理论》),Verso,2001.

Vernadsky,Ivanovick(伊凡诺沃·维尔纳茨基),*The Biosphere: Complete Annotated Edition*(《生物圈:全注解版》),Springer,1992[first published 1926].

Vico,Giambattista(詹巴蒂斯塔·维科),*The New Science*(《新科学》),Cornell University Press,1976[first published in 1725].

Waldau,Paul(保罗·瓦尔道),Kimberley,Patton(金伯利·巴顿)(eds),*A Communion of Subjects: Animals in Religion,Science and Ethics*(《主体的欢聚:宗教、科学和伦理学中的动物》),Columbia University Press,2006.

Waldron,Jeremy(杰里米·瓦尔德龙),*The Right to Private Property*(《私有产权的权利》),Oxford University Press,1987.

Waldron,Jeremy,*Nonsense upon Stilts: Bentham,Burke and Marx on the Rights of Man*(《高出的谎言:边沁、布尔克和马克思论人的权利》),Methuen,1988.

Waldron,Jeremy,'Liberalism'("自由主义"),in Edward Craig(ed.),*The Shorter Routledge Encyclopedia of Philosophy*,Routledge,2005.

Wallerstein,Immanuel(伊曼努尔·沃勒斯坦),*The Modern World-System IV:*

*Centrist Liberalism Triumphant*(*1789-1914*)(《现代世界制度之四：中立派自由主义的成功（1789—1914）》), University of California Press, 2001a.

Wallerstein, Immanuel, *Historical Capitalism with Capitalist Civilization*(《资本主义社会的历史资本主义》), Verso, 2011b.

Watson, Irene（艾琳·沃森）, *Raw Law：The Coming of the Muldarbi and the Path to it Demise*(《原生法：马尔德比的到来及其终结之路》), DPhil thesis, University of Adelaide, 1999.

Weber, Max（马克斯·韦伯）, 'The Ideal Type'("理想类型"), in K. Thompson（K. 汤普森）and J. Tunstall（J. 汤斯顿）(eds), *Sociological Perspectives*(《社会学观察》), Penguin, 1971.

Weightman, Gavin（加文·维特曼）, *The Industrial Revolutionaries：The Making of the Modern World 1776-1914*(《工业革命：现代世界的形成（1776—1914）》), Gover Press, 2010.

Weinreb, Lloyd（劳埃德·魏因雷布）, *Natural Law and Justice*(《自然法与正义》), Harvard University Press, 1987.

Weir, Jessica（杰西卡·魏尔）, *Murray River Country：An Ecological Dialogue with Traditional Owners*(《莫累河：与传统所有权人的生态性对话》), Aboriginal Studies Press, 2009.

Weiss, Paul（保罗·韦斯）, *Hierarchically Organized Systems in Theory and Practice*(《科层化组织系统的理论与实践》), Hafner Publishing Company, 1973.

Weiss, Paul, *The Science of Life：The Living System—A System for Living*(《生命科学：生命系统》), Futura Publishing Company, 1973.

Wellmann, Christopher（克里斯托弗·威尔曼）and A. John Simmons（A. 约翰·西蒙斯）, *Is There A Duty to Obey the Law?*（《服从法律的义务存在吗?》), Cambridge University Press, 2005.

Weston, Burns H.（伯恩斯·H. 韦斯顿）, 'The Role of Law in Promoting Peace and Violence：A Matter of Definition, Social Values and Individual Responsibility'("法律在推动和平与暴力中的作用：定义、社会价值和个体责任等问题"), in W. Michael Resiman（W. 迈克尔·瑞斯曼）and Burns H. Weston(eds), *Toward World Order and Human Dignity*(《走向世界秩序和人类尊严》), Free Press, 1976.

Burns H. Weston and Bollier, David（大卫·博利尔）, *Green Governance：*

*Ecological Survival*, *Human Rights and the Law of the Commons*(《绿色治理：生态生活、人权和共同的法》),Cambridge University Press,2013.

Westen, Anthony(安东尼·威斯腾)(ed.), *An Invitation to Environmental Philosophy*(《环境哲学的邀请》),Oxford University Press,1999.

Westra, Laura(劳拉·威斯特拉), *Living in Integrity: A Global Ethic to Restore a Fragmented Earth*(《一体性的生活：修复碎片化地球的全球伦理》), Rowman & Littlefield Publishers,1998.

Westra, Laura, 'Institutionalized Violence and Human Rights'("制度的暴力与人权"), in David Pimentel(大卫·皮门特尔), Laura Westra, and Reed F. Noss(里德·F.诺斯)(eds), *Ecological Integrity: Integrating Environment, Conservation and Health*(《生态整体性：环境、保护与健康的一体性》),Island Press,2000.

Whitehead, Alfred North(阿尔弗莱德·诺斯·怀特海德), *Modes of Thought*(《思考的方法》),Macmillan,1938.

Whitehead, Alfred North, *Process and Reality*(《过程与实现》), Free Press,1979.

Wilber, Ken(肯·威尔伯), *Sex, Ecology, Spirituality: The Spirit of Evolution*(《性别、生态与精神：进化精神》),Shambhala,1995.

Wilson, Edward O.(爱德华·O.威尔森), *The Diversity of Life*(《生命的多样性》),WW Norton and Company,1992.

Wilson, Edward O., *Biophilia*(《生物自卫》),Harvard University Press,1994.

Wilson, Edward O., *Biodiversity*(《生物多样性》), National Academy of Science,1996.

Wittgenstein, Ludwig(路德维希·维特根斯坦), *Philosophical Investigations*(《哲学研究》),Wiley-Blackwell,2009[first published 1953].

Wolff, Robert Paul(罗伯特·保罗·沃尔夫), *Robert Nozick: Property, Justice, and the Minimal State*(《罗伯特·诺齐克：财产权、正义和最小国家》), Stanford University Press,1987.

Wolff, Robert Paul, *In Defense of Anarchism*(《保卫无政府主义》),University of California Press,1988.

World Commission on Environmental Development(世界环境发展委员会), *Our Common Future*(《我们共同的未来》), Oxford University Press,1987.

Worster, Donald(唐纳德·沃斯特), *Natures' Economy: A History of Ecological*

Ideas(《自然界的经济学:生态性理念的历史》),Cambridge University Press,1994.

Wuerthner,George(乔治·沃尔特),'The Destruction of Wildlife Habitat by Agriculture'("农业对野生动植物栖息地的破坏"),in Andrew Kimbrell(安德鲁·坎布雷尔)(ed.),*Fatal Harvest: The Tragedy of Industrial Agriculture*(《致命收获:农业工业化的悲剧》),Island Press,2002.

Zimmerman,Michael E.(迈克尔·E.齐默尔曼)(ed.),*Environmental Philosophy: From Animal Rights to Radical Ecology*(《环境哲学:从动物权利到激进生态学》),Prentice Hall,2001.

Zinn,Howard(霍华德·齐恩),*Disobedience and Democracy: Nine Fallacies on Law and Order*(《不服从与民主:法律与秩序的九大谬误》),South End Press,2002.

Zinn,Howard,*A People's History of the United States: 1942 to Present*(《美国人民的历史:1942年至今》),Harper Perennial Modern Classics,2005.

Zizek,Slavoj(斯拉沃热·齐泽克),*In Defence of Lost Causes*(《捍卫失去的事业》),Verso,2009.

Zondervan(桑德凡出版社),*NIV Study Bible*(《新国际版圣经研究》),Zondervan,2008.

## 二、期刊论文类

Ahlers,Glen PerterI(格伦·彼得·阿勒斯),'Earth Jurisprudence: A Pathfinder'("地球法理的开创者"),(2009)11 *Barry Law Review* 121.

Arncil,Barbara(芭芭拉·阿内尔),'Trade, Plantations and Property: John Locke and the EconomicDefence of Colonialism'("贸易、种植业和财产权:约翰·洛克和殖民主义的经济辩护"),(1994)55(4)*Journal of the History of Ideas* 591.

Arnold,Tony(托尼·阿诺德),'The Reconstitution of Property: Property as a Web of Interests'("财产权的重构:财产权作为一种利益之网"),(2002)26 *Harvard Environment Law Review* 281.

Babie,Paul(保罗·芭比),'Private Property, the Environment and

Christianity'("私有产权、环境与基督教"),(2002)15 *Pacifica: Australasian Theological Studies* 307.

Babie,Paul,'Two Voices of the Morality of Private'("私有产权道德性的两种不同声音"),(2007)23 *Journal of Law and Religion* 101.

Babie, Paul, 'Ideas, Sovereignty, Eco-colonialism and the Future: Four Reflections on Private Property and Climate Change'("理念、主权、生态殖民主义和未来:四个角度对私有产权和气候变化的反思"),(2010)19 *Griffith Law Review* 527.

Babie,Paul,'Private Property: the Solution or the Source of the Problem?'("私有产权:解决问题的方法还是产生问题的根源?"),(2010)2(2) *Amsterdam Law Forum*, http://ojs.ubvu.vu.nl/alf/article/view/124.

Baker, C. Edwin (C. 爱德温·贝克), 'Property and its Relation to Constitutionally Protected Liberty'("财产权及其与宪法保护的自由之间的关系"),(1986)134 *University of Pennsylvania Law Review* 741.

Becker,Lawrence(劳伦斯·C. 贝克尔),'The Moral Basis of Property Rights'("财产权的道德基础"),(1980)22 *Nomos* 187.

Bedau, H. A. (H. A. 贝道), 'On Civil Disobedience'("论民众不服从"),(1961)58 *Journal of Philosophy* 653.

Bell,Mike(麦克·贝尔),'Thomas Berry and an Earth Jurisprudence'("托马斯·贝里和地球法理学"),(2003)19(1)*The Trumpeter* 69.

Bender,L.(L. 本德),'A Lawyer's Primer on Feminist Theory and Tort'("女权主义理论和侵权的法律人士初级读本"),(1988)38 *Journal Legal Education* 3.

Bernstein,J. M. (J. M. 伯恩斯坦),'Love and Law: Hegel's Critique of Morality'("爱情与法律:黑格尔的道德批判学说"),(2003)70(2) *Social Research* 393.

Berry,Thomas(托马斯·贝里),'The New Story'("新叙事"),(1978)1 *Teilbard Studies* 1.

Berry,Thomas,'Technology and the Nation State in the Ecological Age'("生态纪的技术与国家"),(1981)*Riverdale Papers VIII* 27.

Berry,Thomas,'The Viable Human'("有活力的人类"),(1987)9(2) *Revision* 1.

Berry,Thomas,'The Gaia Theory: Its Religious Implications'("盖亚理论及其宗教意义"),(1994)22 *ARC: Journal of the Faculty of Religious*

Studies, *McGill University* 7.

Beyleveld, D(D. 贝莱威尔德) and F Brownsword(F. 布朗斯沃德), 'The Practical Difference Between Natural Law Theory and Legal Positivism'("自然法理论与法律实证主义的实践差异"), (1985) 5(1) *Oxford Journal of Legal Studies* 1.

Birch, Thomas (托马斯·伯奇), 'Moral Considerability and Universal Consideration'("道德考量与整体性思考"), (1993) 15(4) *Environmental Ethics* 313.

Birks, Peter(彼得·伯克斯), 'The Roman Law Concept of Dominium and the Idea of Absolute Ownership'("罗马法中所有权的概念和绝对所有权思想"), (1985) *Acta Juridica* 1.

Bix, Brian H. (布莱恩·H. 比克斯), 'On the Dividing Line Between Natural Law Theory and Legal Positivism'("自然法理论与法律实证主义之间的分水岭"), (1999-2000) 75 *Notre Dame Law Review* 1613.

Blomley, Nicholas(尼古拉斯·布罗姆莱), 'Landscapes of Property'("财产权的全貌"), (1998) 32(3) *Law and Society Review* 567.

Bodian, Stephan(史蒂芬·鲍地安), 'Simple in Means, Rich in Ends: A Conversation with Arne Næss'("事半功倍:与艾伦·纳斯的对话"), (1982) *The Ten Directions* 11.

Bohen, F. (F. 伯恩), 'The Rule in Rylands v Fletcher'("赖兰兹诉弗莱彻案适用的规则"), (1911) 59 *University of Pennsylvania Law Review* 298.

Bosselmann, Fred P. (弗莱德·P. 博塞尔曼) and A. D. Tarlock(A. D. 塔洛克), 'The Influence of Ecological Science on American Law: An Introduction'("生态科学对美国法律的影响:导论"), (1993-1994) 69 *Chicago Kent Law Review* 847.

Boyle, J. (J. 波义耳), 'Natural Law, Ownership and the World's Natural Resources'("自然法、所有权和世界的自然根源"), (1989) 23 *Journal of Value Inquiry* 191.

Burdon, Peter(彼得·伯登), 'The Rights of Nature: Reconsidered'("重新思考自然的权利"), (2010) 49 *Australian Humanities Review* 69.

Burdon, Peter, 'What is Good Land Use? From Rights to Relationship'("如何利用土地是善的? 从权利到关系"), (2010) 34(2) *Melbourne University Law Review* 708.

Burdon, Peter, 'Wild Law: The Philosophy of Earth Jurisprudence'("荒野法:

地球法理的哲学"),(2010) 35(2) *Alternative Law Journal* 62.

Burdon, Peter, 'The Jurisprudence of Thomas Berry' ("托马斯·贝里的法理学"),(2011) 11 *Worldviews: Global Religions, Culture, and Ecology* 151.

Burdon, Peter, 'Rights of Nature: The Theory' ("自然的权利理论"),(2011) 1 *IUCN Environmental Law Journal*.

Burdon, Peter, 'A Theory of Earth Jurisprudence' ("地球法理的理论"),(2012) *Australian Journal of Legal Philosophy* 28.

Burdon, Peter, 'The Future of a River: Earth Jurisprudence and the Murray Darling Basin' ("河流的未来:地球法理与墨累达令盆地"),(2012) 37(2) *Alternative Law Journal* 82.

Burns, Robert(罗伯特·伯恩斯), 'Blackstone's Theory of the "Absolute" Rights of Property' ("布莱克斯通的'绝对'财产权理论"),(1985) 54 *University of Cincinnati Law Review* 67.

Butler, Lynda(琳达·巴特勒), 'The Pathology of Property Norms: Living Within Nature's Boundaries' ("财产权规范的症状:在自然的范围内生活"),(2000) 73 *Southern California Law Review* 927.

Bynum, William F.(威廉姆·F. 拜纳姆), 'The Great Chain of Being after Forty Years: An Appraisal' ("评断四十年后伟大的生命之链"),(1975) 13 *History of Science* 1.

Byrne, Peter(彼得·伯恩), 'Green Property' ("绿色财产权"),(1990) 7 *Constitutional Commentary* 239.

Capra, Fritiof(菲杰弗·卡普拉), 'Paradigms and Paradigm Shift' ("范式与范式转变"),(1985) 9(1) *Revision* 11.

Chakrabarty, Dipesh(迪佩什·查卡拉巴提), 'The Climate of History: Four Theses' ("历史上的气候:四篇论文"),(2009) 35 *Critical Inquiry* 197.

Circo, Carl(卡尔·奇尔科), 'Does Sustainability Require a New Theory of Property Rights?' ("可持续性需要财产权的新叙事吗?"),(2009) 58(1) *University of Kansas Law Review* 91.

Coase, Ronald(罗纳德·科斯), 'The Problem of Social Cost' ("社会成本问题"),(1960) 3 *Journal Law and Economics* 1.

Coglianese, Cary(卡里·肯利亚娜斯), 'Social Movements, Law and Society: The Institutionalization of the Environment Movement' ("社会运动、法律与社会:环境运动的制度化"),(2001) 150 *University of Pennsylvania*

Law Review 85.

Cohen, Carl（卡尔·科恩）,'Militant Morality: Civil Disobedience and Bioethics'（"激进道德性：公民不服从与生态伦理学"）,（1989）19（6）*Hastings Center Report* 23.

Cohen, Felix S.（菲利克斯·S.科恩）,'Dialogue on Private Property'（"对话私有产权"）,（1954）9 *Rutgers Law Review* 357.

Cohen, Moris（莫里斯·科恩）,'Property and Sovereignty'（"财产权与主权"）,（1927）13 *Cornell La Quarterly* 8.

Crutzen, Paul（保罗·克鲁岑）and E. F. Stoermer（E. F. 斯托莫）,'The Anthropocene'（"人类中心主义"）,（2000）41 *Global Change Newsletter* 17.

Cullinan, Cormac（科马克·卡利南）,'Do Humans Have Standing to Deny Trees Rights?'（"人类具有否定树木权利的法律资格吗？"）,（2009）11 *Barry Law Review* 11.

Dworkin, Ronald（罗纳德·德沃金）,'On Not Prosecuting Civil Disobedience'（"论公民不服从的不可诉"）,（1968）10（11）*New York Review of Books* 14.

Eaton, Heather（希瑟·伊顿）,'Introduction to the Special Edition on Thomas Berry's The Great Work'（"托马斯·贝里《伟大事业》特辑导读"）,（2001）5（1）*Worldviews: Global Religions, Culture, and Ecology* 1.

Ehrlich Paul（保罗·埃里希）and Peter Raven（彼得·拉文）,'Butterflies and Plants: A Study of Coevolution'（"蝴蝶与植物：协同进化研究"）,（1964）18 *Evolution* 586.

Ellickson, Robert C.（罗伯特·C.埃里克森）,'Alternatives to Zoning: Covenants, Nuisance Rules and Fines as Land Use Controls'（"区域划分的多种方法：契约、损害规则和控制土地利用的罚款"）,（1973）40 *University of Chicago Law Review* 681.

Ellickson, Robert C.,'Property in Land'（"土地财产权"）,（1993）102 *Yale Law Journal* 1364.

Epstein, Richard（理查德·爱泼斯坦）,'Property as a Fundamental Civil Right'（"财产权是一项公民基本权利"）,（1998）29 *California Western Law Review* 187.

Why Restrain Alienation?("为什么要对异化进行约束?"),(1985) 85 *Columbia Law Review* 970.

Fleming, Donald(唐纳德·弗莱明),'Roots of the New Conservation Movement'("新兴保护运动的基础"),(1972) 6 *Perspectives in American History* 18.

Frazier,Terry(特里·弗雷泽),'The Green Alternative to Classical Liberal Property Theory'("传统自由财产理论的绿色方法"),(1995) 20 *Vermont Law Review* 299.

Frazier,Terry,'Protecting Ecological Integrity within the Balancing Function of Property Law'("在财产权法功能平衡的范围内保护生态的整体性"),(1998) 28(1) *Environmental Law* 53.

Freyfogle,Eric T.(埃里克·T.弗雷福格),'Ownership and Ecology'("所有权与生态学"),(1993) 43(4) *Case Western Law Review* 1269.

Freyfogle,Eric T.,'Property Rights,The Markets and Environmental Change in Twentieth Century America'("美国20世纪的财产权、市场和环境变迁"),(2001) 1 *Illinois Public Law and Legal Theory Research Papers Series* 1.

Freyfogle,Eric T.,'Property Rights,the Market,and Environmental Change in 20th century America'("美国20世纪的财产权、市场和环境变迁"),(2002) 31 *Environmental Law Reporter* 10254.

Freyfogle,Eric T.,'The Tragedy of Fragmentation'("碎片化的悲剧"),(2002) 32 *Environmental Law Reporter* 11321.

Foeyfogle,Eric T.,'Property and Liberty'("财产权与自由"),(2007) *Illinois Public Law and Legal Theory Research Papers Series*,available at SSRN:http://ssrn.com/abstract=1024574.

Fuller,Lon(朗·富勒),'Human Purpose and Natural Law'("人的目的和自然法"),53(1956) *Journal of Philosophy* 697.

Fuller,Lon,'Positivism and Fidelity to Law'("法律实证主义和法的精确性"),(1958) 71 *Harvard Law Review* 630.

Getzler,Joshua(约书亚·盖兹勒),'Theories of Property and Economic Development'("财产权理论和经济发展"),(1996) 26(4) *Journal of Interdisciplinary History* 639.

Godden, Lee(李·戈登), 'Preserving Natural Heritage: Nature as Other'("保存自然遗产:作为他者的自然"),(1998) 22 *Melbourne University Law Review* 719.

Gould, Stephan Jay(斯蒂芬·杰伊·古尔德), 'Kropotkin was no Crackpot'("科罗伯特金不是狂想家"),(1997) 106 *Natural History* 12.

Gray, Kevin(凯文·格雷), 'Property in Thin Air'("子虚乌有的财产权"),(1991) 50 *Cambridge Law Journal* 252.

Grisez, Germain(杰曼·格里塞), 'The First Principle of Practical Reason: A Commentary on the Summa Theologica, 1-2, Question 94, Article 2'("实践理性的首要原则:《神学大全》1—2集问题94的评论"),(1965) 10 *Natural Law Forum* 252.

Guth, Joseph Jay(约瑟夫·古思), 'Law for the Ecological Age'("生态时代的法律"),(2009) 9 *Vermont Journal of Environmental Law* 431.

Hart, H. L. A. (H. L. A. 哈特), 'Positivism and the Separation of Law and Morals'("实证主义及法与道德的分化"),(1958) 71 *Harvard Law Review* 593.

Heller, Michael(迈克尔·赫勒), 'The Tragedy of the Anti-commons: Property in the Transition from Marx to Markets'? ("反公地的悲剧:从马克思向市场转换过程中的财产权"),(1998) 111 *Harvard Law Review* 621.

Hohfeld, Wesley Newcomb(韦斯利·纽科姆·霍菲尔德), 'Some Fundamental Legal Conceptions as Applied in Judicial Reasoning'("应用于司法推理的一些基本法律概念"),(1913) 23 *Yale Law Journal* 16.

Hohfeld, Wesley Newcomb, 'Some Fundamental Legal Conceptions as Applied in Judicial Reasoning',(1917) 26 *Yale Law Journal* 710.

Hunter, David(大卫·亨特), 'An Ecological Perspective on Property'("财产权的生态主义方法"),(1988) 12 *Harvard Environmental Law Review* 311.

Hutton, Patrick H. (帕特里克·H.哈顿), 'Vico's Significance for the New Cultural History'("新文明史中维科的重要性"),(1985) 3 *New Vico Studies* 74.

Janzen, Daniel(丹尼尔·詹曾), 'The Future of Tropical Ecology'("热带生态学的未来"),(1986) 17 *Annual Review of Ecology and Systematic* 305.

Kar, James(詹姆斯·卡尔),'Protecting Ecological Integrity: An Urgent Societal Goal'("保护生态整体性:一个迫在眉睫的社会目标"),(1993)18(1) *Yale Journal of International Law* 297.

Katz, Larrisa(拉里萨·卡茨),'Exclusion and Exclusivity in Property Law'("财产法的排他性"),(2008)58(3) *University of Toronto Law Review* 275.

Kennedy, Duncan(邓肯·肯尼迪),'Toward a Historical Understanding of Legal Consciousness: The Case of Classical Legal Thought in America 1850-1940'("法律意识的历史性解读:美国经典法律思想案例分析(1850—1940)"),(1980) *Research in Law and Sociology* 3.

Kennedy, Duncan,'The Stages of Decline of the Public/Private Distinction'("公/私区分逐渐弱化的历史阶段"),(1982)130(6) *University of Pennsylvania Law Review* 1349.

Kimbrell, Andrew(安德鲁·坎布雷尔),'Breaking the Law of Life'("破解生命之法"),May/June(1997)182 *Resurgence Magazine* 9.

Kimbrell, Andrew,'Halting the Global Meltdown: Can Environmental Law Play a Role?'("对全球性灾难叫停:环境法能够发挥一定作用吗?"),(2008)20 *Environmental Law and Management* 64.

Kirchner, James(詹姆斯·柯克纳),'The Gaia Hypothesis: Fact, Theory, and Wishful Thinking'("盖亚假设:事实、理论和可能的思考"),(2002)52(4) *Climatic Change* 391.

Krauthammer, Charles(查理斯·克劳萨默),'The Spotted Owl'("斑点猫头鹰"),(1991)6 *Time Magazine* 17.

Lametti, David(大卫·莱梅迪),'Property and (Perhaps) Justice'("财产权与正义"),(1998)43 *McGill Law Journal* 665.

Lamett, David,'The Concept of Property: Relations through Objects of Social Wealth'("财产权的概念:与社会财富的客体物之间的关系"),(2003)53 *University of Toronto Law Journal* 325.

Lenton, Timothy(蒂莫西·伦顿),'Gaia and Natural Selection'("盖亚和社会选择"),(1998)394 *Nature* 439.

Leopold, Aldo(奥尔多·利奥波德),'Some Fundamentals of Conservation in the Southwest'("西南地区保护的基础"),(1979)1 *Environmental*

Ethics 131.

Lovelock, James（詹姆斯·洛夫洛克）and Lynn Margulis（林恩·马古利斯）,'Biological Modulation of the Earth's Atmosphere'("地球大气圈的生物学调整"),(1974) 21 *Icarus* 471.

Lyon, Pamela（帕梅拉·里昂）,'Autopoiesis and Knowing: Reflections on Manturana's Biogenic Explanation of Cognition'("自创生与认知:反思曼图拉纳对人类认知的生物学解释"),(2004) 11(4) *Cybernetics and Human Knowing* 21.

McCann, Michael（迈克尔·麦卡恩）,'Law and Social Movements: Contemporary Perspectives'("法律与社会运动:现代性视角"),(2006b) 2 *Annual Review of Law and Social Science* 17.

Mackinnon, Catherine（凯瑟琳·麦金农）,'Feminism, Marxism, Method and the State: Toward Feminist Jurisprudence'("女权主义、马克思主义、方法与国家:迈向女权主义法理学"),(1983) 8 *Signs* 636.

Mahoney, Paul（保罗·马奥尼）,'The Common Law and Economic Growth: Hayek Might Be Right'("普通法与经济增长:或许哈耶克是正确的"),(2001) 30 *Journal of Legal Studies* 503.

Merrill, Thomas W.（托马斯·W. 美林）,'Property and the Right to Exclude'("财产权与排他权"),(1998) 77 *Nebraska Law Journal* 746.

Meyer, John（约翰·迈耶）,'The Concept of Private Property and the Limits of the Environmental Imagination'("私有产权的概念和环境想象力的限度"),(2009) 37(1) *Political Theory* 99.

Næss, Arne（阿恩·纳斯）,'The Shallow and the Deep, Long-Range Ecology Movement: A Summary'("长期性生态运动评论"),(1973) 16 *Inquiry* 95.

Næss, Arne,'The Deep Ecology Movement: Some Philosophical Aspects'("深生态学运动:一些哲学问题"),(1986) 8 *Philosophical Inquiry* 10.

Naffine, Ngaire（恩盖尔·纳芬）,'The Liberal Legal Individual Accused: The Relational Case'("自由法学个体主义批判:相关案例研究"),(2013) *Canadian Journal of Law and Society* 1.

Nedelsky, Jennifer,'Reconceiving Autonomy: Sources, Thoughts and Possibilities'("反思自治权:起源、思想和可能性")(1989) 1 *Yale*

*Journal of Law and Feminism* 7.

Nedelsky Jennifer(詹妮弗・内德尔斯基), Reconceiving Rights as Relationship'("从关系视角重构权利"),(1993) 1 *Review of Constitutional Studies* 1.

Odum, William(威廉・奥德姆),'Environmental Degradation and the Tyranny of Small Decisions'("环境恶化与少数人决策的暴政"),(1982) 32 *Bioscience* 728.

Otteson, James(詹姆斯・奥特森),'Kantian Individualism and Political Libertarianism'("康德的个体主义与政治自由主义"),(2009) *Independent Review* 389.

Penner, James E.(詹姆斯・E. 彭纳),'The Bundle of Rights' Picture of Property'("财产权的'权利束'图景"),(1996) 43 *UCLA Law Review* 711.

Penner, James E.,'The Idea of Property in Law'("法律中财产权的理念"),(1998) 43 *McGill Law Journal* 663.

Plumwood, Val(瓦尔・普鲁姆伍德),'Androcentrism and Anthrocentrism: Parallels and Politics'("男性中心主义与人类中心主义:类比与政治学"),(1996) *Ethics and the Environment* 1.

Posner, Richard(理查德・波斯纳),'Utilitarianism, Economics, and Legal Theory'("功利主义、经济学与法律理论"),(1979) 8(1) *Journal Legal Studies* 103.

Posner, Richard,'Wealth Maximization Revisited'("再论财富最大化"),(1985) 2 *Notre Dame Journal Law, Ethics and Public Policy* 85.

Pottage, Alain(阿兰・波塔杰),'The Measure of Land'("土地的测度"),(1994) 57(3) *Modern Law Review* 361.

Pottage, Alain,'Instituting Property'("财产权的制度化"),(1998) 18 *Oxford Journal of Legal Studies* 331.

Pound, Roscoe(罗斯科・庞德),'Symbiosis and Mutualism'("共生和互助"),(1893) 27 *American Naturalist* 509.

Pound, Roscoe,'The Need for a Sociological Jurisprudence'("社会法理学的必要性"),(1907) 19 *Green Bag* 607.

Radbruch, G.(G. 拉德布鲁赫),'Statutory Lawlessness and Supra-Statutory Law'("非法的制定法与超制定法"),(2006) 26 *Oxford Journal of Legal Studies* 7.

Radin, Margaret Jane(玛格丽特·简·拉丁),'Property and Personhood' ("财产权与个体身份"),(1982) 34 *Stanford Law Review* 957.

Radin, Margaret Jane,'The Consequences of Conceptualism'("概念主义的后果"),(1986) 41 *University of Miami Law Review* 239.

Raff, Murray(墨里·拉夫),'Environmental Obligations and the Western Liberal Property Concept'("环境义务与西方自由主义财产权概念"),(1998) 22 *Melbourne University Law Review* 657.

Raz, Joseph(约瑟夫·拉兹),'The Morality of Obedience'("服从的道德性"),(1985) 83 *Michigan Law Review* 732.

Reich, Charles(查理斯·里奇),'The New Property'("新型财产权") (1964)73 *Yale Law Journal* 733.

Rockström, J. et al(J. 洛克斯特罗姆等),'Planetary Boundaries: Exploring the Safe Operating Space for Humanity'("星球的边界:为人类开发安全的操作空间"),*Ecology and Society* 14(2) 32.

Rolston Ⅲ, Holmes(福尔摩斯·罗尔斯顿三世),'Rights and Responsibilities on the Home Planet'("对地球家园享有的权利和承担的责任"),(1993) 18 *Yale Journal International Law* 251.

Rose, Deborah Bird(黛博拉·伯德·罗斯),'Exploring an Aboriginal Land Ethic'("原住民大地伦理学探究"),(1988) 2 *Meanjin* 379.

Rosenblueth, A.(A. 罗森勃吕特),'Behaviour, Purpose and Teology'("行为、目的和神学"),(1943) 10(1) *Philosophy of Science* 18.

Rubin, Edward(爱德华·鲁宾),'Passing Through the Door: Social Movement Literature and Legal Scholarship'("穿过门廊:社会运动文献与法学研究"),(2001) 150 *University of Pennsylvania Law Review* 1.

Sax, Joseph(约瑟夫·萨克斯),'Takings, Property and Public Rights'("征收、财产权与公共权利"),(1971)81 *Yale Law Journal* 149.

Sax, Joseph,'Property Rights and the Economy of Nature: Understanding Lucas v. South Carolina Coastal Council'("财产权与自然经济学:论卢卡斯诉南卡罗来纳海岸委员会案"),(1992-1993) 45 *Stanford Law Review* 1433.

Sax, Joseph, 'Property Rights and the Economy of Nature' ("财产权与自然经济学"), (1993) 45 *Stanford Law Review* 201.

Sessions, George(乔治·塞申斯), 'Spinoza and Jeffers on Man in Nature' ("斯宾诺莎和杰弗斯论人的本质"), 20 (1977) *Inquiry* 481.

Sen Amartya(阿玛蒂亚·森), 'Consequential Evaluation and Practical Reason' ("结果评价与实践理性"), (2000) 97 *Journal of Philosophy* 477.

Singer, Joseph William (约瑟夫·威廉·辛格), 'How Property Norms Construct the Externalities of Ownership' ("财产权规范何以建构所有权的外在性"), (2008) *Harvard Law School Public Law Working Papers* No. 08-06.

Singer, Joseph William and Jack Beermann (杰克·比尔曼), 'The Social Origins of Property' ("财产权的社会根源"), (1993) 6 *Canadian Journal of Law and Jurisprudence* 217.

Singh, Raghuveer(拉夫威尔·辛格), 'Herakleitos and the Law of Nature' ("赫拉克利特与自然之法"), 24 (1963) *Journal of the History of Ideas* 457.

Smith, M. B. E. (M. B. E. 史密斯), 'Do We have a Prima Facie Obligation to Obey the Law?' ("人类有服从法律的初步义务吗?"), (1973) 82 *Yale Law Journal* 950.

Sokol, Mary (玛丽·索科尔), 'Bentham and Blackstone on Incorporeal Hereditaments' ("边沁和布莱克斯通论无形体财产的可继承性"), (1994) 15 *Journal of Legal History* 287.

Stapp, Henry(亨利·斯旦泼), 'S-Matrix Interpretation in Quantum Theory' ("量子理论中S矩阵的解释力"), (1971) 3 *Physical Review* D 15.

Strum, Douglas(道格拉斯·斯特鲁姆), 'Identity and Alterity: Summons to a New Axial Age' ("同一性和交替性:呼唤一个新的轴心时代"), (2000) 1 *Journal of Liberal Religion: An Online Theological Journal* 2.

Swimme, Brian(布莱恩·斯温), 'Berry's Cosmology' ("贝里的宇宙观"), (1987) 2-3 *Cross Currents* 218.

Tolan, Patrick (帕特里克·托兰), 'Ecocentric Perspectives on Global Warming: Toward an Earth Jurisprudence' ("全球变暖的生态中心主义视角:迈向地球法理学"), (2008) 1(4) *Global Studies Journal* 39.

Underkuffler-Freund,Laura(劳拉·昂德库夫勒-弗洛伊德),'On Property: An Essay'("论财产权"),(1990) 100 *Yale Law Journal* 127.

Underlkufer. Freund,Laura,'Property: A Special Right'("财产权:一项特有权利"),(1996)1 *Notre Dame Law Review* 1033.

Vandevelde,Kenneth(肯尼斯·范德维德),'The New Property of the Nineteenth Century: The Development of the Modern Concept of Property'("19世纪的新型财产权:现代财产权概念的发展"),(1980) 29 *Buffalo Law Review* 325.

Warren,Lynda(琳达·沃伦),'Wild Law—the Theory'("荒野法理论"),(2006) 18 *Environmental Law and Management* 11.

Watson,Irene(艾琳·沃森),'Power of the Muldarbi and the Road to its Demise'("马尔德比的力量及其死亡之路"),(1998) 11 *Australian Feminist Law Journal* 28.

Watson,Irene,'Kaldowinyeri-Munaintaya-In the Beginning'("卡尔多温耶里:原始法则的形成"),(2000) 4 *Flinders Journal of Law Reform* 3.

Watson, Irene, 'Buried Alive'("苟活"),(2002) 13(3) *Law and Critique* 253.

White Jnr,Lynn(林恩·小怀特),'The Historical Roots of Our Ecologic Crisis'("人类生态危机的历史基础"),(1967) 155 *Science* 1203.

Winston,Kenneth(肯尼斯·温斯顿),'The Ideal Element in a Definition of Law'("法律定义的思想要素"),(1986) 5 *Law and Philosophy* 89.

Zamboni,Mauro(莫罗·赞博尼),'Social in Social Law: An Analysis of a Concept in Disguise'("社会法中的社会:隐蔽性概念研究"),(2008) 9 *Journal of Law and Society* 63.

# 三、其他来源类

Berry, Thomas, *The Ecozoic Era*(《生态纪》),(1991) http://www.smallisbeautiful.org/publications/berry_91.html.

Berry,Thomas, *Biography*(《传记》),(2011) http://www.thomasberry.org/

Biography/.

Burdon, Peter, *Environmental protection and the Limits of right Talk*(《环境保护与权利讨论的限度》),(2012) http://rightnow. org. au/topics/environment/environmental-protection-and-the-limits-of-rights-talk/.

Burdon, Peter,'Environmental Legal Aid Cuts an "Act of Barbarism"'("环境法律援助遏制了'野蛮的开发行为'"),*ABC Environment*(ABC 环境栏目),(2013) http://www. abc. net. au/environment/articles/2013/12/18/3914079. htm.

Earth Charter(《地球宪章》),(2000) http://www. earthcharterinaction. org/content/pages/Read-the-Charter. htm.

*The 11th Hour: Turn Mankind's Darkest Hour Into Its Finest*(《第十一个小时：把人类最灰暗的时刻变为最光明的时刻》), directed by Leonardo DiCaprio(莱奥纳多·迪卡普里奥), Warner Brothers Pictures, 2007.

Fox, Matthew(马修·福克斯), *Matthew Fox Tribute to Thomas Berry*(《马修·福克斯向托马斯·贝里的致敬》),(2002) http://www. e-arthcommunity. org/images/FoxTribute. pdf.

Hardin, Garrett(加勒特·哈丁), *The Tragedy of the Commons*(《公地悲剧》),(1968) http://www. garretthardinsociety. org/articles/art_tragedy_of_the_commons. htm.

International Union for the Conservation of Nature(世界自然保护联盟), *Draft international Covenant on Environment and Development*(《环境与发展国际协定草案》),(1995) http://www. i-c-el. org/english/EPLP31EN_rev2. pdf.

Latour, Bruno(布鲁诺·拉图尔), *Waiting for Gaia. Composing the Common World Through Arts and Politics*(《等候盖亚：通过艺术和政治来构织共同的世界》), Lecture at the French Institute, London, November,(2011) http://www. bruno-latour. fr/node/446.

Latour, Bruno, *Facing Gaia: A New Enquiry into Natural Religion*(《迎接盖亚：对自然宗教的新观察》), Gifford Lectures,(2013) http://www. bruno-latour. fr/node/486.

Leonard, Matthew(马修·莱昂纳多), *Al Gore Calling for Direct Action against Coal*(《阿尔·戈尔呼吁采取直接行动来对抗碳排放》),(2007) http://understory. ran. org/2007/08/16/al-gore-calling-for-direct-action-against-coal/.

Linzey, Thomas(托马斯·林基), *Of Corporations, Law, and Democracy: Claiming the Rights of Communities and Nature*(《公司、法律与民主：呼吁共同体和自然界的权利》),(2005)http://www.smallisbeauciful.org/publications/linzey_06.html.

Linzey, Thomas, *Global Civil Rights: The Author of Spokane's Community Bill of Rights on fighting for Nature*(《全球公民权利：斯波坎市社区权利法案的起草人论述的为自然而战》),(2011)http://www.inlander.com/spokane/global-civil-rights/Content?oid=2135290.

Mackenzie, John(约翰·麦肯齐), Margaret Ayre(艾尔·玛格丽特), Peter Oliver(彼得·奥利弗), Poh Ling Tan(博赫·林·坦), Sue Jackson(苏·杰克逊) and Wendy Proctor(温迪·普罗科特), 'Collaborative Water Planning: Context and Practice'("水资源协同计划：内容与实践"), *Literature Review*(《文献评论》),(2010)http://lwa.gov.au/fles/products/track/pn21213/pn21213.pdf.

Margulis, Lynn(林恩·马古利斯), *Gaia is a Tough Bitch*(《盖亚是一个极为复杂的问题》),(2007)http://www.edge.org/documents/ThirdCulrure/N-ch.7.html.

Marx, Karl(卡尔·马克思), *Debates on the Law on Thefts of Wood*(《偷盗木材的法律之辩》),(1996)htp://www.marxists.org/archive/marx/works/1842/10/25.htm[first published 1842].

Millennium Ecosystem Assessment(千年生态系统评估), *Ecosystems and Human Well-Being: Biodiversity*(《生态系统与人类幸福：生物多样性》),(2005)http://www.MAweb.org/en/index.aspx.

Nichols, Michelle(米歇尔·尼古拉斯), *Gore Urges Civil Disobedience to Stop Coal Plants*(为了阻止火力发电站，戈尔力推公民不服从行动),(2008)http://uk.reuters.com/article/idUKTRE48N7AA20080924.

Morton, Timothy(蒂莫西·莫顿), *Rethinking Ecology*(《反思生态学》),(2011)http://www.againstthegrain.org/program/490/id/442328/tues-11-01-11-rethinking-ecology.

Rose, Deborah Bird(黛博拉·伯德·罗斯), *Indigenous Kinship with the Natural World*(《原住民与自然世界之间的密切联系》),(2003)http://www.environment.nsw.gov.au/resources/cultureheritage/IndigenousKinship.pdf.

Rose, Deborah Bird, *Sharing Kinship with Nature: How Reconciliation is Transforming the NSW National parks and Wildlife Service*(《与自然世界共

享亲密关系：协同方法何以能够让新南威尔士州国家公园和野生生命服务能力发生转型》),（2003）http://www.environment.nsw.gov.au/resources/cultureheritage/SharingKinship.pdf.

Shuttleworth, Kate（凯特·沙特尔沃斯）,'Agreement Entitles Whanganui River to LegalIdentity'("协议让旺格努伊河获得了法律资格"), *New Zealand Herald*(《新西兰通报》), 30 August （2012）http://www.nzherald.co.nz/nz/news/article.cfm?c_id=landobjectid=10830586.

Union of Concerned Scientists（相关科学家联盟）, *World Scientists Warning to Humanity*(《全球科学家对人类的忠告》),（1992）http://www.ucsusa.org/about/1992-world-scientists,html.

United Kingdom Environmental Law Association（英国环境法学会）, *Wild Law: Is There Any Evidence of Earth Jurisprudence in Existing Law and Practice?*(《荒野法：现有法律及其实践中存在地球法理的证据吗?》),（2009）http://www.ukela.org/content/page/1090/Wild%20Law%20Research%20Report%20published%20March%202009.pdf.

Vidal, John（约翰·威代尔）, *Bolivia Enshrines Natural World's Rights with Equal Status for Mother Earth*(《玻利维亚庄严地将自然世界的权利确立为与地球母亲同等地位》),（2011）http://www.guardian.co.uk/environment/2011/apr/10/bolivia-enshrines-natural-worlds-rights.

Weston, Burns（伯恩斯·韦斯顿）and Bach, Tracy（巴赫·特雷西）, *Recalibrating the Law of Humans with he Laws of Natural: Climate Change, Human Rights and International Justice*(《重新校正人类之法，让其符合自然之法：气候变化、人类权利和国际正义》),（2009）http://www.vermontlaw.edu/Documents/CLI%20Policy%20Paper/CLI_Policy_Paper.pdf.

Westra, Laura（劳拉·威斯特拉）, *Ecological Integrity*(《生态整体性》),（2005）http://www.globalcointegriry.net/pdf/Westra%20on%20Ecological%20Integrity.pdf.

Wilber, Ken（肯·威尔伯）, *An Integral Age at the Leading Edge*(《作为前沿问题的整体性时代》),（2011）http://wilber.shambhala.com/html/books/kosmos/excerptA/notes-1.cfm.

World Watch Institute（世界观察研究所）, *State of the World*(《世界的状态》),（2010）http://www.worldwatch.org/taxonomy/term/38.

World Wild Life Fund（世界野生生物基金会）, *Living Planet Report*(《存活植

物报告》),(2008) http://assets.panda.org/downloads/living_planer_report_2008.pdf.

## 四、案例类

### Australia(澳大利亚)

*Members of the Yorta Yorta Aboriginal Community v State of Victoria and Others*(约特·约特原住民社区成员诉维多利亚州和其他州案)(2002)214 CLR 422.

*R v Toohey Ex parte Meneling Station Pty Ltd*(R.诉图希案)[1982]HCA 69.

*Yorta Aboriginal Community v State of Victoria and Others*(约特原住民社区诉维多利亚州和其他州案)(1998)1606 FCA 130.

*Westem Australia v Ward*(西澳大利亚州诉沃德案)(1998)159 ALR 483.

*Western Austalia v Ward*[2000]FCA 191.

*Westem Australia and o'rs v Ward and o'rs*(西澳大利亚州诉沃德案)[2002]HCA 28.

### England(英格兰)

*Omychund v Baker*(殴梅琼德诉贝克尔案)(1744)26 English Reports 15.

### Germany(德国)

*Cathedral of Beech Trees Case*(山毛榉大教堂案)[1957]DVBI 856.

*Economic Planning Case*(经济计划案)(1954)4 BVerFGE 7.

*Gravel Extraction Case*(采砂案)(1984)14 Agrarrecht 281.

### North America(北美地区)

*Bryant v Lefever*(布莱恩特诉勒弗维尔案),4 Common Please Division 172 (1879).

*Delgamuukw v British Columbia*("Delgamuukw"诉不列颠哥伦比亚案)[1997]153 DLR(4th)193.

*Just v Mariette County*(贾斯特诉玛丽特县案),56 Wisconsin 2d 7(1972).

*Losee v Buchanan*(诺煕诉布坎南案)51 New York Supreme Court 476 (1873).

*Lacas v South Carolina Coastal Watch*(卢卡斯诉南卡罗来纳州海岸观察研究所案)05 US Supreme Court 1003（1992）.

*Palmer v Mulligan*(帕尔梅诉马利根案）3 Cai. R. 307（1805）.

*Platt v Johnson and Root*(普莱特诉约翰逊和鲁特案）15 New York Supreme Court 213（1818）.

## 五、立法类

### Australia(澳大利亚)

Environmental Protection and Biodiversity Act(《环境保护与生物多样性法案》)1999（Cth）.

Roxby Downs Indenture Ratification Act(《罗克斯比唐斯契约批准法案》）1981（SA）.

# 索引

（所标页码为原书页码，参见本书边码）

Aboriginal Tent Embassy 原住民临时大使馆 122
Abrahamic concept of land 亚伯拉罕式的大地定义 112
academic conferences 学术会议 75
activism 激进主义 67
Adelaide plains 阿德莱德平原 123—124
age of the gods 上帝的时代 69
age of the heroes 英雄的时代 69
age of the humans 人类的时代 69
agrarian farming 农地耕种 130
air quality 空气质量 32
ancient lights 老屋采光权 32
animals 动物 6, 10, 11, 16—22, 26, 30, 59—60, 63, 69, 83, 112, 115—116, 124
anthropocene 人类世 2, 7
anthropocentric theology 人类中心主义的神学观 69
anthropocentrism 人类中心主义 1—6, 10—11, 15—47, 52—53, 65—66, 68, 70, 71, 80, 102, 135—136
anti-capitalists 反资本主义人士 76

Aquinas, St Thomas 圣托马斯·阿奎那 26, 84, 85, 90, 91, 98
aristocracy 贵族 69
Aristotle 亚里士多德 11, 18, 19, 20—22, 26, 65
Arnold, Tony 托尼·阿诺德 107
asymmetry 对物权 128
atmosphere 大气圈 2
attitudes 态度 3, 17
Australia 澳大利亚 119—123
Australian Wild Law Alliance 澳大利亚荒野法联盟 74 注释 23
autonomy 自治 88, 109, 110, 111
autopoiesis 自创生 55—60, 77

Babie, Paul 保罗·巴伯 133
Bacon, Francis 弗朗西斯·培根 28, 29, 40
Baker, C. Edwin C. 爱德温·贝克 106
barbarism 野蛮 69, 70
Barnstead 巴恩斯特德 75 注释 25
Benedict of Nursia 努尔西亚的本尼迪克特 23 注释 10
Bentham, Jeremy 杰里米·边沁 11,

290

34,35—37
Benyus, Jayne 杰恩·班亚斯 71
Bernal, John 约翰·伯纳尔 27
Bernstein, Jay 杰伊·伯恩斯坦 25
Berry, Thomas 托马斯·贝里 1,7—10,12,13,24,30 注释 19,31,46—48,58 注释 9,60,64—73,77—81,84—86,93,99,107,114,119,135
Berry, Wendell 温德尔·贝里 105—106,130,131
Berry, William Nathan; see also Berry, Thomas 威廉姆·南森·贝里;又见托马斯·贝里 84
biodiversity 生物多样性 1,99
biogeocoenosis 生物地理群落 54
Birks, Peter 彼得·伯克斯 22
Blackstone, Sir William 西尔·威廉·布莱克斯通 27
Boff, Leonardo 莱昂纳多·波夫 23 注释 10,83
Bohr, Niels 尼尔斯·波尔 51,52
Bolivia 玻利维亚 75
Bollier, David 大卫·博利耶 104
Bookchin, Murray 莫里·布克金 3,4,61,62
Bosselmann, Klaus 克劳斯·博塞尔曼 8,10,82 注释 3,86,94,113 注释 9,114,118
bottom-up approach to legal change 自下而上法律变迁的路径 76 注释 29,77
Boundary, The "边界" 105—106
Boyle's law of mass 波义耳的质量和压力法则 87
Brown Hill Creek 布朗山溪 124—125
Bryant vLefever "布莱恩特诉勒弗维尔案" 32
bundle of rights 权利束 42,101,109,121,122 注释 22

Campbell, Joseph 约瑟夫·坎贝尔 24
capitalism 资本主义 3,16,31,38—40,67,104,136
Capra, Fritjof 菲杰弗·卡帕 49—51,55
Cathedral of Beech Trees Case "山毛榉大教堂案" 113
Cenozoic era 新生代 2,7
Chakrabarty, Dispesh 迪斯佩什·查克拉巴蒂 2 注释 1
Christ, Carol 卡罗尔·克莱斯特 84
Christianity 基督教 11,15,23,41,45,68
church canons 教会教规 96
Cicero 西塞罗 21,22,26
City of God 《上帝之城》26 注释 14
civil disobedience 非暴力不合作 13,80,97—99
class 阶层 4—5,69
Clean Water Act (1972) 《清洁水法案》(1972) 87
Clement of Alexandria 亚历山大的克莱门 26
climate change 气候变化 43,99
Clinton Global Initiative 克林顿全球倡议大会 96

291

coal-fired power plants 火力发电站 96
coal mining 采矿 75
co-evolution 协同进化 125—126
cogito argument "自我意识" 论证 29
Cohen, Felix 菲利克斯·科恩 109
Cohen, Morris 莫里斯·科恩 108
collateral obligation 附随义务 98
common good "公共福祉" 90,109
communion 共同体 8
communism 共产主义 103
communitarian property 共产主义财产 119 注释 15
community 共同体 131,136
community and liberalism 自由主义共同体 42
Earth community 地球共同体 6,12,14,46—48,98—99,102,134
ecological conception of community 生态学共同体概念 86
Comte, August 奥古斯特·孔德 73
conservation 保护 92
Constantine 君士坦丁 23
constitutions 宪法 80
consumerism 消费者利益主义 3
consumption 消费形式 66
contested terrain 争议领域 102—108
continuity 连续性 18,21,22
Copernicus, Nicholas 尼古拉斯·哥白尼 47,72
cosmogenesis 宇宙创世论 72
cosmology 宇宙学 68—69,78,79
critical legal studies 批判法学研究 109

Crutzen, Paul 保罗·克鲁岑 2,57
Cullinan, Cormac 科马克·卡利南 80 注释 1,86
cultural epochs 某一时间点上的文化 7
cultural narrative 文化性叙述 66
culture：and environmental crisis 文化：与环境危机 3
  and law 与法律 4—5
  and liberalism 与自由主义 42
  and power 与权力 4—5
  Western 西方文化 12,69,78

Dalton, Anne-Marie 安娜-玛丽·道尔顿 70
Darwin, Charles 查尔斯·达尔文 9,63,67 注释 18,72,73
DasKapital《资本论》39,67
Davies, Margaret 玛格丽特·戴维斯 82
deductive syllogism 演绎三段论 89
deep ecology 深生态 62
deforestation 森林砍伐 1
democracy 民主 13,69,76,93 注释 18,94,95
democratic theory 民主理论 93 注释 18
deon-telos "私有产权的义务学说" 111—112
dephysicalisation "去物质化" 34,35
dephysicalised property 去物质化的财产 38—41
Descartes, Rene 勒奈·笛卡尔 29,30,31

# 索引

determinism 决定论 12, 20, 21 注释 9, 66
development 发展 45, 116 注释 12
dignity 尊严 115 注释 10
discrimination 歧视 xv
divine law 神法 84, 85
Dokuchaev, Vasilievich 维斯列维奇·多库丘夫 57
dominion 支配权 16—27
dominium 所有权 15, 23—27, 45
Dream of the Earth《地球之梦》68
drought 干旱 4
duties inrem 对物权上的义务 127, 128, 129

Earth Charter《地球宪章》66, 95 注释 21
Earth community 地球共同体 6—12, 14, 46—78, 98, 99, 102, 114—119, 134
Earth democracy 地球民主 94, 95
Earth jurisprudence 地球法理 xiv, 1, 46, 78, 101
 and legal change 和法律变迁 73—77
 definition 定义 80—84
 legal categories 法律分类 84—92
 movement 运动 77
 theory of 地球法理的理论 79—100
 参见 jurisprudence
ecocentric era 地球中心主义时代 77, 95 注释 21
ecocentric paradigm 生态中心主义范式 102
ecocentrism 生态中心主义 10, 46, 52, 114, 133—134, 136
 and ethics 和伦理观 7
 as alternative to anthropocentrism 相对人类中心主义而言的替代性的范式 1, 7—8
 worldview 价值观（世界观）12
eco-constitutional state 生态宪法国家 93
eco-law movement 生态法运动 xv
ecological age 生态阶段/"生态纪" 70
ecological governance 生态治理 93
ecological integrity 生态整体性 87—88
ecological natural law 生态自然法 13
ecology 生态 8, 47, 50, 52—55, 77；
 deep 深生态 62
Economic and Philosophic Manuscripts《经济学与哲学手稿》103
economics 生态 4, 44, 94
eco-socialists 生态社会学家 101, 103
ecosystems 生态系统 xiii, 8, 53, 75, 77, 88, 99
Ecozoic era 生态纪 7, 136
Ecuador 厄瓜多尔 75
Einstein, Albert 阿尔伯特·爱因斯坦 118
empowerment 赋予权力 76
Engel, Ron 罗恩·恩格尔 23 注释 10, 94, 117
environment, the 环境
 and liberalism 和自由主义 11, 42

293

and property 和产权 xiii,16
and rights 和权力 xiii
and the scientific revolution 和科学革命 11
exploitation 开发 45
harm to 危及 1—4,114
hierarchical ordering of 科层化的秩序 20
instrumentalist view of 环境工具主义观点 6
environmental crisis 环境危机 1—4,80
environmental governance 环境治理 94
environmentalism 环境保护主义 38,76
environmental law 环境法 92
epistemologies of rule 认识论规则 4
epistemology 认识论 87
epochs 某一时间点 7
Epstein, Richard 理查德·爱泼斯坦 15 注释 1,43
eternal law 永恒法 84,85
ethics 伦理层面
　　and Earth community 与地球共同体 114—119
　　and property 与产权 110—119,131,133
　　and Stoicism 与斯多葛学派 20
　　ecocentric 生态中心主义 7,101
Evernden, Niel 尼尔·埃文登 53
evolution 演化 10
exploitation 开发 81,92
extinction 灭绝 1

farming 农业 43,130
Farrington, Benjamin 本杰明·法灵顿 29 注释 17
Federal Administrative Court(Germany) 联邦行政法院(德国) 113
Federal Constitutional Court(Germany) 联邦宪法法院(德国) 112
Federici, Silvia 西尔维亚·弗德里希 104
Finnis, John 约翰·菲尼斯 90
Flannery, Tim 蒂姆·弗兰诺雷 119 注释 16
forced migration 强制移民 4
Foreman, Dave 戴夫·福尔曼 61,62
Fourier, Charles 查尔斯·傅里叶 73
Fox, Matthew 马修·福克斯 71
freedom 自由 42—45,109—111;参见 liberty
Freyfogle, Eric T. 16,130 埃里克·T.弗雷福格 16,130
Fuller, Lon 朗·富勒 91
future generations 后代人 111

Gaia theory "盖亚" 理论 12,47,50,55—60,77
　　critique of 之批判 60—65
gas drilling 油气钻探 75
gender; discrimination 性别;歧视
Getzler, Joshua 约书亚·盖兹勒 22
Global Alliance for the Rights of Nature "自然权利全球联盟" 75 注释 24
global control system 全球控制系统 58

globalization 全球化 93 注释 19
Gore, Al 阿尔·戈尔 96—97
governance 治理 93,94
graduation 层级化 19—20,22
Graham, Nicole 尼科尔·格雷厄姆 31,120
grassroots approach to legal change 法律变迁的草根路径 76 注释 29,77
Gray, Kevin 凯文·格雷 37
great chain of being 伟大的存在之链 18,26,65
great law 伟大之法 13,79—82,86—90,92—101
  and property 与产权 133
  interaction with human 与人定法的互动 92—99
Greek Stoicism 古希腊斯多葛哲学 11,21,45
greenhouse gases 温室气体 57
Ground work of the Metaphysics of Morals《道德的形而上学基础》115
Guth, Joseph 约瑟夫·古斯 33,34

Habel, Norman 诺曼·哈贝尔 23 注释 10
Hall, Kermit 科米特·哈尔 5,66
Hardin, Garret 加勒特·哈丁 103 注释 1
Harris, J. W. J. W. 哈里斯 44
Hart, H. L. A. H. L. A. 哈特 95 注释 23
Harvey, David 大卫·哈维 76
Hegel, G. W. F. G. W. F 黑格尔 24—25

Heisenberg, Werner 维尔纳·海森堡 51,52
hidden hand"看不见的手" 44
hierarchy 科层制度 3,4,19,20,30,53,80
higher immorality 高级不道德 135
higher law 更高层级法律 84,91
Hobbes, Thomas 托马斯·霍布斯 98
Hohfeld, Wesley Newcomb 韦斯利·纽科姆·霍菲尔德 11,37—38,42,127,128
holism/holistic 整体主义 12,61,62,77
Holmes, Justice Oliver Wendell Jr. 小奥利弗·温德尔·霍姆斯法官 5
Holon 合弄 55
Honore, Anthony 安东尼·欧诺瑞 42,43,107,126,127,
Hooker, C. A. C. A. 胡克 87
Howard, Sir Albert 阿尔伯特·霍华德爵士 130
humanism 人文主义 22103
human law 人定法 79—82,90—92,99,100
  interaction with great law 与伟大之法的互动 92—99
human rights 人权 69,118
  law 法律 92
Hume, David 大卫·休谟 89
Humphreys, W. Lee W. 李·汉弗莱 24

ideology 意识形态 66
ignorance 无知 111

295

immunities 豁免权 37—38
imperative of responsibility "责任的命令" 115
Imperative of Responsibility, The《责任的命令》83,114
Index of Biological Integrity "生态一体性指标" 88
indigenous ownership norms 固有所有权规范 111,119—121,133
indigenous people 原住民 119—123
indigenous traditions 原住民传统 120
individualism 个体主义 42
industrialization 工业化 39
Industrial Revolution 工业革命 11,16,27—34,41,45
 and property 与产权 31—34
instrumentalism 工具主义 6
integral ecology 生态整体性 8,9
international community 国际社会 3
International Earth Charter《国际地球宪章》116—118
intrinsic value 内在价值 83
IUCN Draft International Covenant on Environment and Development 世界自然保护联盟起草的《环境与发展国际公约》116 注释 13
iwi 人民/民族 75

Jackson, Wes 韦斯·杰克逊 114—117
John XXII 第二十二世教皇约翰 26
Joint Commission for Constitutional Reform(Germany) 113 注释 9
Jonas, Hans 汉斯·乔纳斯 28,83,114—117
jurisprudence, and social change 法理;与社会变迁 79
 great 伟大法理 86 注释 7
 limits of 局限性 12
 Roman 罗马法理 22
 see also Earth jurisprudence 又见地球法理
jusanimalium 动物法 22
jus commune 政治权威机构发布的法律 21
jusnaturale 自然法 21,22
Just v Mariette County 贾斯特诉马利翁奈特县案 129—130

Kant, Immanuel 伊曼努尔·康德 115,116
Keynsian economics 凯恩斯主义经济学 44
Keystone pipeline 输油主管道 98
Kimbrell, Andrew 安德鲁·坎布雷尔 87 注释 9
Koestler, Arthur 阿瑟·凯斯特勒 55
Korsgaard, Christine 克里斯丁·科斯佳 116 注释 11
Kuhn, Thomas 托马斯·库恩 6,7,49

labour 劳动 39,40
Lake Noquebaby 诺奇贝贝湖 129
Lametti, David 大卫·莱梅迪 111—112,123,128
land ethic "大地伦理" 83,87
Land Institute 土地研究所 131

land law 土地法 38
landscape fragmentation 自然景观的碎片化 43
Lapo, Andrey 安德烈·拉波 57
Latour, Bruno 布鲁诺·拉图尔 59, 61
law: and class 法律;与阶层 4—5
　and culture 与文化 4—5
　and nature 与自然 xiii
　and power 与权力 4—5
　Aquinas on 阿奎那论述 84—85
　as a 'magic mirror' 作为"一面魔镜" 5
　as anthropocentric 作为人类中心主义的法律 5
　authority of 法律的权威性 97—99
　divine 神法 84, 85
　ecological concept of 生态化概念 12—13
　environmental 环境法 92
　eternal 永恒法 84, 85
　functional approach 功能性路径 92
　great 伟大之法 13, 79—82, 86—90, 92—101, 122
　higher 更高层级法律 84, 91
　human 人定法 79—82, 92—100
　human rights 人权法 92
　land 土地法 38
　natural 自然法 13, 21, 34, 36, 80—84, 91, 96 注释 24, 98
　nuisance 妨害法 32
　planning 规划法 92
　positive 制定法 33, 35—37, 80, 92
　Roman 罗马法 11, 15, 22, 26, 41, 45
　scientific 科技法 87
　trespass 侵权法 32
　unjust 不正义 82, 83
　vernacular 地方法 13, 80, 95, 96, 99, 106, 122 注释 23
　wild 荒野法 95
　wildlife 野生法 43
Legal Conditions for Earth Survival《地球生存的法律环境》81
legal positivism see positivism 法律实证主义 见实证主义
legal theory 法学理论 5
Lenton, Timothy M. 蒂莫西·M. 伦顿 65
Leopold, Aldo 奥尔多·利奥波德 13, 83, 87, 112, 117, 124
liberal democracy 自由民主 94 注释 20
liberalism 自由主义 11, 16, 41—46, 109, 111—112, 119—120, 126, 129, 133
liberal triad "自由主义的三合一结构" 42
liberty 自由 37, 41, 42, 111
lifestyle 生活方式 66
Linebaugh, Peter 彼得·莱恩堡 104
Linzey, Thomas 托马斯·林基 102
Livingston, John 约翰·利文斯通 3
Llewellyn, Karl 卡尔·卢埃林 5
Locke, John 约翰·洛克 11, 34, 35
logos 理性 85 注释 5
lordship 主权 22
Lovejoy, Arthur O. 拉瑟·O. 拉夫乔

297

伊 18,20
Lovelock, James 詹姆斯·洛夫洛克 58,59,60,62,64,65
Lucas v South Carolina Coastal Watch 卢卡斯诉南卡罗来纳州海岸监测站案 130
Lurujarri nation 鲁鲁哈利族 120
Lyell, Charles 查尔斯·莱伊尔 73
Lyons, Oren 奥伦·里昂 17

Magna Carta《大宪章》96
Margulis, Lynn 林恩·马古利斯 56,58,59,64,65
Marx, Karl 卡尔·马克思 10,12,31,38—41,66—67,73,74,76,77,78,103,104
Matthews, Freya 弗蕾亚·马修斯 48
Maturana, Humberto 亨伯特·马图拉纳 56,59
McCann, Michael 迈克尔·麦肯 74
McInery, Ralph 拉尔夫·麦金纳里 26 注释 16,84
McKeon, Richard 理查德·麦基恩 93 注释 18
media campaigns 媒体宣传 75
Meditations《沉思录》29
Members of the Yorta Yorta Aboriginal Community v State of Victoria and Others Yorta Yorta 原住民社区诉维多利亚和其他州案 121
mesh "网格" 63,64,77
metabolism 代谢 39,40,41
Metzner, Ralph 拉尔夫·梅茨娜 3
microlaw "微观法" 95 注释 22

Mill, John Stuart 约翰·斯图尔特·密尔 41 注释 23,42
Mills, C. Wright C. 赖特·米尔斯 135
Milsom, S. F. C. S. F. C. 米尔森 23
Milton, John 约翰·密尔顿 28
money power 经济性权力 135
morality: legal ; objective 道德性:法律 xv;客观 83
Morton, Timothy 蒂莫西·莫顿 12,58 注释 10,60—65,77
movements, Earth jurisprudence; eco-law;social 地球法理运动 77;生态法 xv;社会 68,74,76,77
Mumford, Lewis 刘易斯·芒福德 7
Munzer, Stephen 斯蒂芬·芒泽 38,42—43
Murphy, Mark C. 马克·C.墨菲 97
mutual enhancement "相互增进" 81
mythology 神话 69

Naess, Arne 阿恩·纳斯 83,93 注释 19
Naffine, Ngaire 恩盖尔·纳芬 109
Nagel, Thomas 托马斯·内格尔 48
Native Title Act 原住民地方立法 122 注释 22
naturalism 自然主义 103
natural law 自然法 13,21,34,36,80—84,91,96 注释 24,98
natural philosophers 自然哲学家 17 注释 4
natural resource management 自然资源管理 92

natural rights 自然权利 131
Natural Systems Agriculture Program "天然系统农业"项目 131
natural use 自然使用 32
naturalistic fallacy 自然主义谬论 89—90,94
nature 自然 66,67,70,75 注释 26
 and Earth community 与地球共同体 8
 and Earth jurisprudence 与地球法理 26
 and law 与法律 xiii
 and property choices 与财产权利选择 128
 Bacon on 培根认为 29
 Descartes on 笛卡尔认为 30
 integrity of 一体性 130
 mechanistic description of 机械学上的描述 30 注释 18
 Morton on 莫顿认为 60—63
 rights of 权利 93
necessitarian accounts 宿命论者 86—87
Nedelsky, Jennifer 詹妮弗·内德尔斯基 108,109
neoliberalism 新自由主义 6,11,16, 41—46,44
neo-Thomism 新托马斯主义 83,84
networks 网络 54,55,76,77
network theory 网络理论 54,55,76,77
New Atlantis, The《新亚特兰蒂斯》28
'new story' "新叙事" 66,68—73, 77,78

Newton, Sir Isaac; law of motion 艾萨克·牛顿爵士;牛顿的运动法则 87
New Zealand 新西兰 75
Nichomachean Ethics《尼各马可伦理学》xiii
Nimrod 宁录 25 注释 13
nöosphere 人类圈 58
nuisance laws 妨害法 32
Nungas 先民 120,122

object-oriented ontology 客体本位的存在论 60 注释 14
obligation 义务 111—114
Olney, Justice 奥尔尼法官 121
operational closure "运作闭合" 56 注释 6
Origin of Species《物种起源》10, 63,72
Ostrom, Eleanor 埃莉诺·奥斯特罗姆 104
otherworldliness 来世 18,19
Ott, Konrad 康拉德·奥特 118
overpopulation 人口过剩 3
ownership 所有权 102,119—121,127
ownership model 所有权模型 43,44, 45,106

Pachamama 大地母亲 75 注释 26
Palmer v Mulligan 帕尔默诉马利根案 33,34
paradigm crisis 范式危机 7,49
paradigms; ecocentric 范式;生态中心主义 xiv,1,6—10,49—65,102

paradigm shift 范式转变 1,6—10, 49—65,70
Parmenides《巴门尼德篇》18 注释 7
patriarchy 男权主义 3
Patten, Bernard 伯纳德·帕滕 55
Penner, James E. 詹姆斯·E. 彭纳 126,127,128
perennialism 长生性 132
Phenomenon of Man《人类现象》9
place-based knowledge 地方性知识 121
planning law 规划法 92
Plato 柏拉图 11,17,18,19
plentitude 充分 18,19,26
plenumformarum "被满满填充的形态" 18
Pneuma 元气 20
political philosophy 政治哲学 11
Pollan, Michael 迈克尔·波伦 125
pollutants 污染物 32
population; control 人口;控制 2,62
positive law 制定法 33,80,92
　　Bentham on 边沁认为 35—37
positivism 实证主义 5—6,13,34, 78,81,82,84,91,95,97
Posner, Richard 理查德·波斯纳 6,44
power: and culture 权力与文化 4—5
　　and law 与法律 4—5
　　and the legal system 与法律体系 13
　　of money 经济性 135
'powers of soul' "灵魂的力量" 20
Practical Science of Planetary Medicine 62 星球医疗的实践科学 62
prairies 草场 131,132
precautionary principle 预防原则 111
'present urgency' "当下的紧迫性" 119
principle of indeterminacy "不确定性原则" 52
private property, see property 私有产权;见产权
privatisation 私有化 6
procedural democracy "程序民主" 94 注释 20
production 生产 66,67
Project for Earth Democracy "地球民主计划" 93,94
Prometheus 普罗米修斯 28
property 产权 101—134
　　and anthropocentrism 与人类中心主义 1,6,15—47
　　and attitudes 与态度 17
　　and Christianity 与基督教 23
　　and Earth jurisprudence 与地球法理 13—14,78
　　and ecological stability 与生态稳定性 136
　　and ethics 与伦理 110—119, 131,133
　　and great law 与伟大之法 133
　　and liberalism 与自由主义 16, 41—46
　　and neoliberalism 与新自由主义 16,41—46
　　and obligation 与义务 114

and place-based knowledge 与地方性知识 121
and relationships 与社会关系 108—110
and rights 与权利 xiii,6,14—16,107—112,119—120
and Roman Stoicism 与罗马斯多葛哲学 11
and sustainability 与可持续性 104
and the anthropocene 与人类世 2
and the Earth community 与地球共同体 102
and the environment 与环境 xii
and the Industrial Revolution 与工业革命 31—34
as a person-person relationship 作为人—人关系 11,34,36,38,42,45,123,130
as socially situated 与社会性的合理存在 14,101
Bentham on 边沁认为 35—37
common 共同 102
communitarian 共产主义 119 注释 15
dephysicalised 去物质化 38—41
ecocentric foundation 生态中心主义立场 1,133—134
ecological description 生态性概念 107
ecologicalintepretation 生态性解读 123
fetishism 拜物主义 39
indeterminacy of 不确定性 106—108
liberal theory of 自由理论认为 126,129,133
Locke on 洛克认为 35
theories of 相关理论 16
property conceptualism 财产权概念 16
property systems 财产制度 119
protest 抗议 99
Proudhon, Pierre-Joseph 皮埃尔·约瑟夫·蒲鲁东 103
public education 公共教育 75
Pythagoras 毕达哥拉斯 17 注释 4

quantum physics 量子力学/量子物理学 12,47,50—52,77

race 种族 xv,4
Radin, Margaret Jane 玛格丽特·简·雷丁 43
Rawls, John 约翰·罗尔斯 xiii
Real Property Commission 不动产委员会 36
reason 理性 69,116
reflection 反思 69
regularist accounts "规则论者" 87
regulation 法律规定 44
reincarnation 灵魂转世 17 注释 4
relationality 关联性 88
relationships 社会关系 108—110
religious beliefs 宗教信仰 111
religious discrimination 宗教歧视 xv
rescogitans 能思考的东西 30
resestensa 具有广延性的东西 30
responsibility 责任 111—114,119—123
Revetz, Jerome 杰罗姆·雷维茨 48

301

rights; and liberalism 权力；与自由主义 42
    and property 与产权 xiii, 6, 14—16, 107—112, 119—120
    and the environment 与环境 xii
    bundle of 与权力束 42, 101, 109, 121, 122 注释 22
    common law doctrine of 普通法上的原则 23
    expansion of 扩张 77
    Hohfel on 霍菲尔德 37
    human 人类 69, 92, 118
    inrem 对物权 127
    meaningfulness 有意义 76
    natural 自然 131
    of nature 自然的 93
    of non-humans 非人类 81
    personal 个人 81
    women's 妇女 67
Roe, Paddy 罗·培迪 120
Rolston, Holmes 霍姆斯·罗尔斯顿三世 90
Roman jurisprudence 罗马法理学 22
Roman law 罗马法 11, 15, 22, 26, 41, 45
Roman Stoicism 古罗马斯多葛学派 11, 20
Russell Bertrand 伯特兰·罗素 20—21
ruwe 大地 16—17
Rv Tooley, Ex parte Meneling Station Pty Ltd 122

Sagan, Dorian 多利安·萨根 56

Scarman, Lord 斯卡斯曼勋爵 16
Schaab, Gloria 格洛丽亚·施阿布 24
Schlatter, Richard 理查德·施阿特 22, 31
Schweitzer, Albert 阿尔伯特·施韦特 xv
scientific laws 科技法 87
scientific method 科学方法 48
Scientific Revolution 科学革命 11, 27—34
seisin 占有 23
Seneca 塞涅卡 22
Singer, Joseph William 约瑟夫·威廉·辛格 43, 104
Singer, Peter 彼得·辛格 89
Situationsgebundenheit 环境情势 112
slavery 奴隶制 69
social activism 社会激进主义 67, 74
social change 社会变迁 12, 66, 67, 78, 79, 136
social constructionism 社会建构论 73
social epochs 某一时间点上的社会 7
social movements 社会运动 68, 74, 75
social networking 社会联络 75
social relations 社会关系 68, 74, 78, 80, 109, 110
Socrates 苏格拉底 17 注释 4
Sorokin, Pitirim 彼蒂里姆·索罗金 7
species; diversity 物种，多样性 21, 32
St Ambrose 圣安布罗斯 26
St Francis of Assisi 阿西西的圣方济 23 注释 10
Stoicism 斯多葛学派 11, 20, 21, 45

Stone, Christopher 克里斯托弗·斯通 xv
Sturm, Douglas 道格拉斯·斯特姆 95 注释 21
subjectivity 主体性 8
Suess, Edward 爱德华·休 57
Summa Theologica《神学大全》26,85
sustainability 可持续性 104
Suzuki, Daisetz T. 铃木大拙 24
Suzuki, David 大卫·铃木 2
Swimme, Brian 布莱恩·斯温 7,48,66,71
symbiosis 共生 64
systems theory 系统论 54,77

Tanganekald-Meintangk 唐尼加－美坦克部族 16,120
Tarrow, Sidney 西德尼·塔罗 74
technology 技术 67
Teilhard de Chardin, Pierre 德日进 9,10,58 注释 9,71—72
Teilhard Studies《德日进研究》68
Thales 泰利斯 17 注释 4
theocratic 神权政治 69
Thomism 托马斯主义 82,83,84,86,90 注释 16
Till Charles 查尔斯·蒂莉 74
Timaeus《蒂迈欧篇》19
tino(there is no alternative) ideology "你别无选择"的思想 xiv
totality 总体性 61
Tragedy of the Commons 公地悲剧 103 注释 1
transnational corporations 跨国企业 93 注释 19
trespass laws 侵权法 32
Tucker, Mary Evelyn 玛丽·伊芙琳·塔克 66,71 注释 21,73
Two Treatises of Government《政府论两篇》35

Unger, Roberto 罗伯托·昂格尔 107
United Nations Millennium Assessment 联合国千年评价 1
use values 使用价值 39
utopianism 乌托邦主义 133

Vandevelde, Kenneth 肯尼斯·范德维德 37
Varela, Francisco 弗朗西斯科·瓦雷尔 56,59
vernacular law 地方法 13,80,95,96,99,106,122 注释 23
Vernadsky, Ivanovick 伊万诺维奇·维尔纳斯基 57,58
Viable Human, The《有活力的人》81
Vico, Giambattista 维科·詹巴蒂斯塔 69,70
virtue 美德 111

Waldron, Jeremy 杰里米·沃尔德伦 43,123
Walker, Dennis 丹尼斯·瓦尔克 122
Warren, Lynda 琳达·沃伦 82
water bottling 瓶装取水 75
Water Gravel Mining Case 水砾石矿业案 113

water resources 水资源 2
waterwheels 水车 32
Watson, Irene 艾琳·沃森 16, 120—121
webs of relationships"关系之网" 55
Western Australia v Ward 西澳大利亚州诉沃德案 121,122 注释 22
Weston, Burns 伯恩斯·韦斯顿 104
Westra, Laura 劳拉·威斯特拉 88
wetlands 湿地 1
Whanganui River 旺格努伊河 75
Whitehead, Alfred North 阿尔弗莱德·诺斯·怀特海德 94
Wilber, Ken 肯·威尔伯 55 注释 5

Wild Law《荒野法》86
wild law 荒野法 95
wildlife law 野生法 83
women: and environmental crisis; rights 妇女：环境危机 4；权利 67
World Scientists' Warning to Humanity "全世界科学家对人类的忠告" 2

Yorta Yorta 121

Zeno of Citium 芝诺/基提翁的芝诺 20

# 认知环境法学与传统法学之间关系的第三条道路

（译后记）

继 2017 年翻译并出版科马克·卡利南的《地球正义宣言——荒野法》，呈现于读者面前的这本《地球法理——私有产权与环境》是我近年来持续关注全球范围内环境法律理念与制度变革的又一尝试。当然，这种尝试更像是一种冒险。因为与传统法学理论和思维的伟岸身躯相比较，正在成长中的环境法学一直遭受被鄙视的境遇，而敢与传统法学的核心范畴——私有产权叫板的各种学说和观点，将更有可能遭受传统法学捍卫者的群殴。然而，基于当下全人类深受其害且日益加剧的各种环境危机，法学研究者特别是环境法学界同仁亟须在更为宏大的人地关系视野中重构人类法律制度和法学理论。而这一过程必将引起传统法学与将要建立的环境法学[1]在观念、思维和理论方面的碰撞、冲突和争锋。其间可以预见，因为捅传统法学的篓子而招致群殴，或许是当下环境法学人的宿命。

当下，学界在环境法学与传统法学之间关系的讨论中，形成了

---

1　这里的"环境法学"一词并不同于当下的已然成形的环境法学，而是指伴随着荒野法的勃兴而从理念和制度层面均体现地球法理的新型环境法学，其实质是指涉和范畴更为丰富的"生态法学"。

两种截然不同的观点,由此也构成了学理上对环境法学与传统法学之间关系认知的两条道路。第一条道路是,否定环境法学的独立性,坚守传统法学建构的堡垒。此类学者认为环境法学没有自身独特的研究领域,环境法学的所有理论知识都建立在传统法学的基础之上。其中激进者更是假借对"人类自己无权再进食,连露宿旷野都会侵害土地乃至草木的利益,升入天国应否先征得空气的同意"[2]等疑问的"反思"来否定环境法学界基于当下环境危机而对人地关系的法学反思和规范重构,坚守以私有产权为核心的传统法学的统领地位,认为"主体支配客体"等传统私法逻辑和规则"须臾不可离开"[3]。站在传统法学的坚实立场上,他们认为"从事环境法研究的学者大多是些忧心忡忡的道德家","最有希望获得诺贝尔和平奖"[4]。而第二条道路则是:环境法与传统部门法形成了分而治之的格局,因而环境法学研究与传统法学研究呈现出平行共进的发展态势。近些年来,随着环境法学主体性的增强,有部分学者提出了环境法的调整对象包括人与人之间形成的社会关系和人与自然(环境)的关系,甚至环境法首要调整的是人与自然(环境)的关系。[5]调整对象独特性的认知逐渐强化了环境法学在概念、范畴、内容等方面的独立性。反映在解释论上,就是协调环

---

[2] 崔建远:《民法典的制定与环境资源及其权利》,《环境资源法论丛》2004年卷。

[3] 同上。

[4] 徐爱国:《人类要吃饭,小鸟要唱歌——评汪劲博士的〈环境法律的理念与价值追求〉》,《中外法学》2002年第1期。

[5] 蔡守秋:《调整论——对主流法理学的反思与补充》,高等教育出版社2003年版;常纪文:《再论环境法的调整对象——评"法只调整社会关系"的传统法观点》,《云南大学学报(法学版)》2002年第4期;王社坤:《论环境法的调整对象》,《昆明理工大学学报(社会科学版)》2009年第9期。

境利益与经济利益的环境法利益衡平机制的形成,[6]由政府、企业和社会公众之间的权利(权力)关系构成的环境法权结构理论的提出,[7]以及环境公共利益构成了环境法存在和运行的基石的观点[8]等环境法学专门学理在法学界的异军突起。这种现象的结果就是传统法学与环境法学的各自为政。无论是第一条道路,还是第二条道路,共同之处是对环境法学与传统法学关系的认识存在"偏见",要么偏向于只承认传统法学对环境法学的绝对统领地位,忽视环境法学的范畴体系和学理意义,要么偏向于环境法学的独特性论证,极易产生唯环境法中心主义倾向。

然而,《地球法理——私有产权与环境》一书却在地球法理思维下提出了认知环境法学与传统法学之间关系的第三条道路,即用地球法理重新统合环境法学与传统法学之间的关系逻辑。其一,第三条道路的核心在于积极增进环境法学与传统法学之间的协同关系,在新型人地关系中实现环境法学与传统法学在理念和制度方面的互渡。因此在这一意义上,第三条道路摒弃了第一条道路和第二条道路在认识论上的偏见,重建了一条关系增进路径来实现自由主义传统向管制主义和伦理主义方向的积极性和增益性转变。其二,正是基于第三条道路在认识论上的伟大革新,新近发展的环境法学与传统法学之间的碎片化和各自为政的存在形式

---

[6] 李启家:《环境法领域利益冲突的识别与衡平》,《法学评论》2015年第6期。

[7] 王曦:《〈环保法〉修订应为环保事业主体的有效互动奠定法律基础》,《环境保护》2011年第11期;史玉成:《环境法学核心范畴之重构:环境法的法权结构论》,《中国法学》2016年第5期。

[8] 郭武:《层次性重叠,抑或领域性交叉?——环境法与其他部门法关系省思》,《社会科学》2019年第12期。

和关系格局也得到了重新安排。如作者伯登论述的那样,"作为生态公民,我们对法律的忠诚源自于人定法与伟大之法[9]之间的一致性",即将重建的环境法学与传统法学之间的关系必然是一种能"以可持续的方式与环境之间形成良性互动的关系"。其三,基于以上认识,《地球法理——私有产权与环境》一书中看似对传统法学特别是传统私法机制的批判并不是为了批判本身,而是基于对传统法学进行重建,以期实现环境法学勃兴、传统法学的转型发展和环境法学与传统法学之间的良性互动。具体来说,传统法学必然要拥抱环境法学等新型法学思潮的涌现,而不能长期故步自封。同样,环境法学的勃兴也需要传统法学的理论框架和制度结构作为基设,不能自造海市蜃楼的幻境。

事实正在发生。基于生态整体性保护的客观需要,2020年公布并于今年正式生效的《中华人民共和国民法典》(以下称《民法典》)在制度构造逻辑上完成了从自由主义权利设计到生态整体主义的综合发展和转型,其中最具代表性的制度设计就是第七编"侵权责任"中第七章关于"环境污染和生态破坏责任"的规定。在传统私法中侵权责任理论的基础上,《民法典》对生态文明建设的时代需求作出了积极有益的拓展,以"生态环境损害赔偿责任"等制度创新将公共环境利益维护的责任纳入新时代私法规制的范围之中,既丰富了传统私法理论与制度,又实现了传统民法学与新型环境法学的对话和融合以及规范功能的相互增进。可以想见,以《民法典》为统领,私法领域与环境法领域的深度融合将在更多民事单

---

9 伟大之法是地球法理的首要规则,人定法只有在符合伟大之法的前提下才是有效的。伟大之法又被译为"大法理",参见梁治平:《我与你:一种法哲学视野中的人地关系》,《读书》2020年第12期。

行法和环境保护单行法的创制和修订中体现出来，由此引发的基于关系增进型的环境法学与传统法学之间的理想关系格局必将形成并得以稳定发展。让我们拭目以待！

当然，《地球法理——私有产权与环境》一书带给我的信息和智慧远不止以上所述。传统支配权的哲学论证、权利论的学说整合、地球法理的规范意义等都是本书论述的精华，希望读者朋友精读本书来领会以上思想。

书稿即将付梓，我谨对翻译本书的两年多时间里给予我多方帮助的家人、同事和朋友表达深深的谢意！特别要感谢本书原作者彼得·D.伯登对中译本出版的大力支持，以及商务印书馆王兰萍编审和金莹莹编辑在本书编校出版过程中的辛勤付出！

受限于翻译水平，本书中还存在不少翻译不当甚至错误的地方，期待方家批评指正！

郭　武

二〇二一年正月十三日于金城

图书在版编目(CIP)数据

地球法理:私有产权与环境/(澳)彼得·D.伯登著;郭武译.—北京:商务印书馆,2021
(自然与法律文库)
ISBN 978-7-100-19944-5

Ⅰ.①地… Ⅱ.①彼… ②郭… Ⅲ.①个人财产—所有权—研究 Ⅳ.①D913

中国版本图书馆 CIP 数据核字(2021)第 104668 号

权利保留,侵权必究。

自然与法律文库
**地球法理**
——私有产权与环境
〔澳〕彼得·D.伯登 著
郭武 译

商务印书馆出版
(北京王府井大街36号 邮政编码100710)
商务印书馆发行
北京中科印刷有限公司印刷
ISBN 978-7-100-19944-5

2021年9月第1版　　开本 880×1230　1/32
2021年9月北京第1次印刷　印张 10¼
定价:68.00元